The Flight of the
Creative
Class

クリエイティブ・クラスの世紀

新時代の国、都市、人材の条件

ジョージ・メイソン大学 教授
リチャード・フロリダ◉著
青山学院大学 教授
井口典夫◉訳

ダイヤモンド社

THE FLIGHT OF THE CREATIVE CLASS
by
RICHARD FLORIDA

Japanese translation rights arranged with
HarperCollins Publishers, Inc.
through Japan UNI Agency, Inc., Tokyo.

エリノア・フロリダへ本書を捧ぐ

選択の自由がある間は、法の下での自由、寛容、
市民の平等がルールである国に、私は住むつもりだ。

――アルバート・アインシュタイン、一九三三年にアメリカへ向かう途上で。

クリエイティブ・クラスの世紀――目次

第1章 クリエイティブ・クラスの大移動 The Flight of the Creative Class 3
開かれた社会と才能の力……7
グローバルな才能獲得競争の始まり……11
アメリカは鎖国しようとしているのか?……16
いま、なすべき挑戦……23
クリエイティブ社会への提言……27

第1部 クリエイティブ経済

第2章 クリエイティビティの重要性 Creativity Matters 33
クリエイティブ経済の台頭……34
数字に見るクリエイティブ経済……36
クリエイティブ資本……41

すべての人間はクリエイティブである……44
経済成長の三つのT……48
クリエイティブ・クラス大論争……53
鶏が先か卵が先か……57
どのような成長なのか……59
郊外は偉大なユートピアか……64
伝統的な家族像を超える……71
ゲイと経済成長、本音で話す……75
これはニュー・エコノミー論ではない……79
システムを完成させる……83

第3章 開かれた社会の価値

The Open Society

85
開放性と経済成長……87
拝金主義を超えて……96
偉大なるアメリカのルーツ……100
新しいドリーム……110

第2部　才能をめぐるグローバル競争

第4章　鎖国するアメリカ
The Closing of America
119
アウトソーシング：最初の爪痕……122
次の爪痕……125
人材不足の時代が来る……130
補充移民……133
新しい移民起業家……134
移動は意思を表す……138
冷え込みは厳しくなる……143
コスト……152
アメリカからの頭脳流出……155
アメリカの偉大な優位性の死と生……161

第5章　新しい競争相手
The New Competitors
165
グローバルに存在するクリエイティブ・クラス……167

アメリカの技術力……170
才能のグローバルな動向……178
才能獲得のグローバル競争は激化する……180
学生は才能鉱山のカナリア……182
寛容性……185
グローバル・クリエイティビティ・インデックス（GCI）……190

第6章 繁栄する都市、停滞する都市

Regions on the Rise

195
クリエイティビティの培養器……197
ニッチをめぐる競争……203
地域の世界……205
グローバルな才能の磁石……208
カナダとオーストラリアの総合力……214
グローバル・オースチン……217
問題の重要性……221

第3部 クリエイティブ時代の課題

第7章 新たな格差社会 Creative Class War 225
新たな階級層の出現……229
機会の浪費……233
クリエイティブ時代における外部不経済……239
不可能への挑戦……250

第8章 アメリカ政治の内部対立 Divided We Fall 253
二極化を煽る人々……257
二極化は神話……259
違いを超えて得るもの……266

第9章 クリエイティブ社会の構築 Building a Creative Society 271
現代における最大の経済脅威……273
だれが指揮を取るのか……278
クリエイティブ経済からクリエイティブ社会へ……281

クリエイティブ時代に向けた課題……286
真にグローバルな努力……312
補遺1　クリエイティビティの測定について……317
補遺2　経済格差の測定について……326
謝　辞……331
訳者あとがき……335
原　注……349

クリエイティブ・クラスの世紀
——新時代の国、都市、人材の条件

第1章 クリエイティブ・クラスの大移動

The Flight of the Creative Class

行動こそがすべてである。

――マーサ・グラハム（一八九四－一九九一年）ダンサー、振付師

二〇〇三年三月、私は『ロード・オブ・ザ・リング』三部作でアカデミー賞監督となったピーター・ジャクソンに会った。場所は、緑があふれ夢のように美しい、ニュージーランドのウェリントンである。ウェリントンは人口四〇万人の、小規模ながらも刺激的な国際都市だ。以前はここから世界的な文化が生み出されようとは想像もできなかったであろう。しかし意外にも彼は、その場所に世界の最先端を行くような映画製作所をつくりあげたのである。その経緯は次のようなものである。

ウェリントン生まれのジャクソンは、一九九〇年代にアメリカの多くの都市で起きた、ある現象に気づいていた。ダイナミックかつ広範に変化する経済においては、従来の常識を打ち壊すクリエイティブな産業こそが、これからの繁栄を支えることになるだろうという点である。やがてジャクソンと

仲間たちは資金を集め、廃屋となっていたペンキ工場を購入し、そこをスタジオにふさわしいように改造したうえで、息をのむ傑作『ロード・オブ・ザ・リング』三部作をつくり出した。その際、最高のカメラマン、衣装デザイナー、音響技師、CGアーティスト、道具係、編集者やアニメーターをニュージーランドに呼び寄せる必要があったが、その時の経験から、ジャクソンは『ロード・オブ・ザ・リング』のような作品さえあれば、世界中からクリエイティブな才能の持ち主たちを、何人だって集めることができるということに気づいた。

実際、ウェリントンでは、ヨーロッパやアジア出身の才能ある映画製作者と一緒に働く、カリフォルニア大学バークレー校やMIT（マサチューセッツ工科大学）のような名門校の出身者に数多く出会った。彼らの大半はすでにニュージーランドに居を構えており、クリエイティブな仕事ができるこの地にしっかり根を下ろすため、アメリカの市民権を放棄する覚悟もできているようだった。

そのなかの一人、サンフランシスコのベイエリアから来たデジタル技術に秀でた人物は、ウェリントンの整ったインフラ環境をベースに、ハイテク企業を興すつもりだと語ってくれた。起業を目指す彼にとって、ウェリントンにはシリコンバレーにも勝る利点を感じたという。

私たちが、この映画スタジオで働く人々の出身国をピンで示した世界地図の前を通りすぎようとした時、デジタル・アニメーション担当の責任者は冗談で、この組織は映画のスタジオというより国連のようだと言った。

このことを、どう考えればよいのだろうか。アメリカのグローバルな経済力や文化力を象徴する映画産業において、近年の卓越した作品は、世界中から調達された資金をもとに、世界中から来た最高の映画製作者がつくり出したものである。しかも、それはハリウッドにおいてではない。

通常、ハリウッドで映画を製作する時は、カリフォルニア州にいる監督、俳優、撮影スタッフの人たちに仕事が与えられる。『ロード・オブ・ザ・リング』クラスの映画がCG、アニメーション、音響デザインなどに要求する技術は非常に高い水準にあり、このような映画製作プロジェクトは、場合によっては一国全体に広がる産業さえ生み出すことになる。事実、ジョージ・ルーカスの『スター・ウォーズ』は、ビデオ・ゲームやタイアップ商品といった映画関連産業を一気に成長させた。

ただし『ロード・オブ・ザ・リング』三部作はハリウッドではなくウェリントンで製作され、その経済効果の最大の恩恵を受けたのは、アメリカではなくニュージーランドである。ジャクソンは当時、同様の経済波及構造を持つと思われる『キング・コング』のリメイク版の編集作業を、一億五〇〇〇万ドル以上の予算をかけてウェリントンで進めていた。

小都市ウェリントンにおけるピーター・ジャクソンの成功は、現在の国際経済競争の議論の対象とはなっていない。しかしアメリカにとっては、産業革命以来の最大の挑戦であり脅威である。この挑戦・脅威はコストの問題ではなく、製造技術力とも関係ない。主な相手は中国やインドではないのだ。何世代にもわたりチャンスと革新の国として世界中に知られてきたアメリカが、いまやその地位、すなわちクリエイティブな競争力を奪われる瀬戸際にいる。

私の観察によれば、この挑戦・脅威の背景には才能を獲得するという新しいグローバル競争があり、その競争は、次の数十年で世界を確実に変えてしまうほどの意味を持つものである。もはや天然資源や製造技術力、軍事力、科学技術による経済力の優位性によって人を集めることはできない。現在、国際競争力という言葉はクリエイティブな才能を集め、引き寄せ、引き止める力という意味が中心となっている。卓越した製造業から科学技術の先端性まで、国際経済競争の主導権を握るための要素は、すべてこうした力に依拠しているのである。

この新しいグローバルな才能獲得競争は、三つの点において、アメリカが長く維持してきた経済支配権に深刻な脅威を与えている。第一に、世界中の実にさまざまな国が世界的な才能を獲得する力を伸ばしつつあること、第二に、アメリカ自身が自国の才能ある人々を引き止める力を失いつつあること、そして三番目に、アメリカは自国の人々のクリエイティブな能力を競争要因として位置づけ、能力を伸ばし、利用することに失敗していることである。

世界中から才能が集まった結果として、かつては先端的で最も収益性の高いクリエイティブな産業はアメリカのみに存在していた。しかし、その繁栄の源は世界中に広がり始めている。アイルランド、フィンランド、カナダ、スウェーデン、オーストラリア、ニュージーランドといった国々であり、そこでは高度な教育によってクリエイティブな人間を育て、携帯電話からコンピュータ・ソフトウエア、大ヒット映画までの最先端の製品を創造している。

それらの国々の多くはアメリカの成功から学び、アメリカ人をも含む才能ある人々を惹きつけようと努力してきた。それがいま、実を結ぼうとしているのだ。仮にこれらの国々が、この勢いでアメリカのクリエイティブな労働力の二パーセントを奪うとしたら、アメリカ経済に与える影響は甚大である。二〇世紀のグローバル経済の巨人であったアメリカに対して、二一世紀には半ダースもの国々が立ち向かい始めているのだ。

残念ながら、多くの政治指導者、学者、経済の専門家らは、アメリカがイノベーション、経済成長、繁栄において非常に大きな成功を収めた背後にある、本当の理由をつかめていない。豊富な天然資源や市場の大きさという特性のみが、一世紀以上にわたって世界規模の競争力の動力源となったわけではない。アメリカの成長の奇跡の鍵は、たった一つの要因にあった。それは新しいアイデアを受け入れることであり、それが才能を獲得するグローバル競争における覇権を可能にしたのだ。また新しいアイデアの受け入れは、アメリカはもちろん、同時に世界中の人々のクリエイティブな能力を強化することにもつながっていた。

たしかにアメリカは、ハイテク産業と革新の時代ではリーダー的な存在だった。だからと言って、ずっとトップでいられるというわけではない。トップであり続けるためには、アメリカは世界中の最先端を行くクリエイティブな人々の心を魅了し続けなければならない。そしてクリエイティブな人々を惹きつけるために、アメリカは国内と国外の両方において、才能の開発を中心に置いた投資をいっそう行う必要がある。なぜなら革新、創造、経済成長は、才能が向かうところについていくものだからである。

開かれた社会と才能の力

もちろん、いろいろな意味でアメリカは世界の発明の中心にある。GDPは世界一の一〇兆ドル。有名大学やシリコンバレーがあり、情報技術、バイオテクノロジー、エンタテインメントなど多くの分野で最も勢いのある企業の多くは、アメリカを拠点としている。アメリカはいくつかの政治的、社会的、経済的な分野での重要な発展を力に、世界をハイテク時代へと導いてきた。

第二次世界大戦後のことを思い起こしてみよう。復員兵援護法のおかげもあって、政府の基礎研究に対する資金提供は手厚くなり、多くの人々が高度な教育を受けることができるようになった。産業界では、新しく生まれたベンチャー・キャピタルが、研究アイデアと市場を結ぶルートを提供した。六〇年代の社会運動は開放精神を普及させ、他者との違いは仲間はずれを意味するのではなく、称賛されるべきものとなった。表現や実験の自由は、バイオテクノロジーからロック音楽までの新しい技術や文化的スタイルを開花させた。

この点は繰り返して強調する必要があるが、才能ある人々や新しいアイデアを育て、あるいは新しい会社を興すという点において、アメリカという場所が本質的な優位性を持っているわけではない。アメリカの持つ利点は、こういった経済を牽引する主体を世界中から集める力なのだ。

前世紀のアメリカの成功に決定的に重要だったのは、世界的な才能がアメリカにたくさん流れてきたことである。鉄鋼王のアンドリュー・カーネギーから金融界の魔術師オーグスト・ベルモント、さらには偉大な博愛主義者のジョージ・ソロスまでの権力を握った起業家や産業の創造者は、アメリカ人の生活のあらゆる面を形づくった。ビールのアドルファス・ブッシュ、ホットドッグのオスカー・メイヤー、映画界の大物サミュエル・ゴールドウィンらは、私たちが飲むもの、食べるもの、そして楽しみ方までを変えた。ポーランド生まれの化粧品業界の大実業家ヘレナ・ルビンスタイン、服飾界の女王であるベルギー人のリズ・クレイボーンは、私たちと世界の人々の容姿のあり方に影響を与えた。トルコ生まれの音楽界の大実業家アフメト・アーティガンはアトランティック・レコードを創設し、彼一人でその時代を特徴づけるサウンドをレコードにして、アメリカ音楽の顔をつくった。ジョン・コルトレーン、チャールス・ミンガス、レイ・チャールズ、ボビー・ダレン、アレサ・フランクリン、クリーム、そしてレッド・ツェッペリンなどのアーティストを世に出したのである。

もちろんアメリカは、その起源から、移民が経済成長のエンジンを稼動させ続けてきた国である。

特に三〇年代になると、アメリカは、ヨーロッパのファシズムと共産主義から逃れてきた科学、知性、文化、そして起業の才能を持つ人々の流れを着実に引き寄せ始めた。

イタリア人のエンリコ・フェルミ、ドイツ人のアルバート・アインシュタインらは、三〇年代にファシズムのイタリアとナチズムのドイツを離れ、アメリカの大学システムを構築し、その革新的なインフラを比類なきものにした人々の代表である。輸入した才能なしに、アメリカがハイテク時代をリードできたとは思えない。ロシア生まれのデイビッド・サーノフは電子工学とテレビ技術に先鞭をつけ、当時の先進技術企業の一つであるRCAを率い、後にNBCを設立した。

世紀半ばには、パリ生まれのジェネラル・ジョージ・ドリオットが、アメリカ初のベンチャー・キャピタルであるアメリカン・リサーチ・アンド・ディベロップメントを設立した。彼はディジタル・イクイップメントの最初の投資家であり、ミニ・コンピュータ革命を始めた人物でもある。またハンガリー人のアンディ・グローブは、インテルとアメリカの半導体産業を生み、育て上げた。

こうした才能の流入は、リベラルな移民政策と経済の繁栄によって、八〇年代と九〇年代に新たなレベルに達した。九〇年代だけでも一一〇〇万人以上の人々がアメリカに移り、現在、移民人口は三〇〇〇万人以上となり、全人口に対する比率は一一パーセントを占める。特に九〇年代の移民の波はアメリカ史上、最も大きなもので、地球上のあらゆる場所からクリエイティブな才能を引っ張り込んだのである。

そのなかには、グーグルの共同創設者でハイテク界の著名人であるサーゲイ・ブリンや、バンガロール育ちでホットメールの共同創設者サビール・バティアがいる。台湾出身のヤフーのジェリー・ヤン、イーベイ創設者でフランス生まれのピエール・オミドヤル、フィンランド出身のオープン・ソースの基本ソフト〈リナックス〉で著名なリナス・トーバルズらは、ソフトウエアの開発方法から買い物の仕方までのすべてに革命をもたらした。ハイテク時代の象徴である二人組、ドイツ人のアンドレアス・フォン・ベクトルシャイムとインド人のビノッド・コースラは、サン・マイクロシステムズの共同創設者であり、グーグルの最初のスポンサーにもなった。コースラは現在、ベンチャー・キャピタル界のリーダーの一人である。

アメリカをリードする「フォーチュン一〇〇社」のなかで、移民がトップを務める企業数は増えている。コカ・コーラのE・ネビル・イスデルはアイルランド生まれ。アルコアのアラン・ベルダはフランス領モロッコ生まれで、のちにブラジル人になった。ファイザーのハンク・マキンネルはカナダ人である。ファルマシアの社長兼CEO（最高経営責任者）のフレッド・ハッサンはパキスタン生まれだ。イーライ・リリー、NCR、グッドイヤー、フィリップモリスも、外国出身のトップに率いられている。つい最近まで、マクドナルドのトップはオーストラリア人だったし、ケロッグはキューバ人だった。そして忘れてはならないのが、インド生まれのマッキンゼー・アンド・カンパニーのマネージング・ディレクター、ラジャト・グプタである。ニューヨーク、スカンジナビア、そしてシカゴへと移住した彼は、現在、一三億ドルの売上高を持つ多国籍企業の世界規模の経営を担っている。私の調査によれば、アメリカのトップ五〇〇社のうち少なくとも五〇社のCEOは、アメリカ以外で生まれている。

立ち上げたばかりの会社ではより多くの移民が働いており、アメリカの経済成長に多大なエネルギーを与えている。九〇年代後半に生まれた五〇〇社のうちの七二社では、外国出身のCEOが指揮を取っている。また九〇年代にシリコンバレーで起業された会社のうち、移民が起業したものは三〇パーセントに達し、売上げは二〇〇億ドル近く、七万人もの雇用を生んだ[1]。外国出身の科学者とエンジニアは、大学院修了レベルのコンピュータ科学者の約半数を占めるなど、科学技術分野において相当な比率となっている。科学技術や関連分野における最も重要な発見の多くは彼らによるものだ[2]。

研究・技術への膨大な投資に加え、世界的な才能への開放政策を取ったことにより、アメリカはクリエイティブな時代への扉を吹き飛ばすように開けてしまった。現在、約四〇〇〇万の人々、つまり全労働力中の三〇パーセント以上が、私の言う「クリエイティブ・クラス」に属す人々である。彼らは科学、エンジニアリングから建築、デザイン、さらには芸術、音楽、エンタテインメントから法律、ビジネス、金融、ヘルスケアとその関連事業に従事している。現在、これらクリエイティブ部門における所得は、総賃金所得（約二兆ドル）の半分近くを占め、製造部門とサービス部門の合計額にほぼ匹敵する規模を持っている。

グローバルな才能獲得競争の始まり

クリエイティブな才能の獲得競争は世界中でヒートアップしている。約一億五〇〇〇万人、つまり世界の人口の約二・五パーセントは母国以外に住んでいる[3]。三〇〇〇万人の外国出身の住民がいるアメリカは、その五人のうちの一人を集めている。しかし移民人口の比率では、すでにカナダ（一八パーセント）やオーストラリア（二二パーセント）がアメリカを上回っている。経済優位を維持するためには、製品、サービス面や資本面で競うよりも、才能ある人々を惹きつけ、留まらせることが必要であるということに、多くの国々が気づき始めている。

競争は二種類の国々から生じている。まず人口が安定もしくは減少しつつある先進国は、主要ハイテク産業で不気味に迫っている人材不足を埋めるべく、世界中で新しい才能を探し回っている。ニュージーランドの研究・科学・技術担当大臣であるピート・ホジソンは、最近、私にこう説明した。「私たちは出入国管理を、もはや監視すべき機能としては考えていない。経済成長に必要な才能ある人たちを、惹きつけるための機能として考えている」

一方、アイルランド、インド、中国、韓国、台湾といった新興経済は、自国出身の最も優秀な才能の持ち主をUターンさせるべく努力を続けながら、場合によってはほかの国からも引き抜こうとしている。

国際統計を調べてみれば、アメリカがもはや地球上で最先端の国ではなくなりつつあることがよくわかる。私はカーネギー・メロン大学博士課程のアイリーン・ティナグリと共に、国際労働機関（ILO）のデータを使用しながら、クリエイティビティと競争力に関して、さまざまな観点から世界四五カ国を比較している。

私たちの推測では、データが入手できた国々のクリエイティブ・クラスを合計すると、一億人から一億五〇〇〇万人の間の数字となる。したがって、アメリカの場合、世界のクリエイティブ・クラスの二〇パーセントから三〇パーセントに相当することになる。この数字は大きいかもしれないが、国ごとの全労働力における比率で見ると、いくつかの国はアメリカよりも高い数値となっている。そこではアメリカは世界のリーダーどころか、上位五位にも入っていない。アメリカのデータをILOの数字と比較できるように調整すると、アメリカは世界で一一位となる。

クリエイティブ・クラスは、アイルランド、ベルギー、オーストラリア、オランダで、全労働力の約三分の一を構成している。次の六カ国、ニュージーランド、エストニア、イギリス、カナダ、フィンランド、アイスランドでは、全労働力の約四分の一になる。印象的なのは、専門技術者を含めた、より広義の概念において、クリエイティブ・クラスが八カ国で四〇パーセントを超えたことである。オランダ（四七パーセント）、スウェーデン（四二パーセント）、スイス（四二パーセント）、デンマーク（四二パーセント）、ノルウェー（四二パーセント）、ベルギー（四一パーセント）、フィンランド（四一パーセント）、ドイツ（四〇パーセント）である。残りのほとんどすべての国でも、労働力の三〇パーセント以上はクリエイティブ部門に従事している。

それにも勝る驚きは、いくつかの国の過去約一〇年間のクリエイティブ・クラスの成長率が、並外れていることだ。ニュージーランドにおいてクリエイティブ部門に従事する人の割合は、九一年の一九パーセントから、二〇〇二年の二七パーセントに跳ね上がっている。アイルランドではほぼ同じ時期に、一九パーセントから三四パーセントへと約二倍になっている。一方、シンガポールでは、九三年の一七パーセントから、二〇〇二年には二五パーセントに上昇している。

私たちは、グローバルな経済競争力に関する総合的な指数として、グローバル・クリエイティビティ・インデックス（GCI）を開発している。この指数は、経済成長を担う三つのT、すなわちテクノロジー（技術）、タレント（才能）、トレランス（寛容性）を基準に、国のクリエイティブな競争力を測定するものだ。これによれば、アメリカはスウェーデン、日本、フィンランドに次いで第四位になる。スイス、デンマーク、オランダ、アイスランドは、アメリカと僅差であるばかりでなく、間もなく上位に食い込むだろう。

クリエイティビティと競争力が密接に関係する現代の経済において、私たちのGCIランキングが他の国際競争力に関する研究成果と似ているのも、けっして驚くことではない。二〇〇四年にスイスのダボスで開催された世界経済フォーラム（通称ダボス会議）では、国際競争力の総合指数としてグロース・コンペティティブネス指数が考案された。それによると、フィンランドが第一位、アメリカが二位で、その後は台湾、デンマーク、ノルウェーと続く。

ハーバード・ビジネススクール教授のマイケル・ポーターが九五年に公表したイノベーション指数では、アメリカを第一位に位置づけている。ただしポーターの推定では、二〇〇五年にはアメリカはOECDメンバー一七カ国中の六位に落ち、日本、フィンランド、スイス、デンマーク、スウェーデンの後塵を拝するであろうとされている。

フォーリン・ポリシー誌に掲載された、A・T・カーニーによる二〇〇四年のグローバリゼーション指数では、アメリカは第七位であり、アイルランド、シンガポール、スイス、オランダ、フィンランド、カナダに遅れを取っている(4)。

財政上の制約や国の法規、貿易政策までを考慮に入れた、ヘリテージ財団とウォールストリート・ジャーナル紙が共同で測定した経済自由度指数によれば、アメリカは一〇位以内から滑り落ちたということである。この転落は、アメリカの一部のスコアがわずかに低かったことにもよるが、クリエイティブ経済のライバル国であるスウェーデン、カナダ、フィンランド、オーストラリア、アイルランドといった国々のスコアの上昇も、重要な要因として効いている。

こうしたまとまった統計結果を見ると、クリエイティブな才能の獲得を国同士が競っているかに見えるが、実はクリエイティブな人々が選んでいるのは都市である。アメリカかイギリスか、スウェーデンかカナダか、オーストラリアかデンマークかと考えているのではない。ケンブリッジかシリコンバレーか、ストックホルムかバンクーバーか、シドニーかコペンハーゲンか、と彼らは考えているのである。世界中の多くの地域が、クリエイティブ経済の拠点として成功するために、必要な特性を磨いており、競争はますます激しさを増している。

過去について言えば、アメリカは、この点に関してもはっきりした優位を保っていた。アメリカは世界中で最も開かれ、最も刺激的であり、最も経済が繁栄していた。一〇〇万人以上の人口が集積する約五〇の都市圏には世界的な金融センター、エンタテインメント、ハイテクなど主要な産業の拠点、質の高い生活を送れるコミュニティ、賑やかな大学街などがそろい、経済的なチャンスとさまざまなライフスタイルを提供してきた。

しかし、この国の産業システムを変えてきたグローバル化の力が、こうした都市や地域、そこに住む人々にも影響を与え始めている。もちろん、どんな社会でも、エリートの移動性は高かった。私たちの時代に顕著なのはその規模である。より多くの人々が住み働く場所を地球規模で選び、その場所の文化、政治、経済の自由を発展させているのだ。

アメリカの都市には、私が「グローバルな才能の磁石」、「グローバル・オースチン」と呼ぶ二つの脅威が迫っている。前者はロンドン、アムステルダム、トロント、バンクーバー、シドニー、メルボルンのような世界クラスの大都市が、ニューヨークやロサンゼルスと同等かそれよりも高い移民人口比率を示しつつ、世界最高の技術、起業、文化におけるクリエイティブな才能の獲得を、積極的に競っている現象を指す。

後者の「グローバル・オースチン」とは、バンガロール、テルアビブ、シンガポール、台北、北京、上海のような地域を指す。こうした地域は外資の技術系企業を呼び寄せ、高等教育システムを強化し、研究開発に精力的に投資して、自身の文化、ライフスタイルの幅を広げている。また、シリコンバレーなどのアメリカの先進的な地域から自国の出身者を引き戻し、地域で育てた才能を引き止める磁力を劇的に強化しつつある。

――アメリカは鎖国しようとしているのか？

もしアメリカ経済がこれほどまでに外国の才能に頼っていなかったら、特に核となるクリエイティブ部門で頼っていなかったとしたら、これらすべてはアメリカにジレンマを引き起こすものではなかっただろう。しかし、私たちのハイテク産業は外国からの才能なしでは機能しないし、アメリカはすでに、科学者とエンジニアの四分の一、工学系の教授の四〇パーセント、工学、コンピュータ科学と生命科学の博士号取得者の半数以上を外国から迎え入れている。

二〇〇〇年の国勢調査を指揮したコロンビア大学教授のケネス・プレビットは、アメリカは重要な技術を提供し新しい産業を育てるうえで、「補充移民」にますます頼ることになるだろうと指摘している。補充移民とは、高齢化に伴う労働力不足を埋めるために、海外から呼び寄せる移民のことだ(5)。しかし、これもいままでのように、簡単にはいかなくなるであろう。なぜなら、アメリカは厳しい才能獲得競争に直面しているからである。近い将来、従来とは逆に才能の流出が起きると指摘する者もいる。

学生の動きは、世界規模での才能の流動をとらえるうえで優れた指標になる。学生を惹きつける国や地域は、社会に進出するまでそこに留まる学生を支援しているだけでなく、ほかのタイプの才能である外国人、つまり科学者、研究者、発明家、企業家をも惹きつけることになる。

アメリカには数十年にわたり、世界レベルの高い教育を受けられるという利点があったがために留学生が集まってきた。フルブライト奨学金を支給する国際教育協会によると、二〇〇二年から二〇〇三年の学年度だけで、約五八万五〇〇〇人の留学生がアメリカの大学に通っている。この数字は六〇年の五万人弱から増加したもので、留学生教育は、二〇〇二年単年でアメリカ経済に一二九億ドルの経済効果をもたらしている。[6]

九九年、政府の競争力評議会は、アメリカの一流大学に学びにくる留学生を、従来のようにハイテク労働市場に集めることはできなくなるだろうと警告した。アメリカが発給した学生ビザの数は二〇〇二年に二〇パーセント減少した後に、二〇〇三年にはさらに八パーセント減少した。この数字は五二年に政府が学生統計を始めて以来、一番目と二番目に大きな減少である。

学生ビザの申請を却下した割合は、二〇〇二年の三四パーセントより上昇し、二〇〇三年には三五パーセントという記録をつくった。二〇〇四年秋の入学を目指して出願した留学生の数は、同年六月の大学院協議会の調査に応じた大学院の九〇パーセントで急落している。学生数の平均的な減少率は、約三分の一である。

近い将来、これらの兆候が転換点を迎える保証は何もない。教育テストサービス（ＥＴＳ）は、二〇〇四年度に大学院入学資格試験（ＧＲＥ）の受験を申し込んだ留学生は、二〇〇三年度の三分の二であったことを報告している。

アメリカで勉強しようとする留学生は、かなりの障害に直面している。ニューヨーク・タイムズ紙によると、多くの医学生が使用している文化交流ビザの却下率は、二〇〇一年の五・一パーセントから二〇〇三年の七・八パーセントに上昇している。全体としてビザが却下された学生の比率は、二〇〇一年の二七・六パーセントから二〇〇三年の三五・二パーセントに上昇している。

全米科学アカデミー副会長のジェームズ・ランガーは、この留学生数の低下が何を意味するのかを、二〇〇四年五月のアメリカ上院議会・科学技術部会の昼食会で率直に述べた。

「中国、インド、ロシアなどからのアメリカの代表的な大学院への入学願書は、すでに三〇パーセントかそれ以上減少している。こういった生徒たちは、より進んだ教育を受けるために他国へと向かった証拠もある。国際純粋・応用物理学連合のような国際科学組織は、アメリカで会議を開催することを拒否している」

つまりランガーの結論はこうだ。「アメリカの科学界は、世界中から孤立してしまっている」

外国人の流入を制限することで、トップ・クラスのアメリカ国内の大学院や研究施設に、自国の才能ある人たちを受け入れる余裕は増える。そう考えれば気が安らぐかもしれない。アメリカにはたしかに優秀な若い人材がたくさんいるが、その数ではこの国の旺盛な経済力に基づく要求を満たすことはできない。そして近づきつつあるベビーブーム世代（アメリカでは一九四五年から六五年までに生まれた世代）の定年を考慮すると、確実に足りなくなる。

たとえば二〇〇三年、ＭＩＴは大規模な人工知能プロジェクトを中止しなければならなかった。理由は、大学側が外国人ではなく、かつ新しい安全規制をクリアできる十分な数の大学院生を確保できなかったためだ。

アメリカが外国人の才能を軽視するようになる一方で、ほかの国はその機会を最大限に活用している。たしかに多くの国にとっては、世界中で収穫されたなかからいちばん優れた才能をすくい取れる、またとない機会だからだ。

すでにイギリス、ドイツ、フランス、オーストラリア、日本が受け入れている留学生を合計すると、アメリカより一〇〇万人以上も多い。イギリスがいちばん多いが、オーストラリア、カナダの一流大学も、いままでになく優秀な志願者を得たことを誇っており、学生のなかにはアメリカの代わりに応募したという者も増えてきている。

学生の動向は氷山の一角に過ぎず、水面下にはより大きく深く危険な流れがある。移民数は二〇〇三年には三四パーセント減り、五三年以来最も激しく減少している。移民研究センターによる詳細な分析によれば、アメリカは二〇〇〇年から二〇〇四年の間に四二五万人の移民を受け入れているが、移民率の上昇は二〇〇〇年をピークに驚くほど緩やかになった。(7)

それによる経済的コストは莫大である。産業団体のコンソーシアムによる二〇〇四年六月の調査に基づけば、ビザ発給の遅れにより、二年間でアメリカの産業界には約三〇〇億ドルもの追加コストが発生しているという。この調査に答えた一四一社の四分の三近くの企業で、ビザ手配の問題は二〇〇二年度から生じ、コスト面の影響を計算すると、一社当たりおよそ一〇〇万ドルに及ぶという。

ハイテクからエンタテインメントまで、ほとんどのアメリカの主要産業は、こうした事態はアメリカの政策決定過程における不必要な国家孤立主義の影響だと感じている。イスラム教に改宗し、現在はユスフ・イズラムに改名したキャット・スティーブンスの入国を拒否し、彼が乗ったロンドン発ワシントンDC行きの飛行機を別の空港に迂回させた事件は、国際紙の第一面を飾り、世界中の物笑いの種になってしまった。

しかし、ずさんな予防安全手段や航空業界の出費、疑われたシンガー・ソングライターと一緒だった不運な乗客の問題よりも、私たちの文化への影響は根深い。有名なオペラ歌手、最先端の電子楽器奏者、世界的な音楽家など、ビザが下りなかったり、アメリカ入国時にいやがらせを受けたりしたことで、アメリカ・ツアーをキャンセルせざるをえなかった国際的に著名なミュージシャンの数は、急増している。これら自体がアメリカ経済に与える影響は大きなものではない。しかし数億ドル規模の音楽ビジネスへの影響のみならず、アメリカ人アーティストへの影響を考えてみるといい。

アメリカの音楽業界は、数十年間も世界の中心だった。アメリカ人アーティストの歌は、カラカスやイスタンブールのラジオ局からも流れていた。歌はアメリカの大衆文化を世界中に広めるために不可欠な要素であり、多大な貢献者であった。ハーバード大学のジョセフ・ナイは、それらを「ソフト・パワー」と呼んでいる。アメリカが音楽の輸出で得た利益は、アメリカの貿易収支をこれ以上の大赤字にしないことにも一役買っている。

アメリカの音楽に活力があるのは、他国の音楽を吸収し、自分のものにしてしまう能力にその一因がある。アメリカのヒップホップがカリブ海のレゲエやインドのバンガラ・ビートを取り入れ、ハードロックのミュージシャンがドイツの産業用機材を使用する。

これらは瑣末な話を並べているように見えるかもしれないが、それ以上の意味があることだ。アメリカ人アーティストとそのファンにとって、海外バンドのツアーが見られないことは、コンピュータ業界が最新のCPUを使用できないのと同じことであり、競争力を鈍らせることなのだ。

この国の閉鎖的傾向の増大は、皮肉なことにこの国の安全を台無しにするかも知れない。前国連事務総長のコフィ・アナン、前メキシコ大統領のビセンテ・フォックス、サウジアラビアの外相サウド・ファイサル王子らは、アメリカの大学で学んだことのある数多くの外国人のなかから生まれた政治・経済のリーダーである。ジョージ・メーソン大学のジョン・パーデンとブルッキングス研究所のピーター・シンガーが書いているが、外国人のリーダーは、アメリカの大学の学生としてこの国と強い絆を結び、のちのキャリアで頼れるような生産的関係の基礎を築いていった。

しかし残念なことに、ワシントンの現在の国防政策は、不安に急き立てられた法規制や財源のない半端な権限で形づくられており、アメリカの外交政策を広範に傷つけている。ビザや移民への閉鎖的な政策は、世界で憤りを生んでいる。私たちの開放主義は、「次の世代を遠ざける」新たな閉鎖主義に変わってしまったのである。(8)

アメリカと外国との人々の開放的な流れは、相互にパワフルな利点をつくり出す。外国出身者には経済的なチャンスを与え、アメリカのコミュニティでは富を生み出し、両国の経済発展と文化交流に寄与する。カリフォルニア大学バークレー校情報学部の学部長であるアナリー・サクセニアンは、頭脳流出の心配どころか、実際起きていることは頭脳循環であり、すべてにとって有益だと述べる。コロンビア大学のジャグディッシュ・バグワティのような貿易論の専門家も、移民に開放的な枠組みが世界経済にとって非常に有益であると主張する。

エコノミスト誌は、この分野を調査した際、簡潔に「移住の自由による世界経済への潜在的な利益は、貿易障壁の撤廃による利益の比ではない」と書いた。(9)もし現在のアメリカの閉鎖的政策がこのまま続くなら、頭脳循環というサイクルの多様な利点が生かされずに終わるおそれがある。

これまでマクロな傾向を明らかにしてきたので、問題の本質を個別なケースでも見てみたい。もしサン・マイクロシステムズの共同創設者であり、ベンチャー投資家として多くの起業を支援してきたビノッド・コースラがインドにいたら、どうであっただろうか。またグーグルのサーゲイ・ブリンが、彼の起業家としての才能をヨーロッパで使おうと決めていたら、どうであっただろうか。創造に才のある人々は産業全体の行方に影響を与える。つまり彼らの成功とビジネスへの洞察力が、新しい会社と産業を生み、既存のものを完全につくり変えてきたのである。

また企業間の競争においても、すでにこれまでに述べた国家間の傾向と同様の結果を生み出している。ビジネスウィーク誌がまとめた二〇〇四年のトップIT企業一〇〇社によると、たとえば最も競争力のある世界のハイテク企業トップ二五社のうち、アメリカを本拠とするのは六社のみで、一四社はアジアの企業である。世界的な才能獲得競争はエスカレートしつつある。次のビノッド・コースラやサーゲイ・ブリンをどこか別の場所へ向かわせてしまっても、本当にいいのだろうか。

私たちの最近の保護的傾向は、アメリカを先導する科学者やエンジニアをこの国から追い出そうとしている。ロジャー・ペダーセンは幹細胞の研究分野での先駆者だが、カリフォルニア大学サンフランシスコ校を離れ、イギリスのケンブリッジ大学に移ってしまった。そこでは幹細胞に関する高度な研究に対して政府が資金を提供している。幹細胞研究に政府資金の供与をまったく禁止してしまったブッシュ政権のアメリカとは大きな違いである。

残念ながら、ペダーセンの旅立ちは最初の一歩にすぎず、この後にはさらに多くの人々が続いていくかもしれない。私は、アーティストや文化的なクリエイターは言うに及ばず、何百もの科学者やエンジニアから、よりよいチャンスを求め、あるいはよりよい生活を求めてアメリカを離れ、ヨーロッパ、カナダ、オーストラリア、ニュージーランドに行くことを検討していると聞いている。私たちが、科学、文化、経済の開放性に反する傾向を増大させていることは、外国人に不満を与えるのみならず、いまやこの国の国民にも犠牲を強いているのだ。

個別にとらえれば、これら一つひとつの事実はどれもアメリカの将来を危惧させるほどの原因にはならないだろう。結局、アメリカは文化的にも経済的にも豊かな国であり、多岐にわたって影響力を持ち続けるだろう。しかし、データを見れば、この国が長年維持してきた才能とクリエイティビティの優位性を、どんどん腐らせていっていることは明らかだ。なぜこの国が世界で最も優秀な人たちにとって徐々に魅力的でなくなってきたのだろうか、安全面の懸念の拡大と科学技術の政治化という動向をそこに追加すれば、容易に理解できるだろう。

いま、なすべき挑戦

この若い国アメリカは、過去一〇〇年でおそらく最大の競争に直面している。その理由は簡単だ。世界経済の重要な要素が、もはや商品やサービスまたは資金の流れではなく、人材の獲得競争になってきたからだ。人々を惹きつける能力はダイナミックさと繊細さを特徴とする。クリエイティブ経済において、世界的な新しい中心地は素早く出現する。かつての成功者はその地位を追われる。これは広く開かれたゲームで、その戦いのフィールドは日々刷新されている。

企業は常に最も優秀な人材を探してきた。これまでとの違いは企業のある場所に人が集まるのではなく、才能が集まる場所に企業の施設を建てなければならないことだ。二〇〇四年にエコノミスト誌が代表的な多国籍企業一〇四社を調査したところ、グローバルなイノベーションにおいて、才能は「最大の磁石」であった。(10) オースチンやシアトルのような地域が、いかに素早くアメリカのそれ以外の地域から抜きん出てトップに躍り出てきたのかを思い起こせばよい。同じことがまた起こりうるし、そして世界中で起きている。

いま、私たちはダブリンからウェリントンまで、世界のそこかしこで「人々がいるところへ仕事が動く」現象を見ている。結果として、アメリカ経済への真の国際脅威とはテロリズムではない。クリエイティブな人々に、この国に来たくないと思わせてしまっていることなのだ。

しかし誤解しないでほしいが、アメリカ経済の未来を、クリエイティブ経済が要求するままに、才能ある外国人を大量に輸入することのみに頼ることはできない。この国の才能も利用しなければならない。批評家の多くはグローバル経済に向けて労働力を準備し、子どもたちをきちんと教育しないといけないと主張する。しかし、こういった必要性を満たすために提案されるものは、よりよい学校教育とか、労働者再訓練プログラムといった非常に単純なものだ。これらも基本的には必要だが、クリエイティブ経済に対応するためには、その枠を超える必要があり、このことはまだこの国の二大政党や指導者層にも基本的に理解されていない。

問題の根本には、クリエイティブ経済の台頭が経済格差を広げ、社会的、政治的緊張を高めているという事実がある。子どもたちによりよい算数や芸術の授業を受けさせることや、工場労働者や農業従事者に再就職プログラムや起業機会を提供し、グローバル競争にスムーズに対応させることが必要なのではない。それはそれで必要なことではあるが、明らかにこれらとは関係ない症状があり、それこそが裏に隠されている病気なのだ。

その病気とはすなわち、アメリカの根本的な階級間の対立の悪化と激化である。私たちの社会では、地域間や地域内で格差が拡大しつつある。国内労働力の約三〇パーセントはクリエイティビティを利用する能力があり、またそれによって所得を得ているのに対して、残りの七〇パーセントは、より低賃金なサービス業や製造業に従事させたまま、上の階層へも移動できないようにしている。
さらに、カフェ・ラッテを好むヤッピーたちがそのはしごを駆け上り、都会で豪華に遊び暮らしたり、金をドブに捨てるようなCEOの連中やウォールストリートの悪徳資本家が、ボーナスをかき集めて巨大な成金御殿を郊外に建設したりする一方で、その間にはさまれるアメリカ人が増えているという傾向がある。リベラルな人、保守的な人、無党派層の人たちは、こういったエリートたちへの嫌悪を増加させることにおいては団結している。

現実と向き合おうが向き合うまいが、こうした印象は私たちが呼吸する政治的空気を汚し、クリエイティブ経済における可能性を最大限活用するための能力を疎外し、それらの不安に対処する方向へと、アメリカの政治を導いている。

クリエイティブ経済の発展が地域格差を生じさせ、才能ある人材は新しいクリエイティブ・クラスに集中し、対立の構図はより強化された。サンフランシスコ、ボストン、ワシントンDC、シアトルといった、まさにクリエイティブな都市の内部では、ほかの地域よりもひどい経済格差を生んでいる。これらの都市では、住宅は中流層や労働者階級にとってほとんど手の届かないものになってしまった。

こうした事実に加え、私たちにはもう一つの格差が進行している。不動産を持つ者と、不動産を買えずにシステムに入れない者である。若くてまだ成功していない科学者、エンジニアその他のクリエイティブな人々もそのなかに入るが、都市の長期的成長には彼らが必要なのだ。

おもしろいことに、大衆の関心が文化論争や二者択一の政治対立に向かう時は、実際に私たちを困らせている経済問題は深刻すぎて、ほとんど話題にものぼらない。しかし、この社会の階級対立はあまりにも深く根本的であり、覆い隠したり、洗い流せるようなものではない。遅かれ早かれ、私たちは何らかの対処をしなければならないのである。

こうした対立は以前にもあったことだし、どのような社会にもあるものだ。工業化経済の台頭は、それが技術力、生産性、経済力を全般的に増長させつつも、私たちの社会を二分した。いま、私たちに必要なのは、ニュー・ディール政策のような政治的、経済的な支配力によってアメリカの産業エンジンを駆り立て、普通の働く人々に、より多くの給料を払うようにすることである。これにより郊外に家を持ち、車や家の大量生産を裏づけることができ、そして何よりも子どもに教育を与え、決められた時間で、より上の階層に移動できる本当のはしごをつくり出すことができるのである。

これらの問題を解決する手始めに、私たちはだれもがクリエイティブであることを認識する必要がある。労働力の三割を利用し、残りの七割は蓄積させたままというやり方では、もうこれ以上繁栄を続けることはできない。むしろ、私たちはクリエイティブ経済が引き起こした根本的な緊張を緩和するメカニズムや政策を導入し、完全にクリエイティブな社会をつくるようにしなければならない。先に進むためには、単にクリエイティブ経済の生産方式の追求だけでなく、クリエイティブな社会構造の構築を目指すことが必要なのである。

この解決法は、大きな政府という古い概念を超越している。市場メカニズムだけではいけないのと同じく、一部のパブリック・セクターが活発に動いたところで解決できるものでもない。クリエイティブ時代の対立と格差の増大に対する答えを発見し実行するには、地域の大学や公立学校のシステム、復員兵援護法や研究開発に対する国家的な投資プログラムにおいて、ニュー・ディール政策が小さく見えるほどの大胆な施策が必要だろう。こうした施策には、あらゆる主体のエネルギーを要する。それは企業、政府、大学、市民セクターであり、国全体を引っ張っていくエネルギーを発揮する際に絶対的に重要な資源となる一般市民一人ひとりなのである。

しかし、クリエイティブ時代における運河システム、港湾システム、鉄道や高速道路などインフラに相当するものは、どこに建てればよいのだろうか。この一世紀以上のなかで最も激しいグローバル競争の猛攻撃に直面しているというのに、指導者たちはどうしてこうも皆が皆、無知でいられるのだろうか。私たちが社会として、また世界のよき隣人として繁栄するためには、時代が要求する教育とイノベーションのシステムをどうやって構築すればよいのだろうか。特に、現代のグローバル経済の不確実性に適応する機会を、いまだにほとんど与えられていない七〇パーセントもの人々は、どのように備えればよいのだろうか。

クリエイティブ社会への提言

本書では、アメリカおよび世界における、グローバルな才能獲得競争とそれがもたらす課題について述べる。第一部ではクリエイティブ経済の台頭とそれを駆り立てたものの正体を明らかにし、かつその正体が完全に姿を見せなかった原因を追う。第二章では経済成長における開放性の重要さを示し、また経済の長期的成功は、人間一人ひとりのクリエイティブな可能性の強化にかかっていることを示す。ここでは、クリエイティビティと経済成長に関する私の理論をめぐって起きている議論についても取り上げる。第三章では、アメリカ経済は根本的に、新しい人々とアイデアを受け入れることで形づくられてきたことを説明しつつ、アメリカ経済の経験を歴史的に述べる。

第二部では話題を変え、地球規模で才能獲得競争が激化していることを述べる。第四章ではアメリカで増えている外国人への規制を検証しながら、国際競争力への影響を述べる。第五章では、アメリカのクリエイティブ経済の支配に挑戦する重要な競争者の台頭を取り上げる。この章で述べる才能のグローバル化が、クリエイティブ経済の推進力となっている。才能が他の生産要素と違っているのは、移動することにある。人はどこに行きたいかを選べるし、実際に選んでいる。

また、クリエイティブ・クラスのランキングと、世界四五カ国について技術、才能、寛容性に基づいて新たに測定した、グローバル・クリエイティビティ・インデックス（GCI）を提示する。第六章は世界中の都市がどうやって競争力をつけ、才能を獲得し、地域のクリエイティブな人々のエネルギーを強化してきたかを探る。結局、世界的な才能を引き寄せたり離したりしているのは、国や企業ではなく、都市なのである。

新しい競争者によって既存の権力が直接打倒されることはあまりない。死に至る傷は、ほとんどいつも自分自身でつけるものだ。第三部は、クリエイティブ時代への過渡期に直面する課題を検証する。クリエイティブ経済の台頭は、経済的にも社会的にも新しい格差をつくり出し、アメリカの根本的な階級対立を強化し、悪化させている。第七章では、クリエイティブ経済が地域間格差を拡大させ、また先進的なクリエイティブ地域の内部でも、より大きな格差を生み出していることを述べる。特に所得格差と、クリエイティブな時代の副産物としての、または表層としてのアメリカの社会問題や経済問題を見ていく。

このような外部効果は新しい経済システムの台頭に常につきまとうものである一方、現在のアメリカではそれについて言及することが歓迎されず、より本質的な格差である社会やモラルの問題も認識できていない。格差の存在は、人間のクリエイティビティが犠牲になっていることの象徴である。第八章では、アメリカの政治的、文化的な対立が、新しい挑戦、課題に対応する能力に影響していることを述べる。政治的な二極化の論理が誇張される一方で、アメリカは政治的、文化的対立というレベルで行き詰まり、そのことが、私たちが直面している問題の核心の追求を困難にしている。重要なのは、アメリカがクリエイティブ経済への競争に加わること自体ではなく、他の競争者よりもいかに素早くそれを行えるかなのである。

第九章では、クリエイティブな時代に人間のクリエイティブなエネルギーを活用し、それを発揮させるために何をすべきか。その条件を広範に検討し、将来の課題を整理して、本書の結びとする。アメリカには、途方もない競争力と変化に適応する能力がある。この数十年で初めていま、本格的にそれが試されようとしているのである。

第**1**部

THE CREATIVE ECONOMY

クリエイティブ経済

第2章

クリエイティビティの重要性

Creativity Matters

想像力は生きる力であり、人間のあらゆる認識のもとになる。

――サミュエル・テイラー・コールリッジ（一七七二―一八三四年）イギリスの詩人

現代はまさに変革の時代である。私たちが経験しているのは、この一世紀以上の間で最大、それもとりわけ大きい変化のようだ。原材料から製品をつくる古い産業システムから、人間の才能と想像力の限界のみが制約であるクリエイティブ経済へと、すべては日々新たに変化している。経済を構成するものが根本的に移り変わることで、私たちの働き方、時間、ライフスタイル、レジャー、帰属するコミュニティの基準、私たちが築く個人的、家族的なアイデンティティも大きく変わってきている。働き方、生き方、遊び方、考え方の変化はまだその初期段階にあり、それゆえに現状は矛盾と不安に満ちあふれている。周囲を見るがいい。そこには、まぎれもない天才やイノベーションの出現があれば、欲望や破壊もある。階級秩序や社会の結びつき、経済の確実性の崩壊もある。目もくらむような成功があれば、極貧もある。こうしたことが、社会的、経済的にこの世界を特徴づけている。このことを、どう理解すればいいのだろうか。最も重要なのは、これらが私たちを、どのような世界に連れて行こうとしているかである。

クリエイティブ経済の台頭

この数十年の経済と社会における一連の段階的な変化は、基本的に新しい働き方や生き方を生み出してきた。これからはクリエイティブな時代になる。その理由は、クリエイティビティの台頭が私たちの経済を動かし、私たちを前進させる要因となっているからだ。技術や情報ではなく、人間のクリエイティビティなのである。

革新は見えざる手のなせる業ではない。スタンフォード大学の経済学者、ポール・ローマーが以前から述べてきたように、偉大な進歩は常にアイデアから飛び出してくる。(1) そのアイデアは天から降ってくるのではなく、人間が生み出すのだ。人間がソフトウエアを書き、人間が製品をデザインし、人間が新しいビジネスを始める。人間が音楽をつくり、別の人間がつくった機器からその音楽が流れるのを想像する。

新しいものは、おしなべて便利さや喜び、生産性といったものを与えてくれる。〈パーム・パイロット〉や〈iPod〉といった新製品、映画『パルプ・フィクション』、化学工場をよりよく操業させる工夫といったことは、皆、人間がアイデアを考え、よりよいやり方を創意工夫によって見つけてきたものである。一九九〇年代の経済成長に駆り立てた本当の要因は、単なる欲望や、ベンチャー・

キャピタルとハイテク分野に起業家精神が満ちあふれたことにあるのではなく、あらゆる種類のクリエイティビティが途方もないスケールで放たれたことにあった。

大きくとらえれば、革新とは常にそのようなものである。狩猟や採集ではなく牧畜を始めるとか、人力や馬力の代わりに蒸気エンジンをつくるなど、何か新しいことを人間は考えついてきた。そして材料や社会的現実というのは後からついてくる。最近、起きているのは、あらゆるクリエイティブな仕事のペースや密度が爆発的に進化しているという現象である。二〇世紀後半の経済成長のほとんどは、それにより生み出されたのだ。

クリエイティブな時代で最も重要なことは、おそらく経済成長や経済的な繁栄の可能性といったことではなく、ごく一般の人々の可能性を広げられるかもしれないということだ。過去一〇年の間、私は企業幹部、エンジニアから、秘書や大学を卒業してまもない若者まで、新しいことのために安定した職を離れた何百人という人々にインタビューしてきた。一か八かのストック・オプションで大儲けしたから職を離れた人や、より高い給料を求めてという人はほとんどいない。多くの人は給料が下がっても、刺激的な仕事をする機会と「新しい何かをつくり出す」ことへ参加していることに、何度となく喜びを表した。つまり、人間はクリエイティブな仕事が好きなのだ。それが人間なのだ。

日本式の「カイゼン」（改善）を行っている自動車工場や製鉄所を訪れるために、私はアメリカ中を旅したことがある。[2] どの工場の労働者も、仕事に来るのが嫌などころか楽しいと語っていた。給料がいいとか仕事が楽だからではなく、自分のアイデアが貢献できる場所を見つけられたからである。

また、経済的階層の下位にいる人々にも、同様なことを感じた。労働組合や政治家は、機械の運転のような製造業の仕事に就く人がいないことを嘆いている。ペンシルバニア州やミシガン州では、実際にそういった人々を集めるのに苦労している。一方、メークアップ・スクールは美容師になりたい若者たちでいっぱいである。機械を動かす仕事より美容室のほうが一般的には給料は低く、福利厚生もあまりよくない。にもかかわらず、より魅力的なキャリア選択に見えるのである。

皆が新しい仕事を立ち上げるべきだとか、美容師になるべきだと言いたいのではない。多くの人々がいま欲しがっているものは、私たちの経済を強くするために必要なことと、完全に同じであるということだ。金銭的報酬ではなく、クリエイティブな才能を生かすチャンスなのだ。好きな仕事が同時に経済的にも成功できる仕事であれば、なおさら最高だ。

数字に見るクリエイティブ経済

いまや、より多くの人々がクリエイティブな仕事で生活するようになっている。建築家から美術専門家、エンジニアや科学者から芸術家、作家、上級管理職、プランナー、そしてアナリストから医師、金融・法律の専門家まで、高度にクリエイティブな職に就く人の数は、二〇世紀になって目覚ましく増えている。一九〇〇年時点でクリエイティブな職に就く人の数は、アメリカの労働力の一〇パーセントにすぎなかった。ところが、八〇年には、その数は二〇パーセント近くにまで増えた。現在ではアメリカ国内でおよそ四〇〇〇万人の労働者、つまり労働者全体の約三〇パーセントがクリエイティブ産業で働いている。実際、アメリカは伝統的なブルーカラー労働者より、クリエイティブ産業に従事する人のほうが多いのだ。この傾向は他の先進工業国でも同様である。

何よりも、経済面ではクリエイティブ産業が最大の富を産出している。経済をクリエイティブ、製

図表2-1◈クリエイティブ産業の成長（対労働力人口比）

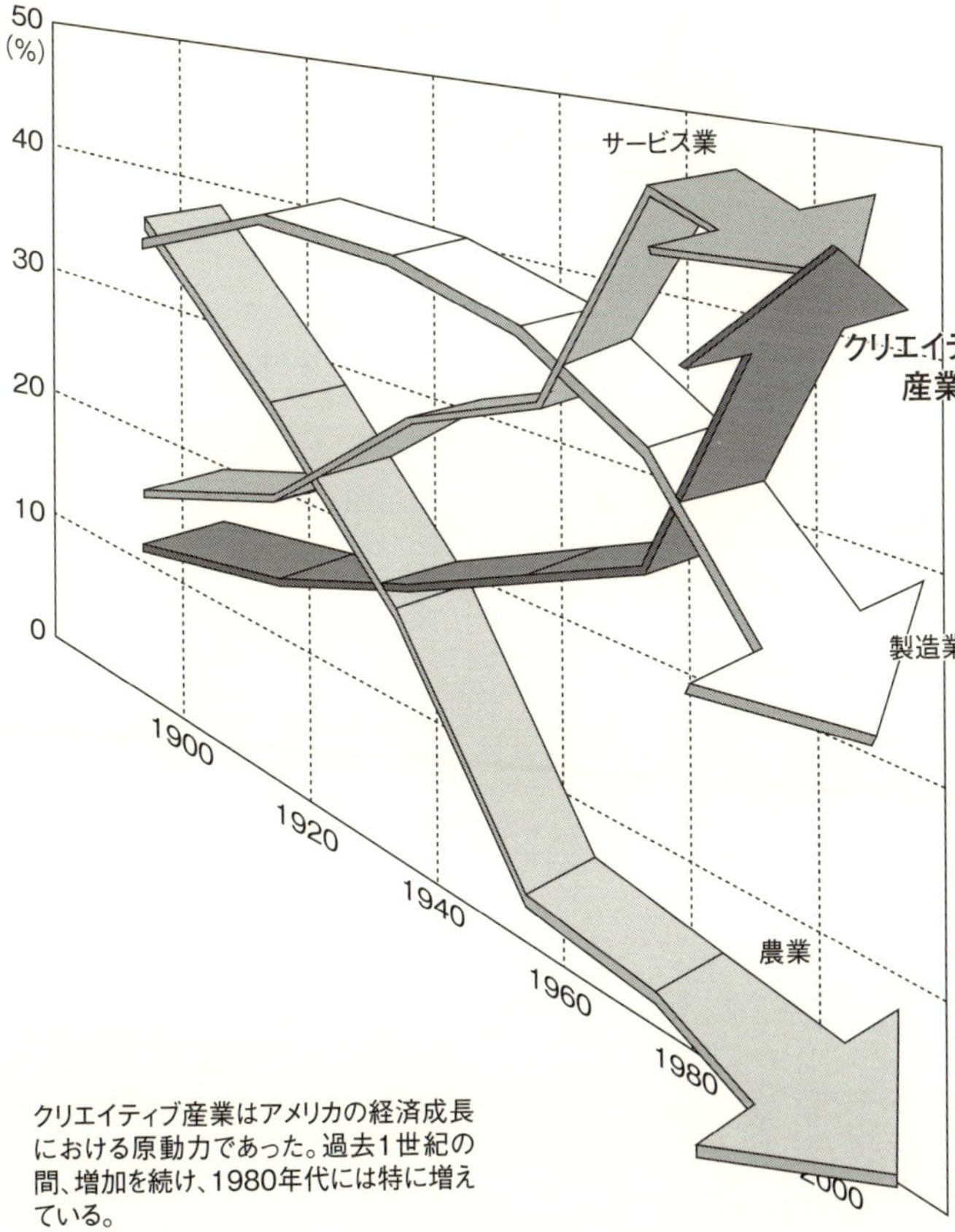

クリエイティブ産業はアメリカの経済成長における原動力であった。過去1世紀の間、増加を続け、1980年代には特に増えている。

【出典】Richard Florida, *The Rise of the Creative Class*, New York: Basic Books, 2002を修正。

図表2-2◈クリエイティブ産業の経済的規模

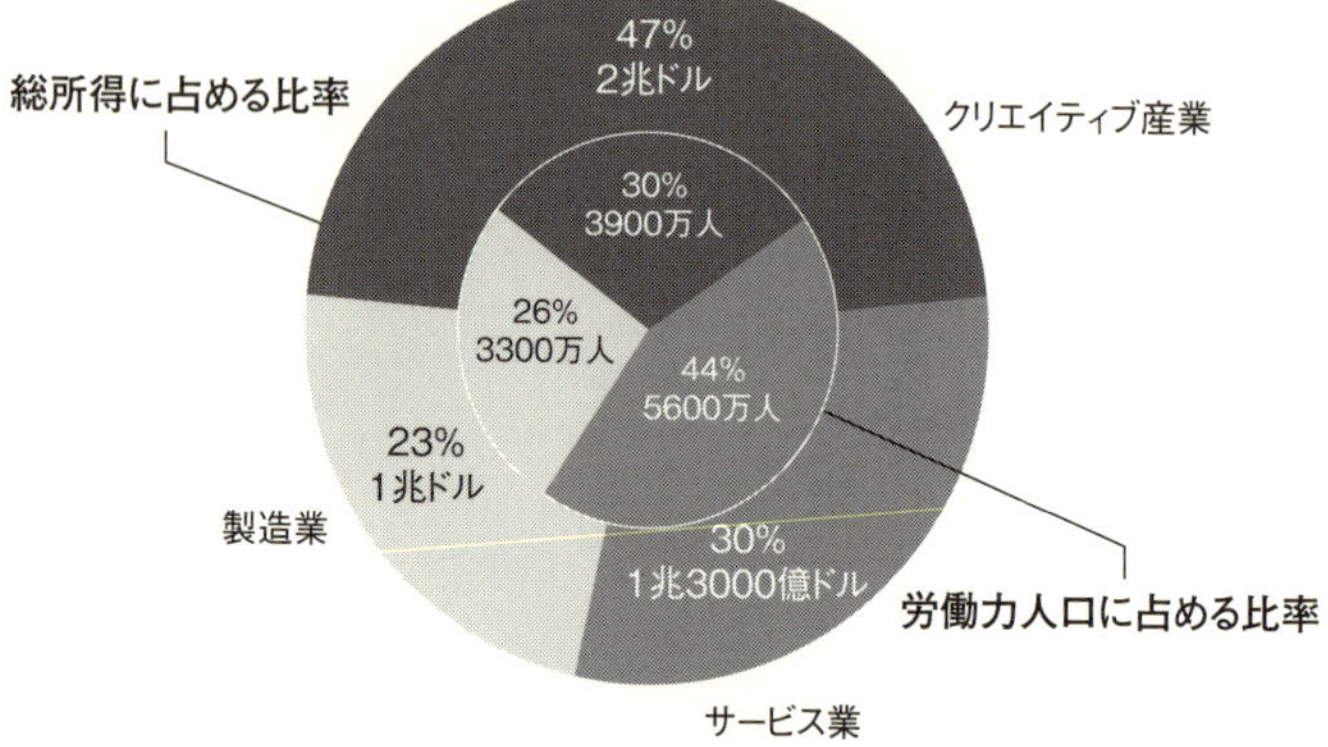

クリエイティブ産業はアメリカの雇用の30%を担い、所得のおよそ半分を占める。
その金額は、製造業とサービス業の合計にほぼ等しい。

【出典】アメリカ労働統計局の1999年のデータをもとにケビン・ストラリックが作成。

造、サービスと三つの産業に分け、それぞれを雇用者所得で比較すると、クリエイティブ産業はアメリカの全雇用者所得のほぼ半分を占めている。それは約二兆ドルであり、製造業とサービス業を合わせた金額とほぼ同じである。

経済学者や経済アナリストの間では、経済成長の大半は、クリエイティブな職業、すなわち知識が必要な職業と、サービス業とによることが広く合意されてきた。フリッツ・マッハルプやピーター・ドラッカーは、かねてより知識経済の成長と知識労働者の重要性を指摘してきた。

ノーベル賞を受賞した経済学者であり、認知心理学、コンピュータ科学、ロボット工学でも卓越した業績を残したハーバート・サイモンは、六〇年に、流れ作業の工場とデスクワークは自動化され、その一方でマネジメント、イノベーション、デザインといった分野で新しい仕事がつくり出されるだろうと書いている。同時に彼は「製品のデザイン、製造プロセスのデザイン、マネジメント全般といったことに責任を持つ専門性の高い人々が、かなりの数必要になるだろう」とも予測していた。ロバート・ライシュは後に、シンボルを考え、操ることで生計を立てる「シンボリック・アナリスト」と呼ぶ人々の役割に注意を促した。社会学者のスティーブン・ブリントとスティーブ・ベイリーは、知識労働者は労働力の三〇〜三五パーセントを構成し、急速に増えていると推計した。[3]二〇〇四年五月のニューヨーク・タイムズ紙には、数人の専門家が、こうしたトレンドを次のように要約している。

過去一〇年間で最大の雇用増加があったのは、対人スキルやEQが必要な職業（たとえば看護師や弁護士）と、デザイナー、建築士、写真家などの想像力とクリエイティビティを必要とする職業である。しかし、美容師の雇用の増加に注目すればわかるように、新しい職業すべてが高学歴や芸術的な才能を必要としているわけではない。職業に対するこれまでの固定観念を守り続けることの利益は少なく、貿易とテクノロジーによって、好むと好まざるとにかかわらず経済環境は変わってしまう。それよりは各個人が才能を高める努力をすれば、よりよい生活を築けるだろう。そこに私たちアメリカ人の未来がある。[4]

経済学者のフランク・レビィとリチャード・マーナンは、二〇〇四年に出版した本で、過去数十年にわたって人々が実際に携わった仕事の種類の変化を詳細に観察している。[5]アメリカ労働省の一万二〇〇〇もの職業分類に関する詳細で複雑なデータをもとに、レビィとマーナンは次のように簡潔に職業を分類している。

・専門的思考
クリエイティビティや専門的な問題解決力が必要な職業。新しい製品のデザイン、疾病診断、新鮮な材料を使った創作料理がこの分類に入る。この種の職業は六九年以降、急激に増加しており、従事者の所得もかなり上昇している。今後も増加が予想される。
・複雑なコミュニケーション
デザインやイノベーションといった分野、フェース・トゥ・フェースで相手にモチベーションを与え管理するといった分野の所得の高い職業。この種の職業も急速に増えており、所得も上昇している。今後も増加が予想される。
・定型的な頭脳労働的作業
よく整理された論理的なルールに従って行う頭脳労働的な作業。コール・センターやデータ処理センター、ソフトウエア制作におけるルーチン作業といった仕事が含まれる。これらの職業は、六九年以降、アメリカでは減りつつあり、特にアウトソーシング（外部委託、特に人件費の安い外国へと委託）されやすい。
・定型的な肉体労働的作業
定められたルールに従って行う肉体労働的な作業。ブルーカラー的な組み立てラインの仕事など。これらの仕事はすでに減少しており、また自動化やアウトソーシングされやすい。
・不定型な肉体労働的作業
自動化が難しい肉体労働的な作業。「光学的認識」や「繊細な身体制御」が求められる仕事、工場における作業などが該当する。ヘア・カットやハウス・クリーニングのような個人向けのサービス業も含まれる。このような職業は、六九年から八九年にかけては減少を続けたが、それ以降は安定している。工場における不定型な作業はアウトソーシングされやすいが、個人向けサービスはその限りではない。ロボットが整髪し、上手に背中をマッサージしてくれることは想像しにくく、マニキュアを塗る仕事を海外に移すのも不可能である。

以上の分析によれば、今後成長が期待される職業は、二つの分野しかない。「専門的思考」と「複雑なコミュニケーション」である。これらは、要求される技術においても仕事のタイプにおいても、まさしくクリエイティブ・クラスの仕事と定義されるものだ。

レビィとマーナンの指摘によれば、過去二〇年間の雇用者所得の上昇分のほとんどすべては、特にこれらの分野の職業に就いている高学歴の人々が取っていった。所得全体の上昇は九〇年代に記録的な伸びを見せたが、高卒者の賃金はかなり下がり、その実質的な購買力は七〇年代前半よりも悪化している。高校中退者となるとさらにひどい。こうしたトレンドのすべては、クリエイティブな時代へとさしかかっている私たちが、階級間の対立に直面する一因になっている。

クリエイティブ資本

経済的な観点からすれば、クリエイティビティは資本の一形態である。ここでは「クリエイティブ資本」と名づけることとする。経済学者は長い間、資本をさまざまな形態に分けてきた。物的資本（原材料）、金融資本（投資）、土地資本（機能的不動産）、人的資本（教育を受けた人々）、社会資本

（集団行動から生じるもの）などである。現在、主導的な経済成長理論において、経済発展は、物的資本や金融資本よりも、その地域にある人的資本の蓄積に依存すると考えられている。しかし、ここで経済学者が一般に人的資本として測定しているものは、労働者の学歴である。

大卒者の比率といった最も伝統的な人的資本の計測法を使うと、ビル・ゲイツ、ウィリアム・フォークナー、デイビッド・ゲフィンなど、大学を中退した起業家やクリエイティブな人々の素晴らしい貢献を見過ごしてしまうことになる。

さらに、この計測手法が前提とするのは、特定のスキルが重要であり、それらのスキルは教育機関で教えられているということだ。こうした考え方に意味があったのは、大量生産が鍵を握り、大多数の労働力に技能を教え込むことが可能だった工業化社会においてである。クリエイティブ時代において、実質的な経済成長に必要なのは大卒資格などではない。

いま本当に重要なのは、新しいアイデア、新しい技術、新しいビジネスモデル、新しい文化様式である。まったく新しい産業の創造は、本質的に人間の能力による。これこそクリエイティブ資本である。経済を成長させ繁栄させるために、あらゆる主体は、それが個人であれ企業であれ、都市であれ州であれ、そして国であれ、おしなべてクリエイティビティを育て強化し、移動させ、その能力に投資しなければならない。

このような資本を測定し、まがりなりにも経済学者やその他の研究者が使えるものにするためには、人間のクリエイティビティのすべての可能性を考慮に入れる必要がある。私が（学歴ではなく）職業をベースとした資本の測定モデルを研究しているのは、こうした理由からである。何がクリエイティブ経済の成長を促すかをすべて説明することはできないが、学歴で測る一般的な手法よりも正確だと信じている。

最近、カナダの経済学者グループが、クリエイティブ資本を人的資本と区別して数量化したところ、これが経済成長に重要な役割を果たしているとの画期的な発見をした[6]。そのカナダ人チームは、「実際のスキル」(私のクリエイティブ資本のコンセプトと同様に職業をベースとしている)の測定によって、単に教育水準や学位によるよりも、経済成長をうまく説明できることを突き止めた。エコノミスト誌は「教育水準は比較的計測しやすいが、人的資本の代理変数としては弱い。必要なのは、経済力に関係する技能をより直接に測定することだ」と結論づけている。まさしくそのとおりだ。

この研究チームは、カナダ統計局との共同作業によって、重要な結論にたどりついた。人口の識字率を示す指標のほうが、学校教育を受けた年数の指標よりも、はるかに正しく経済成長を予測しうるということだ。このことは、経済成長にとって、自立したクリエイティブな思考力が重要であることを物語っている。

教育システムの確立が国の繁栄に重要なのはもちろんだが、子どもたちや若者を机に向かわせた日数からでは、将来その個人がどのようになるかがわからないように、その集合体である社会の将来もわからない。本来は、教室の内外での学習において、クリエイティブな問題解決の基礎と応用の両方を教えることが必要なのである。

ここでは、識字率が相対的によい指標であろうということ以上に、それが長期的な経済繁栄と正の相関にあることを示す感度分析のほうが重要である。カナダの経済学者らは、識字率のパーセンテージが国際平均に対して一ポイント上昇すると、その結果として労働生産性が二・五ポイント上昇し、一人当たりGDPが一・五ポイント上昇する(いずれも国際平均に対するパーセンテージとして)ことに注目し、識字率に対する投資を増やすことが、結果としてＧＤＰの成長と生産性の上昇に強く結びつくと結論づけた。

この研究に欠点があるとすれば、データ（国際成年識字率調査の各国データ）について、ＯＥＣＤ加盟国中、次の一四カ国分しか手に入らなかったことである。ベルギー、カナダ、スイス、デンマーク、フィンランド、ドイツ、アイルランド、イタリア、オランダ、ノルウェー、ニュージーランド、スウェーデン、イギリス、アメリカである。

この限られたデータでも、はっきりとしたパターンは存在する。六〇年から九五年の間に識字率が最も急速に上昇した三カ国は、相対的に急速な成長を経験している。逆に伸びなかった三カ国（投資が少なかったか、または六〇年までにすでに高水準であったかのどちらかである）、ニュージーランド、スウェーデン、アメリカは、比較的ゆっくりとした成長であった。研究者は「この結果の経済政策への重要な示唆は、人的資本の蓄積は、先進国の長期的な経済繁栄に関係しているということだ」と説明している。

――すべての人間はクリエイティブである

現代において、クリエイティビティを有するのは、特別な才能に恵まれた少数の人に限られると考えるのは、大きな誤りである。ほとんどの人は、クリエイティブにはなりたくない、頼まれてもできない、またはクリエイティビティを期待される環境に居心地の悪さを感じるだろうと思い込んでいる。しかし、この考えは間違っている。

私の理論において最も見過ごされがちでありながら、いちばん重要なポイントは、すべての人間はクリエイティブであるという点である。もともと、人間一人ひとりがとてつもないイノベーションを生み出す可能性を授かっている。それは、人間が進化適応のなかで先天的に持っている能力の副産物なのだ。すなわち、クリエイティブ資本は無限の資源なのである。

人間は、習得したスキル以上のことをさまざまな方法、さまざまな分野でこなせる。それはクリエイティブゆえのことだ。私たち一人ひとりが、そうしたクリエイティブな能力を発揮しようと努力すれば、それは意味のある結果をもたらすだろう。本当の繁栄を迎えようとするならば、少数の人がクリエイティブな才能を使い、そして報いられるのではなく、あらゆる人がクリエイティブな才能を十分に活用するようでなければならない。一人ひとりの内側にあるクリエイティブの炉に火をくべることが、この時代の大きな課題だと、私は考えている。

クリエイティブ・クラスの概念は、したがってエリート主義でも排他的でもない。事実、私は主に「知識労働者」「情報社会」「ハイテク経済」という概念に対する個人的な不満の結果として、これを創出したのである。経済的な価値創造の本当の源泉を定義し、私たち労働者のうちだれが自分の持っているクリエイティビティを利用して報われているのか、あるいはいないのかを明らかにするのに、よりふさわしい概念として、「クリエイティブ・クラス」を選んだのだ。現代の真の課題は、このクリエイティブ・クラスに所属する労働者を、現状の三〇パーセントを超えて、さらに広げることである。より広くあらゆるものを取り込み、それを人間のクリエイティブなエネルギーの膨大な蓄えとして活用することが必要なのだ。

クリエイティビティこそ、社会を平等にするツールである。その資質は、受け継いだり、伝統的な意味で所有できたりするものではない。自分自身が思い込んでいる社会的カテゴリーにも影響されない。性別、人種、民族性、性的傾向や外見にも関係ない。次代のデイビッド・オグリビーやグウェンドリン・ブルックス、ポール・アレン、オスカー・ワイルド、バラク・オバマがだれになるか、私たちには前もってわからないし、どこから現れるのかもわからない。

しかし、社会は少数の才能に関心を示す一方で、より多くの人々のクリエイティブな可能性については無視している。ベンチャー・キャピタルの投資家で作家でもあるデイブ・バイレスは「現在必要とされている才能ではないとしても、その評価されていない才能が明日の経済の基盤となるかもしれない」と主張する。なぜなら、人間のクリエイティビティの壮大な集合体は巨大な生態系であり、あるタイプの特性がほかを補完したり、ほかと共生したりすると考えられるからである。

多様性は単に楽しむためではなく、必要なものなのだ。都市経済学者のドン・リプケマは「生物学者は、健全な多様性が生態系にとって重要であることを理解した最初の人々である」としたうえで、「しかし、それは経済システムにおいても同様に真実である。競争の激しい場所は、産業の多様性だけでなく、おそらく人間の多様性に、より多く注目すべきなのだ」と書いている。

私たちの社会は、クリエイティブ資本を部分的にしか活用できていない。また、それだけではなく、クリエイティブ産業を構成する幸運な三〇パーセントの労働力のやる気を引き出すことにも、ある意味失敗している。

シリコンバレーにおける二〇〇四年の調査から、クリエイティブ産業の労働者が実際どのくらい、その才能を使っているのかを見てみよう。(7) この調査は、三一六人のシリコンバレーの労働者との個人的なインタビューに基づいたものであるが、まず私生活については、九割の人がクリエイティブだと答えている。たとえば楽器を弾くなどのクリエイティブな芸術活動に関わっているのは四九パーセント、クリエイティブな趣味に携わっていると答えた人は三八パーセントだった。

次に、労働者の四〇パーセントは自分たちの仕事にはクリエイティビティが「かなり必要」と答え、その反対に二〇パーセントがクリエイティビティを「まったく必要としていない」と答えている。おもしろいことに、ハイテク企業の労働者の四分の三が、自分たちの仕事は「クリエイティビティをかなり必要としている」と答えているが、自分たちの上司が「仕事上でクリエイティブであることに協力的」と答えたのは半数以下だった。これがハイテク・エリートの現実だ。

ここで私たちは、クリエイティブ・クラスの外にいる七〇パーセントの人々のクリエイティブな可能性を、制度的に無視している。第七章で指摘するように、両者の格差は広がっており、学位のない人がやりがいのある仕事に就ける機会は、どんどん少なくなってきている。

このことは、私たちのシステムがクリエイティビティを大量に捨てていることを意味しており、クリエイティブ資本を生み出し強化するうえで非効率なことをしているということになる。私は、潜在的なクリエイティブ資本を、せいぜい一〇パーセント程度しか引き出せていないと見積もっている。もし、まだ引き出しえていないクリエイティビティを一部だけでも利用できるようになれば、私たちの富、繁栄、生活の向上にどのような可能性が広がるであろうか。そのことを考えてみたい。

基本的な考え方を三つにまとめよう。クリエイティビティは現代の最も重要な富の源泉であり、人間一人ひとりがクリエイティブであり、あらゆる場所がクリエイティブな仕事に関わることに価値を置くものとする。これによる変化の大きさを考えてみよう。

歴史上経験したそのような変化の最後は、一八〇〇年代後半から一九〇〇年代前半にかけての工業化社会への変化であり、変化の恩恵は社会のすみずみにまで行きわたった。熟練労働者も未熟練労働者も組み立てラインに立ち、労働組合に参加し、賃金や所得の上昇を経験した。一九世紀から二〇世紀初頭のアメリカの工業化は、工場や発電所に限定されるものではなかった。農業の機械化も進んだ。電力が機械を家に、学校に、商店に、職場に持ち込んだ。そして皆が自動車を運転するようになった。機械と電力供給によって、人々はつまらない肉体労働から解放され、人々の生活に比類のない向上をもたらしたのだ。

クリエイティブ経済は、それ以上に魅力的な変化を未来にもたらすだろう。現在、多くの人が仕事と生活で負担している、精神的につまらない労働からの解放だ。繁栄のための自由と資源が与えられ、社会と多数の人々の富や経済は成長し、それぞれが人間としての可能性を完全に発揮できるようになるであろう。

経済成長の三つのT

では、クリエイティビティによって持続的な経済成長を目指すには、どうするのがいちばんよいだろうか。経済成長の要因となるのは何だろうか。一〇〇年後においても繁栄を確実にするために、私たちは何をする必要があるのだろうか。その答えは、私が経済発展の三つのTと呼ぶものにある。三つのTとは、技術（テクノロジー）、才能（タレント）、寛容性（トレランス）である。経済学においては一般的に最初の二つのTを強調してきたが、クリエイティブ時代の本当の繁栄には、すべてのT、特に三番目のTが必要不可欠なのである。

異論が最も少ないのは、三つのうちの最初のTだろう。経済学では長い間、成長の鍵は技術にあると説明してきた。ＭＩＴ教授のロバート・ソローは、技術進歩を取り入れた経済成長モデルを提案し、ノーベル賞を受賞した。スタンフォード大学教授のポール・ローマーは、経済成長は、人間の知識の継続的な発掘と蓄積を基盤にした内生的なプロセスであると述べている。技術が経済成長に重要な役割を果たしていることについて、私も心から賛同する。実際、技術が非常に重要に思えるがゆえに、第一のTにしているのだ。

私の理論における二番目のTは才能である。ノーベル賞を受賞したシカゴ大学教授のロバート・ルーカスら一流の経済学者は、経済成長は人的資本の結果であると指摘する。ハーバード大学教授のエドワード・グレーザーも同様である。(8) ルーカスらは、集積の進んだ都市において生産性がきわめて高くなるのは、人々のクリエイティブなエネルギーを結合させることで生まれる経済性のおかげである、と明快に主張している。

ルーカスは、都市が人的資本を増加させる機能を「ジェーン・ジェイコブズ的外部効果」として引用し、彼女の発想はノーベル賞に値するとさえ言っている。そのアイデアとは、都市の役割を人的資本の集積と増大への貢献にあると考え、人的資本が多ければ多いほど都市の成長は速まり、その都市化（およびそれに伴う集積）がイノベーションと生産性を増加させる鍵になるというものだ。

前述のように、私は教育水準に基づいた一般的な人的資本の測定に代わり、クリエイティブな職業を才能のものさしとして使用している。学校の成績よりも、実際に何をしているのかを重視しているのだ。

それにより、三番目のT（寛容性）に行きつくことになった。経済学では長い間、技術と才能が経済成長の主要な原動力とされ、それらを伝統的な生産要素、すなわち原材料と同様に扱ってきた。つまり、それらは蓄積されると考えてきたのだ。この考え方によると、技術や才能は特定の場所に蓄積され、その蓄積によってイノベーションや経済成長の程度を説明することになる。しかし、技術、知識、人的資本のような資源は、明らかに土地や原材料など伝統的な生産要素とは異なる。それらは倉庫にあるのではなく、動いている。人々は永久に一つの土地に縛られているのではない。動き回るのだ。だから技術や才能も人々と共に動き、ある地域に流れ込んでいくこともあれば、流れ出ていくこともある。

それゆえ重要なのは、なぜある場所が他の場所よりも、こうした生産性の決定要因を生み出し、引き寄せ、留めておくことができるのかを理解することである。私は、その答えは開放性、多様性、寛容性といったものの有無にあると考えている。私が言う寛容性とは、単に異質な人々を受け入れるということではない。もちろんそれは重要な出発点だ。しかし本当に成功する社会というのは、開放的で包容力があるものだ。また最もクリエイティブな人々が集まってくるような地域は、差異を受け入れ、生産的に吸収していく。標準からはずれたアイデアや情報に寛容であるということは、政治的正義のためではない。経済成長のために不可欠なのである。

私の研究では、移民、芸術家、ゲイ、ボヘミアン、人種間融和などへの寛容性を持つ地域と、高い経済成長を経験している地域との間に強い相関関係があることを認めている。このような地域は二つの点で経済的に優位である。第一に、その地域の人々のクリエイティブな能力を広範囲に利用していること、第二に、その地域で受け入れている多くの移民の力を利用していることである。

多様性と経済成長に関する私の発見は、他の多くの研究でも立証されている。トロント大学の研究者メリック・ガートラーとタラ・ビノドレイは、ゲーリー・ゲイツと私の共同研究に協力し、カナダではボヘミアンとハイテク分野の成長とがきわめて強い関係にある事実を発見した。オーストラリアのシンクタンク、ナショナル・エコノミクスが独自に実施した調査では、ゲイやボヘミアンとハイテク成長との関係が、オーストラリアの都市と地域を対象にした比較分析でも確認されたことを報告している。(9)

ボローニャ大学のジャンマルコ・オッタビアーノとカリフォルニア大学デービス校のジョバンニ・ペリは、アメリカの各地域を対象に、民族・文化における多様性と経済成長との関係を計量経済学的手法によって詳細に分析したが、その結果も両者の強い関係を立証するものであった。彼らは「多民族文化都市の環境は、アメリカ生まれの市民をより生産的にしている」と指摘し、その理由を二つあげている。(10)

まず、移民は概してアメリカ生まれの市民を補完するスキルを持っており、「たとえ同じ教育レベルでも、問題の解決法や発想、適応の仕方がアメリカ人と移民労働者では違うので、互恵的な学習が起こりやすい」という。このことは、ハイテク産業やクリエイティブ産業によい影響を与えている。もう一つの理由は、移民労働者がアメリカ人にはできない貴重なサービスを提供していることにある。オッタビアーノとペリは「イタリア人のスタイリスト、メキシコ人の料理人、ロシア人のバレエ・ダンサーは、アメリカ生まれの同じ職業の人とは別次元のサービスを提供しており、その多様性は、生産するサービス全体の価値を向上させている」と書いている。

グローバル経済の進展のなかで、それぞれが固有のスキルを持ち寄る。その結果、私たちの時代が繁栄する可能性はとてつもなく大きなものになっているのだが、私たち自身、一人ひとりに経済成長と生活水準を改善させていくクリエイティブなエネルギーがあるという事実に気づかない限り、その可能性は実現しないのである。

開放と寛容が、イノベーションと経済の進歩を生み出すもう一つの理由は、物理学や自己利益を追求する経済学の法則に従うならば、伝統的な物質主義社会は自然とゼロサム的な関係になってしまうためである。自分が持っていない何かを得るには、何かを手放さないといけない――それはお金であったり、原材料であったり、製品であったりする。だれか一人、あるいはある社会が勝てば、ほかが負ける。物質主義経済は文字どおり物質に基づいているため、そのような社会において、人々はたいていの取引、特に見ず知らずの他者との取引をゼロサム交換のように考えて振る舞う。こうした規範や価値観は、社会の流動性を損ない、安定や現状維持を是として、日々の現実の経済実態に縛られる。したがってゼロサム的な考え方では社会の進歩は遅く、経済成長も進まないのである。

クリエイティブ経済は、物質という拘束を取り除き、ロナルド・イングルハートが「ポスト物質主義文化」と呼ぶものの台頭を促す。原材料や所有はその潜在能力を失い、一方、アイデアが社会において相対的に経済価値を生むようになる。ローマーが指摘するように、知識には競争相手がなく、他人の使用を部分的にしか排除しない。開かれた社会では、非競合的性質を持つ知識や新しい情報を、さまざまな人々がさまざまな文脈で何回でも使用でき、そして新しいものを生み出していく。たとえば、特許は他人が利用することを部分的にしか排除しないがゆえに、全体として社会に価値を加えていくことができるのである。完全に自由にアイデアが交換される市場では、優れた知識は何度となく利用され、さらにユニークな目的へとつながっていく。

結局、ポスト物質主義に合う寛容な、新しいアイデアを受け入れやすい場所であればあるほど、経済成長も期待できる。カーネギー・メロン大学の博士課程の学生、ブライアン・クヌーセンは次のようにまとめている。

ポスト物質主義の社会資本に基づく経済では、人々は限界まで挑戦し、権威に従うのをよしとせず、自己表現や新しいアイデアに興味を持ち、知識の「公共財」としての性質を容易に活用する。反対に物質主義においては、閉鎖的で新しいアイデアに関心を示さないか、あるいは極端に反応し、そうしたアイデアの存在に対して敵意を示す。つまり、ポスト物質主義に適合した構造を持つ地域は成長を導きやすく、一方、物質主義から脱却できない地域は成長を実現できず、成長を阻害するおそれさえある。これが、寛容性が経済成長に欠かせない三つのＴである、もう一つの理由だ。

クリエイティブ・クラス大論争

*The Rise of the Creative Class*を書いた時、経済成長と開放性に関する私の理論が大きな論争を呼ぶとはまったく想像していなかった。その時点では単に数字で説明したいと考えていただけだ。同書をめぐり、アメリカ政治の二極化や文化衝突があらゆる面でエスカレートしている。そうした議論が文化を発展させ、多様な開かれた都市や地域、国家が多くのイノベーションを生み、高賃金の経済成長を謳歌するといったことにつながっていくのであれば、驚くことはなかった。ところが、自分の理論を紹介してからわずか数年後、私は伝統的な家族の価値を破壊しているとか（そんなことはしていない）、ゲイの権利拡大を進めているとか（私はゲイではない）、ユダヤ・キリスト教文明をおとしめているとか（もう途方にくれるばかりだ）、さんざんに責めたてられている。

そんな憎しみのこもった誇張は困る。別に隠し持った思惑などない。二〇年以上の研究キャリアにおいて、関心はただ一つ。経済成長を駆り立てる鍵となる要因を見つけることである。時折、芸術や文化など多岐にわたる問題への関心を主とする聴衆を前にすることもあるが、そのような時はいつも謝罪から始めている。私はそういった分野の研究者ではなく、つまり大雑把な知識しか持っていないのだと。では、なぜ芸術や文化など多岐にわたる問題に(私の研究歴では割と後半に)行きついたかというと、その理由は、それらが経済成長の過程に不可欠であることに気づいたからである。

私自身のプロフィールは次のようなものである。不偏不党、財政に関しては保守的、社会に関してはリベラル、活発な国際競争と自由貿易の信奉者である。中年で白人、イタリア系アメリカ人、独身、ゲイではない。私は民主党にも、共和党にも、独立系の候補にも票を入れたことがあるし、ブッシュ政権の初代国土安全保障長官であるトム・リッジがペンシルバニア州知事だった九〇年代の後半には、彼の下で働いていたこともある。

私は市長や州知事とも、あるいはビジネス、政治、市民活動のリーダーたちとも、経済発展に関してさまざまな立場の人々と緊密に仕事をしてきた。そして多くの時間を共にしてきたが、正直言って、私はだれが民主党支持でだれが共和党支持であるかわかっていない。喜ばしいことに、私の仕事は、こうした国政レベルの分裂や対立とは無関係なのである。

私にとって核となるチームの同僚や協力者には、外国人や民主党、共和党に登録しているアメリカ人の研究者もいる。左派の環境保護主義者もいれば、右派のリバタリアン(自由至上主義者)や忠実な共和党支持の保守派もいる。既婚者もいれば独身者もいるし、最近学校を出たばかりの者もいれば、中年もいる。少なくともゲイの男性が二人いて、一人は左寄りの民主党員で、もう一人は穏健な共和党員だ。

私たちを結びつけているのは政治的意識などではなく、イノベーションを駆り立て、経済成長を促し、結果としてすべての人々の生活水準に改善をもたらす要因を見つけ出したいという、共通した思いだった。右派であろうが左派であろうが、あるいは海の向こうから来た移民であろうが、そうしたことは関係なく、成長の要因を探ることを優先している。なぜならば、私たちの社会が繁栄するうえで、クリエイティビティと経済発展は党派に関係ない問題であると信じているからだ。

不幸なことに、問題を二極化しようと試み、私の研究にイデオロギーの光を当てようとしているという意味で、左派からも右派からも批判されたが、いずれも似たようなものだった。右派からの批判として、新保守主義を代表するマンハッタン研究所の指摘を紹介しておこう。(11)

大きな政府を好むリベラルな都市政策担当者や政治家のある特定の世代にとって、フロリダの考えは、経済発展のためのお決まりの財政支出拡大に道を開くものだ……フロリダは、「食べたいものを全部食べながらでもダイエットできる」と言っているに等しい。そう、小さな政府や減税といった、口に合わない方法を取らずに、収入を得るために必要な仕事をつくり出すことができるということだ。こうした考えは、ノリの効いたシャツを着て襟にはロッジピンを差すような、旧来産業のビジネスマンには受けるだろう。すべてを迂回してまっすぐニュー・エコノミーへと行けるのだ。そこには未来が待っている。フロリダのクリエイティブ・クラス資本主義の下で、ポニーテールやジーンズ、ロック音楽といったすべてを描くことができる。リベラルで大きな政府が多様性を称え、「進歩的な」社会的法制度を整備し、文化施設に財政を投じる。言い換えれば、フロリダの考えは、古い議論をいまふうに展開しているのだ。つまり税金や制度的インセンティブ、企業優遇政策は、雇用を生むうえで、たいして重要ではなく、社会的法制度や公共施設といったもののほうが重要だということだ。

一方、民主党リーダーシップ・カウンシルの広報誌ブルー・プリント誌に掲載された、下記のような左派からの批判もある。(12)

文化やライフスタイルを軸にした都市再生を声高に主張する人々は、宗教活動のような激しい情熱を示す。実際、彼らは自分たちをクリエイティブ・クラスと呼んでいる。昨春メンフィスに集まったそのうちの一〇〇人は「クリエイティブ一〇〇」と自称し、メンフィス宣言と呼ばれる文書を彼らの原則と定めた。それを読むと、彼らの使命は、「凡庸さ、不寛容、孤独感、スプロール現象、貧困、評判の悪い学校、排他性、そして社会環境の劣化といったクリエイティビティへの障害を取り除く」とある。三四年のソビエト憲法でも、これほど上手には書けなかっただろう。

オーストラリア版の*The Rise of the Creative Class*への序文で、起業家のテリー・カトラーは、この手の反応に駆り立てている原因に迫っている。彼は優れた知識人や市民社会のリーダーを聴衆とした会合で、多様性と経済成長という私のアイデアの中心部分についてプレゼンテーションした時のことを書いている。

「私は勇気を奮い立たせて、ハイテク企業の立地とボヘミアニズム（奔放主義）や多様性との相関関係についてのフロリダの分析結果を説明した。その場の雰囲気は明らかに困惑したものとなった。会場のリーダーたちが、成功するためにこのような過激で苦々しいレシピを受け入れるくらいなら、清貧に甘んじることをはっきりと好むだろうことは、疑いようもなかった」

ジェーン・ジェイコブズが、この種の反応について記している。彼女はそれを「鎮圧」と呼んだ。彼女はすべての都市にはクリエイティブなエネルギーがあり、すべての人間はクリエイティブだと信じていた。繁栄する都市と、よどんで衰退していく都市とを分けるのは、彼女が「鎮圧者」と呼ぶグループの存在である。

鎮圧者となるのは政治や企業、市民社会のリーダーたちで、あえて邪魔したり、門番のように振舞ったり、彼らにとって利益があるにもかかわらず、新しいアイデアを拒否したりする、と彼女は説明する。私が憂慮するのは、たとえ事実と違うにしても、私への批判がこうした鎮圧者に格好の材料を提供し続けていることだ。今後の建設的な対話のために、本書の主題に入る前段階で、こうした批判についてまとめて対処しておきたい。

鶏が先か卵が先か

私の理論は昔からある「鶏が先か卵が先か」という問題にすぎない、との批判がある。これは経済成長の要因として、文化の影響を誤解しているために出てきたものであり、何よりも雇用を第一とする立場からの典型的な批判と考えられる。ひとたびその地域に雇用が生じれば、人々も文化的装置も、ライフスタイルも寛容性も、自然と引き寄せられてくると考えるのだ。ある伝統的な考え方をする経済発展の研究者は「雇用をつくれ、多様性は後からついてくる」と主張する。

このような考え方は、現実と合っていない。私の調査や最近のほかの研究では、場所こそが重要であることを明らかにしている。多くの人々は最初に地域を選び、それからその土地で仕事を探す。ウォールストリート・ジャーナル紙に掲載された大卒者四〇〇〇人を対象にした二〇〇二年の調査では、卒業生の四分の三は住む地域を選ぶ時に、仕事のあるなしよりも、地域そのものを重視していることを認めている。[13] 私自身のインタビュー調査やフォーカス・グループ調査でも同様だ。人は地域（特に都市）を選び、そこで仕事を探す。逆ではない。

日々の都市生活を見れば、芸術や文化、人口の多様性が、いかに初期段階で雇用の創造や経済の再生を促すのに役立っているかがわかるだろう（むしろ雇用や経済といった現象の陰に隠れているのであるが）。ニューヨークのソーホーやサンフランシスコのソーマのような、都心部の高級化を例に取ろう。その場所に最初にやってきたのは、何だっただろうか。都市事情に通じている者ならわかるだろうが、こうした所は時代遅れになった設備を捨て、工場や倉庫を移転し、文字どおりブルーカラーの仕事をなくした場所である。そこに芸術家たち、文化的にクリエイティブな人々や移民が流入し、時には非合法な行為もあったろうが、彼らが汗をかくことによって、この場所を廃墟から生まれ変わらせたのである。次にやってきたのが、ゲイや独身者たちだ。こうして最初の開拓者たちが不動産価値を上げ、その後、かなり経ってから、ファミリー層、専門職、ヤッピーやハイテク企業、そして小売店が進出してきたのである。

最後に、雇用か人間かという二極対立が、そもそも間違っていることを指摘しよう。この二つは共に場所につながっている。自分に合った仕事を見つけることができる豊富な労働市場、人生のパートナーを見つけることができる結婚市場、友愛を育む社交市場、自分が望むライフスタイルを追い求めることができるアメニティ、そして人々のアイデンティティを総体として形成してくれる日々の多様な選択肢などは、いずれも場所が提供してくれるのである。

トロント大学ビジネススクールの学長であり、モニター・グループの競争力コンサルタントであるロジャー・マーチンは、場所を基盤とする私の理論を使い、ハーバード・ビジネススクールのマイケル・ポーターの競争優位性の概念よろしく「立地優位性」を唱えている。ポーターは、企業が内部の強みを認識し、その強みを発揮する時の方法論に焦点を当てた。一方、マーチンは、企業が立地による付加価値を認識し、その優位性を活用することで、特に才能ある人々を惹きつけて留めておくことを提案している。なぜなら、もはや人は単に仕事のために移住するのではなく、仕事と場所をトータルに考えて移住していくからである。その場合、単純で直線的に考えられたものではなく、自然界同様に、複雑で多面的な生態系として形づくられたような場所、地域が好まれるのである。

どのような成長なのか

クリエイティビティ理論に対する批判として、都市と雇用創出の関係に関するものがある。新保守主義を標榜するシティ・ジャーナル誌は「雇用データを二〇年前の八三年までさかのぼってみたとしても、フロリダがトップ一〇としている都市群のスコアは実際かなりひどく、全国平均よりもパーセンテージで数ポイント低くなっている。一方、彼が最もクリエイティブでないとした都市には経済活力があり、最もクリエイティブとされる都市群よりも六〇パーセント早く成長している」と批判する。もしこれが事実ならば興味深い。しかし、その推測を検討するためには、数字をより細かく吟味していく必要がある。相互の関連性はもちろんだが、どのような仕事、どのような都市、そしてどのような経済成長を話題にしているのかについて、統計数値の妥当性を検証する必要があろう。

こうしたなか、カーネギー・メロン大学で同僚であったケビン・ストラリックは、私の最新の二〇〇四年版「クリエイティビティ・インデックス上位一一地域」と「クリエイティビティ・インデックス下位一一地域」を使い、両者の主要な経済パフォーマンスを比較してくれた（よくあるトップ一〇ではなく一一を選んだ理由は、一〇位となった地域が二つあったためである）。さらに比較のために、ストラリックは、人口一〇〇万人以上の四九地域についても計算している。このため、おおまかであるが、二つのグループはアメリカの一〇〇万人以上の都市の上位と下位の二〇パーセントを代表することになった。彼の分析結果について見てみよう。

●雇用と人口のブーム

- 九〇年から二〇〇〇年にかけて、上位地域は、下位地域の三倍の雇用を生んでいる（二三二万人対八五万人）。
- 上位地域ではより多くの人が雇用されているにもかかわらず、その増加率は下位地域の二倍以上である（二二パーセント対一一パーセント）。
- 上位地域は過去のテクノロジー・ブームのために持続不可能なほどの雇用水準を経験しているが、近年においても好調を維持している。これらの地域は九九年から二〇〇二年にかけて三万五〇〇〇人以上の雇用を生んでいる。下位地域は同期間に四〇万人分の雇用を失っている。

- 上位地域では、クリエイティブ産業に当たる高賃金雇用を二二万五〇〇〇人以上増やし、下位地域ではそういった雇用を三万人以上失っている。
- 人口は、九〇年から二〇〇〇年にかけて上位地域で五〇万人増え、下位地域では一二万五〇〇〇人増えている。その成長率は二三パーセント対九・二七パーセントである。

●賃金と給料の全般的な増加

雇用の創出だけを考えるのも誤解を招くだろう。ある地域にたくさんの仕事があったとしても、その仕事の質、つまり生み出す富や支払われる賃金も重要である。

- ストラリックの分析によれば、九九年から二〇〇二年にかけて、上位地域の総賃金の増加は一〇〇〇億ドル以上であった。これは、下位地域の二〇〇億ドルの五倍以上になる。
- 上位地域の労働者の給料・賃金は、下位地域より平均で五〇〇〇ドル以上、上回っていた（四万九一ドル対三万四三八三ドル）。
- 上位地域の賃金は、下位地域の二倍の速さで上昇している（五・一パーセント対二・八パーセント）。これは、クリエイティブな都市の労働者には大幅な賃金上昇が進んでいることを示し、可処分所得が下位地域の労働者よりも三七パーセント多いことを意味している。

●イノベーションとハイテクによる発展

上位地域は、スコアの低い地域より創意に富み、ハイテク分野において、はるかに多くの高賃金雇用を生んでいる。公正のために、クリエイティビティ・インデックスを構成する指標には、ハイテク産業と特許に関する指標が（ほかのいくつかの指標と共に）含まれていることを指摘しておく。定義により、ランキングの高い地域が、これらの指標でスコアがよいのは当然である。ただし、こうした指標は多くの都市が目標とするような基幹的な経済指標でもあるので、二つの地域グループを比較する際に同指標をベースに分析することの意味は大きいだろう。

- 二〇〇一年、上位地域のハイテク分野の雇用は、下位地域の四倍であった（二四万八〇〇〇人対六万一〇〇〇人）。
- 九〇年から九九年にかけて、上位地域における特許数は、下位地域よりおよそ一〇万件以上多かった。
- 上位地域は特許数が多いにもかかわらず、その増加率は下位地域の二倍以上であった（一二パーセント対五パーセント）。

こうした傾向を踏まえた時、いまから五〇年後の経済成長のエンジンとなる都市はどの都市になるだろうか。私への批判者が、最近の成長モデルとして引き合いに出すことの多いラスベガスは、アトランティックシティが二〇年代以降にたどった道を進むのであろうか、あるいはスタンフォード大学やカリフォルニア大学バークレー校を擁し、技術と文化のイノベーションに長い伝統を誇るサンフランシスコのようになるのだろうか。たしかに九〇年から二〇〇〇年にかけて、ラスベガスが人口増加で第一位になり、雇用増加でも第三位になったことは事実だ。しかし一人当たりの所得の増加を見ると、アメリカの三一五都市・地域中の二九四位にすぎない。

右派からの批判には、私の研究における起業家精神や新会社の設立の扱い方が適切でないと指摘するものもある。これは、この分野の専門家である同僚のゾルタン・アクスと、カーネギー・メロン大学の博士課程の学生、イ・サムヨルと共に、私が指揮を取って膨大な量のリサーチをした地域がたまたまそうであったためだ。この研究は、ユーイング・マリオン・カウフマン財団の支援を受けたものであるが、新会社の設立率はクリエイティブ地域でかなり高く、よって起業家精神とクリエイティビティ・インデックスには密接な関係があることがわかった(14)。

しかし、マンハッタン研究所の連中は、数字にはあまり関心がないようだ。彼らははるかに大きなイデオロギーの斧を振り回している。「リベラルな政策決定者や政治家が、フロリダ理論の熱心な支持者である。なぜなら、経済の成長より、政府の成長にはるかに興味を持っているからだ」。これでわかるだろう。彼らの本当の目的は、伝統的な右派の政策である減税や民営化、市場開放によって経済成長を生み出そうとするなかで、自分たちを悩ませている問題を解決するというよりは、公共政策すべてを中傷することにあるのだ。

こういった右派の態度が保守系のイデオロギーを増長させ、彼らの主張は都市経済や地域経済に関する研究者の真摯な発言を混乱させている。この分野で広く一致している見解は、税率をいじってもせいぜい軽微な効果しかなく、本当の経済成長は生産性の向上と、熟練した技能を持つ人的資本を集積させることによる高度なイノベーションからしか得られないというものだ。

私は政府負担の拡大には賛成しない。大規模なトップダウンの政府の開発計画にこそ大きな問題があることを、きっぱりと言おう。スタジアムの建設や繁華街の大規模な再開発計画のような役に立たない公共工事には、激しく反対している。ジェーン・ジェイコブズにならって、人間が中心にあり、血が通い、共同体が基本となるものこそが本当の経済開発なのである。

郊外は偉大なユートピアか

ドットコム・バブルの崩壊や、二〇〇一年の九・一一同時多発テロ以後の都市政策への影響を分析する人々の間で、このところ一つの共通した考え方が広がっている。それは、地域のイノベーションや経済成長の中心が、中心市街地からハイウェイの出口に沿って開発された準郊外へと向かいつつある、というものだ。ニューヨーク・タイムズ紙のコラムニストであり、保守系文化人として知られるデイビッド・ブルックスは、おそらく新しい郊外・準郊外ムーブメントの一翼を担っている一人だろうが、それでも国の経済にとって都市がきわめて重要であるという認識は持ってくれているようだ。

彼はかつて、五〇年代の会社人間のようではない、都会的でカプチーノを好み、お金を持っていながら質素な暮らしをする新しい上流階級層を「ボボス」（ブルジョア・ボヘミアンの略）と名づけたが、いま現在は、準郊外の生活をモデルにした「パティオ・マン」が将来の主流になっていくと考えている。ニューヨーク・タイムズ・マガジン誌に掲載された「スプロール化し拡大する私たちのユートピア」というコラムで、彼は以下のように書いている。

生活のありようは、まったく新しく比べるものがない。まず、ここには中心もなく、地理的に識別できるような境界もない……バージニア工科大学の人口統計学者ロバート・ラングは、スプロールしていく準郊外を宇宙の暗黒物質になぞらえている。宇宙には、惑星や星や月など観察できるすべての物質の合計よりも質量の大きい物質があり、それが何かを突き止めることは、まだできていない……アメリカの準郊外には上流階級が住んでいる。しかし他のブルジョワ地域と違い、日々ユートピア的理想主義にあふれた稀有な場所なのである。退屈そうな顔をした人ばかりだと思うだろうが、彼らは最先端の技術開発を担い、そのイノベーションやマネジメント技術が、やがて世界を進歩させることを夢見ている。(15)

ボストン・グローブ紙は、私も敬愛するエドワード・グレーザーの考え方を紹介している。それは「人は天候に恵まれた、乾燥した土地に住みたがるが（スマートな成長の支持者がどこにでもいるというのが怖い）、実際は車で動きやすい都市を好む。そこでフロリダの三T『テクノロジー、タレント、トレランス』に対し、グレーザーが提案する処方箋は三S『スキル（技能）、サン（太陽）、スプロール（郊外）』なのだ」というものだ。(16)

グレーザーと私は多くのことに同意できるということを、まず言っておきたい。彼の都市と地域経済に関する研究は素晴らしいもので、この分野を復興させたのはまさに彼一人の力だ。私たちはデータを共有し、私の学生の研究には親切にアドバイスやコメントをくれ、*The Rise of the Creative Class*には、鋭い書評を書いてくれた。

私も、郊外が非常に大きな成長要因であるという意見には賛成だ。シリコンバレーや、ボストン周辺の国道一二八号線の存在を否定できるものは、だれもいないだろう。しかしこうした都市周縁におけるイノベーションは、より広範囲な地域を背景にしてとらえる必要があろう。都心部の繁栄や、そこに組み込まれている開放的で寛容な文化などである。私は常に、最も成功している地域は、開発された郊外、手の届く住宅価格、安全な道路、よい学校といった、多くのオプションを含んでいる点を明確にしてきた。

新しい郊外論について、私の心配はただ一つ。「騒ぎすぎなのではないか」ということだ。技術においても、ビジネスにおいても、文化においても、多くのイノベーションは都市で起こっている。狂信的意見があったとしても、郊外はユートピアなどではない。

ジェイ・グリーンとグレッグ・フォースター（彼らもマンハッタン研究所に所属している）のレポートは、全米の青少年の健康に関する長期統計を用いて、郊外に住む一〇代は麻薬や飲酒、飲酒運転、喫煙、性交渉、非行（盗み、喧嘩を含む）などの経験率が、都心部の一〇代に比べると非常に高いことを発見している。一〇代の妊娠を別にすれば、多人種都市の中心部における社会問題だと長年思われてきたもののほとんどすべては、郊外でも同様に経験されていると、この研究は結論づけている。(17)

肯定的な見方をすれば、郊外もまた成熟するにつれて、都市に似てきたといえる。たとえば、私たちが思っているよりも倫理的にも文化的にも多様化している。ブルッキングス研究所の二〇〇一年度のレポートで、人口統計学者のウィリアム・フレイは、郊外人口全体の四分の一以上（二七パーセント）はマイノリティが占めるようになり、九〇年から二〇〇〇年にかけて、郊外はより多様化していると述べている。事実、シカゴのような広域な都市圏においては、都心部ではなく郊外が、増加する移民の受入先として機能している。(18)

にもかかわらず、地域経済に関するほぼすべての研究において、都市の基本は集積の経済にあることが強調されている。人口の集中が、都市にイノベーションや、生産力を生み育てる能力を与えている。このような集積の経済なしに、ニューヨークやシカゴ、ロンドン、東京、サンフランシスコのような物価高の都市は存在していけないだろう。

ジェーン・ジェイコブズはかつて、都市はイノベーションの重要な培養装置だと述べた。彼女は著書『アメリカ大都市の死と生』のなかで、次のように記している。「のんびりとした田舎の環境や、人手のあまり加わっていない田舎で、社会生活で負った傷を癒す薬を探してみるのはロマンチックだろう。しかしそれは時間の無駄だ。現実には、現在自分たちを煩わせる重大な問題に対する答えは、都市のなかに見出すしかない」[19]

五〇年代の郊外生活の優れた記録である『組織のなかの人間』の著者ウィリアム・Ｈ・ホワイトでさえ、郊外を魅力のない革新的とは言えない場所と見るようになり、後半生は密集した都心部のクリエイティビティの研究に費やした。

ブライアン・クヌーセンの研究は、密集性が経済成長に与える強烈な効果について示している。彼は三〇〇もの地域を詳細に分析し、特許やハイテク産業と人口密度との間に強い相関があることを発見した。特に科学者、エンジニア、芸術家や音楽家のような、クリエイティブな人々の密度が重要だった。

経済学者のドラ・コスタとマシュー・ハーンによる研究では、大規模で人口密度が高く、娯楽が多い都市ほど、専門スキルを持ち、高収入の「パワー・カップル」の比率が高いことを発見している（郊外はその逆である）。つまり、人が分散していない場所でこそ、クリエイティブな経済活動が行われる傾向があるというのである。[20]

太陽や南部の温暖地帯（「サンベルト」と呼ばれる）から経済成長を連想することも多いだろうが、恵まれた天候や暖かい気候が地域の経済成長に関連することを、体系的に示す研究はほとんどない。

シカゴ大学の社会学者テリー・クラークの詳細な研究では、高い人的資本を有する人々の居住地選択に、天候や自然環境といったことが関係していないことを示している[21]。むしろそのような個人は、クラークが「創られた快適性」と呼ぶ、都市が提供する芸術や文化活動、よいレストランといったものに惹かれやすいという。ミネアポリス、シカゴ、ボストン、シアトル、トロントなどの都市は気温が低く、曇天や雨が多いにもかかわらず、長期にわたって経済的成功を享受している。多くの学術研究は、気候は地域の経済成長にほとんど影響しないと結論づけている。

私は、グレーザーや他の経済学者が指摘する人的資本の重要性に、心から同意している。しかし前述のように、クリエイティビティと学歴はまったく違うものだと思っている。経済学者が学歴を人的資本の重要なものさしとして使用する傾向に対し、私たちは職業、すなわち人が実際何をして生きているか、を利用してクリエイティビティを測定しようとしている。実際には、この二つのものさしは非常に関連している。しかし、オースチンにあるテキサス大学の統計学者ロバート・カッシングが独自に研究したところ、私の主張するクリエイティブ資本は、学歴を基本にした従来の人的資本よりも、イノベーションや経済成長をうまく予測できるとのことである。クリエイティブな職業による測定は、国や地域において特定の才能を持つ人材を評価し、資本としての活用を促すうえで、単に学位を持つ人の数を調べるよりも優れたツールなのだ。

しかし、私はグレーザーの言う才能や人的資本が、地域と国の両方の経済成長の重要な担い手であることには賛成しているし、*The Rise of the Creative Class*でもそのことを指摘している[22]。ただし、私の理論は、一つ重要な点で伝統的な成長理論と違う。才能が成長を担う点では同意するが、私はさらにその問いを一歩先に進めている。なぜ、ある場所が他の場所よりも人々、つまり人的資本を惹きつけることができるのか。その答えは三番目のT、トレランス（寛容性）にある。
そう寛容性なのである。文化装置でもなければ、ボヘミアンでもないし、ゲイでもない。これらはその場所が成長し繁栄する能力を持っていることを表すシグナルにすぎず、その能力を与えている要因ではない。なぜその場所が繁栄するのかを説明するものは、もっと根本的な特性なのである。簡単に言えば、開放性であり、才能の「参入障壁が低いこと」である。
寛容性と多様性が、どのように才能や経済成長に作用するのかを正確に理解することが重要である。私の考えは、寛容性が直接作用するわけではないが、クリエイティブな可能性を育てる下地をその場所に与える、というものである。寛容で開放的な場所は、あらゆる世代のさまざまな才能を惹きつけるという特長を持つ。才能を惹きつける能力は、さらにクリエイティブ資本を構築し、機能させる能力を強化する。そして次にイノベーションを生み、新しいビジネスをつくり、別の会社を惹きつけ、結果として新しい富と繁栄につながる。[23]
最後に、こうした情報をすべて踏まえたうえで、では都市や地域は何をすべきなのかという問題に言及したい。ここで再度強調したいのは、特効薬はないということである。事実、カフェ・ラッテを出すカフェ、最高のフリスビー場やライブ・ハウスをつくることが、才能獲得競争に勝ち抜く能力を強化することになるといった単純な考え方には、私ははっきりと反対してきた。都市や地域が本当にやらなければいけないのは、三つのTのうち劣っているのは何かを見極め、特に劣っている要素には戦略的に投資を行うことだ。技術や才能に劣る都市ならば、それを強化する。寛容性に劣る都市であれば、もっと開放的にならなければならない。成功するためには、三つのTすべてに優れ、人々に多くの選択肢を与えることが必要である。

変化が意味するものに同意できようができなかろうが、人口動態は確実に変化していく。結婚している人は少なくなり、核家族も少なくなっている。単身世帯、パワー・カップル、DINKS（子どものいない共働き世帯）、ゲイなどがどんどん増えている。こういったグループにも選択の幅は必要である。

もちろん、素晴らしい学校があって犯罪発生率も低い郊外の高級住宅地は必要だ。しかし、そうではない近隣やコミュニティも、そうなる必要がある。ジェイコブズはかつて、地域とは近隣やコミュニティの連合体であると指摘した。さまざまな人々が才能を持ち合わせ、選択の幅がたくさんある。これがボストン、サンフランシスコ、ニューヨークである。そして都市は、人々のエネルギーを引き出すために、これらすべてを行わなければならない。ジェイコブズが指摘しているように、トップダウンでそれを進めていくやり方は、その提供価値よりもコストがかかり、問題も多い。

都市や地域が選択肢を増やし、バランスの取れたアプローチを取ることで、さまざまな人々がさまざまなことを行おうとするエネルギーが解き放たれる。その結果がたいしたことのない場合もあれば、大成功する場合もあるが、こうしたことが有機的に生じてくる。

将来の都市に関連するあらゆることを考え合わせると、金融ジャーナリスト、ジェームズ・スロウィッキーが強調する、複雑な問題を集合的に解決する「群衆の知恵」のことが思い出される。[24] 穏当な意見に皆が合わせるというのではなく、個別に行われた多様な推測を蓄積させることに意味があるというのだ。その意味で、さまざまな人間がさまざまな必要性や欲望を持ち寄ることをベースとした自然なアプローチは、コミュニティ、地域、そして国家をよりよくする最も強力な方法のように思われるのである。

伝統的な家族像を超える

しかし多様性を安易に口にしてはならない。予想できたことだが、ゲイやボヘミアンと成長との関係は、ある種の批判者たちを青ざめさせた。彼らにとっては、日当たりのよい郊外を広げていくことだけが目的なのではなく、もう一つの要件として、その場所に家族志向という価値観を植えつけることが重要なのである。都市経済学者ジョエル・コトキンは、私が「単身者、若者、ゲイ、理屈屋、トレンド好き」が都市の成長の原動力であるかのように主張しているとして、本当の原動力は太陽の下の都市の周縁にあると批判している。

こうした批判は、ある場所は家族向けかゲイ、ボヘミアン向けかのどちらかであり、また成長エンジンは郊外か都心部のどちらかが担うもので並立はない、といったことを前提にしている。この種の考え方は政治的な対立を生じさせるし、それよりも問題なのは、事実として正しくないということだ。コトキン自身が言及しているが、テキサス州のマカレン、カリフォルニア州のフレスノやリバーサイドは、急成長している家族向けの都市である。アーバン・インスティテュートのゲーリー・ゲイツによると、アメリカの三三一主要都市圏のうち、マカレンはゲイの親が子どもを育てている世帯の比率が第一位である。フレスノとリバーサイドはそれぞれ八位と二一位である。これらの場所でも「家族」は、明らかに伝統的なイメージとは異なるものなのだ。

同様に、家族向けや子ども向けと考えられる地域のリストが、ゲイや芸術家が住む場所としても高いスコアを示す例は多い。*The Rise of the Creative Class*でもそのリストを一つ掲載している。

子ども向け都市圏の上位五位はポートランド、シアトル、ミネアポリス、ニューヨーク、サンフランシスコである。一都市を除けば、すべてゲイ指数でも平均より上にランクされている。また五つの都市はすべてボヘミアン指数の上位七位に入る。ボストン・グローブ紙のレポートによれば、コトキンは、ある中西部のコミュニティのリーダーから「二五歳でゲイの大学卒業生を地域に」誘うやり方についてアドバイスを求められた時、「ぎょっとした」そうである。「それはどういうことですか。そんなことをしても何もなりませんよ」と彼は答えている。そのような態度は傲慢さとエリート主義を示すだけでなく、セントルイスのような場所にも、すでにたくさんのゲイが住んでいるという事実を見て見ぬふりしているようなものだ。

最も成功している地域は、あらゆる種類の人々を受け入れている。郊外の一戸建てから独身者向きの都市住宅まで、幅広い選択肢を備えている。なぜそこまで提供しているのか。その答えは簡単である。そうしなければならないからだ。好むと好まざるとにかかわらず、両親と子どもという標準的な核家族世帯は、アメリカのたった二三・五パーセントにすぎない。驚くべきことに二〇〇〇年の国勢調査では、一五歳以上のアメリカ人の四三パーセント、九五七〇万人が単身世帯である。結婚が遅れ、子育ても遅れている若者が増えている。別居や離婚をする成人も増えている。私たちの多くが、何かしら特殊な事情を抱えているのだ。

伝統的な家族のみに訴えて、それ以外を叩くというのは、文化戦争としてはよいプロパガンダになるだろうが、開発戦略としてはきわめて狭い領域を対象にしたアプローチだ。そして、こういった方法を取る地域の指導者や政治家たちは、たくさんの才能を疎外していることに気づいていない。

しかし、黒か白かを問う二者択一式の批判は、いまだに続いている。コトキンと彼の同僚フレッド・シーゲルは「（フロリダによる）新しい信念は、まじめで実用的なものではなく、ヒップでクールな都市政策を支持している」と、身近な事実を認めず、私のアイデアを矮小化して攻撃するのがお好みのようだ。彼らは次のように続ける。「新しい競争で勝つ都市は、資源を芸術などの文化装置に振り向け、現代版の選ばれた、若く『流行にさとい』人々を惹きつける都市だ。これをラッテ・シティと呼ぼう」

そのようなことを主張した覚えはない。*The Rise of the Creative Class*の中で、都市はさまざまな集団にアピールするように多様性を受け入れる環境をつくる必要がある、と私がはっきりと書いていることを、彼らは忘れているのだろうか。さまざまな集団には同性愛者も、異性愛者も、若者も、定年退職者も含まれている。

ここでコトキンが、いかに短期間に主張を大きく変えているかを指摘しておくのもよいだろう。彼は二〇〇一年の*The New Geography*（新しい地理学）という著書の中で、都心部の高級地に集うインターネット世代の新しい住民に惜しみない称賛を送り、デジタル時代の「知識価値革命」が経済の原動力であるとしている。それは次のような文章である。

> 大部分の新しい都市生活者は、典型的な中流階級の出身者ではなく……主流から大きくはずれた二つの明確に異なるグループの出身である……一つは最近やってきた移民である。もう一つのグループは……子どものいない人々、すなわちベビーブーム世代の子どものいない夫婦、ゲイ、子に巣立たれた親、そして単身者……これら往々にしてしがらみのない新しい都市生活者は、ポスト工業化の都市経済における主要な燃料である。企業は、それがどこにあろうとも、都市で活

躍するファッション・デザイン、芸能、インターネット取引、輸出入、投資、専門小売り、金融などの専門家の能力に依存するようになる。(25)

コトキンは、ビジネスや政治状況が変わるたびに主張を変えているようである。あるいは、この四年間で経済優位性を駆り立てるあらゆるものが、低コストの郊外へと完全に移っていったということなのだろう。文化的傾向や景気循環は引いては返す波のようなものだが、長期にわたる経済や社会のトレンドを規定する重要な要素は残るものである。

The Rise of the Creative Class の背後にあるアイデアを暴こうとする批判には、私の研究を不正確に伝えてしまう傾向があるようだ。一点ご紹介しよう。その地域の「ラッテ指数」(スターバックスの出店密度)を、私たちが「都市の成功度」として暗黙に使っているという批判がある。とんでもない。私たちは一度だって、そのようなばかばかしい指数を測定したことはない。実際、カフェやシンフォニー・ホールといった何らかの文化装置と、才能や経済成長とを関連づけようとするのは大きな誤りであることは、本にも書いてきたことだ。こうした測定に使うデータは、未整備であったり、偏見が含まれていたり、信用できないのである。私たちがボヘミアン指数のような測定法を開発したのも、この理由からだ。実際にクリエイティブな人々が集まっている地域をとらえること。それによって、私たちは「(隠された)地域選好を暴く」ことができたのである。

彼らは、私の測定方法と、(私の手法が劣ることを説明するために)プログレッシブ・ポリシー・インスティテュートのロバート・アトキンソンの「ニュー・エコノミー指数」とを比較している。アトキンソンと私は長い間、同僚であった。彼の研究を知っているし、尊敬もしている。ニュー・エコノミー指数の開発には、私のチームも密接に協力している。データを交換し、私は広範囲にわたってアドバイスや意見を言った。この二つの測定方法はとても似通っている。両者は共に技術や才能、その他の要因について同じ基礎データを利用し、両者の相関も強い。

奇妙なことに、クリエイティビティ・インデックスで使っているハイテク産業のデータは、コトキンが密接に関係しているミルケン・インスティテュートが開発し使用しているものなのだ。すでに記したこともあるが、データはコトキンの同僚のロス・デ・ボルが親切に私に提供してくれたものだ。語るに落ちるとはこのことだ。

ゲイと経済成長、本音で話す

その他の批判のすべては、ゲイがコミュニティや国家によい影響を与えているかもしれないという考えに対する、直感的な嫌悪感から来るもののように、私には思えてしまう。そのように考えていたわけではなかったのだが、私たちの研究成果は、現代のアメリカで過熱している同性婚をめぐる論争に、異常なまでに関連づけられているのだ。

マサチューセッツ州は、同性婚を合法化しようとした最初の州だが、私のクリエイティビティ・インデックスでも、ミルケン・インスティテュートの直近のハイテク州ランキングでも第一位である。サンフランシスコやシアトルは、ハイテク都市ランキングで、常時リストに載る永遠のリーダーだが、同様な特徴がある。過去あるいは現在、ゲイの権利を制限しようとしている州や市は、このようなリストの下位にランクされやすい。

いくつかの批判では、シリコンバレーが引き合いに出される。成功したシリコンバレーは、真面目で退屈な場所ではないかというのである。コトキンの言葉を使うと「オタク王国」で、芸術家やボヘミアンやゲイを避ける、昔ながらの技術屋タイプに主に受けている場所となる。

一方、私の本では、シリコンバレーは冒険好きな文化とベイエリア全体の素晴らしい大学群と関連させて、初めて理解できると述べている。ベイエリアは、スティーブ・ジョブズやスティーブ・ウォズニアックのような、初期のヒッピー起業家が単に認められていただけでなく、実際、ベンチャー・キャピタリストから資金提供もされていたのだ。長髪でヒゲを伸ばし、サンダルを履いたジョブズとウォズニアックが、七二年にピッツバーグのメロン銀行に彼らの発明品、パーソナル・コンピュータを持って現れることを想像してみよう。玄関のガードマンの前を通過することすら、難しかっただろう。

そのうえ、ゲイツと私は寛容性とハイテクとの関係を分析するに当たり、サンフランシスコのベイエリアについては、特別な環境であることを考慮して慎重に扱っている。すでに報告したことであるが、全体の結果を歪めてしまわないよう、分析からサンフランシスコのデータをはずしている。それでも、「ハイテク産業におけるゲイ指数の影響は、いっそう強いものになった」のである。

二〇〇三年の*The City as Entertainment Machine*（娯楽装置としての都市）において、シカゴ大学の社会学者テリー・クラークは、ゲイとハイテク立地に関する私たちの研究成果について、論理は通っているが、微妙な批評をしている。クラークはアメリカの数千の郡を対象にした詳細なデータを使い、この関係を再調査している。その結果、「ゲイと雇用の関係は、大規模な都市圏では強く表れるが、小規模な都市圏では関係が弱い」という結論を導いた。

実は、クラークの郡レベルの分析と私たちの分析に齟齬はない。*The Rise of the Creative Class*の

第一四章で、私はゲイとボヘミアンは大規模な都市圏でのハイテク産業と雇用の増加に強い関連があり、一方、中小規模の地域では移民が成長を促していることを、はっきりと書いている。

しかし、こうした分析は、大規模な都市圏を対象に行ったほうが、正確な結果を得られることに留意したほうがよい。郡を基本的な測定単位として使うと、ゲイとハイテク産業立地の本当の関係を覆い隠してしまう。なぜなら、ゲイかどうかには関係なく人々は遠距離通勤が可能であるし、また現に行ってもいる。実際には、サンフランシスコからシリコンバレーに通勤するゲイや都市の単身者もいれば、シリコンバレーの郊外に住み、サンフランシスコの繁華街で働く家族持ちの専門職もいるだろう。ベイエリアにはだれにでも何かしら選択肢があるということが、この地域の優位性となっているからだ。

にもかかわらず、この関係についての私たちの分析は、これまで繰り返し誤解されてきた。これには驚いてしまう。多くの研究者や一般の人たちは、ゲイであることとハイテク産業に従事していることに直接関係があると、私たちが断定しているかのように誤解しているようだ。私たちは一度たりとも、ゲイがハイテク産業の成長の要因であるなどと示唆したことはない。

明確で活気のあるゲイのコミュニティがあることは、その地域が異なるタイプの人間を受け入れる場所であることを、明快に示す先行指標なのだ。約四十数年にわたって文化と経済成長の関係を研究してきた政治学者のロバート・イングルハートは、ゲイを社会的に受け入れないことは、世界中に残された不寛容と差別の最も大きな砦であると述べている。したがって、ゲイを受け入れる場所はまた別のタイプの人々を受け入れ、それゆえこれらの場所は、さまざまな人がもたらすイノベーションや起業家にも開放的なのだ。

批評家が私たちの分析結果に何を言おうが、ビジネスや市民活動といった分野では、こうした考え方が都市から都市へと広がっている。たとえばシンシナティでは、州憲法一二条によって市が同性愛者差別禁止条例を通過させることができないため、一二条の撤廃を要求する市民やゲイの活動にプロクター・アンド・ギャンブル（P&G）のような大手企業も参加している。同社が同性愛者のコミュニティと共闘した理由はなぜか。差別によって、才能ある人や企業を集められなくなると思ったからだ。

ビジネスウィーク誌のコラムニスト、クリス・ファレルは、職場における性的傾向差別の禁止は進んでいると指摘する。「次の選挙で大物対立候補のいない政治家（そのほとんどは選挙区が有利に区割りされている下院議員）は、同性婚や同性愛についてどのような立場にも立つことができる。しかも、アメリカの企業ではゲイ差別は許されなくなってきている」。その証拠として、ファレルは（アメリカ最大の雇用主であり、おそらくアメリカ中部の力の象徴であろう）ウォルマートの例をあげている。ウォルマートは、アメリカを代表する企業がほとんどそうであるように、性的傾向差別を含むあらゆる差別の禁止を掲げている。ファレルはその要点を、次のような「好循環」としてまとめている。すなわち、「多様性はクリエイティビティに働き、クリエイティビティは多様性を支援する」という構図である。さらに「両者は損益計算書にも好影響をもたらす」と付け加えている。[26]

にもかかわらず、二〇〇四年九月、二つの社会的保守系団体、フォーカス・オン・ザ・ファミリーとアメリカ家族協会（AFA）が、メンバーやアメリカ中の保守派に〈クレスト〉や〈タイド〉などのP&G製品のボイコットを勧めている。歯磨き粉と洗剤をなぜボイコットしないといけないのか。その会社が、反同性愛者的な州憲法一二条に反対したからである。「P&Gはこの国の結婚を再定義しようとする急進的な集団と連携しており、これは顧客を侮辱している」とフォーカス・オン・ザ・

ファミリーのジェームズ・ドブソンは言っている。このことは学術研究を抹殺しようとする問題どころではない（もう十分にやってきたので、それ以上、興味もないのだろうが）。彼らは自分たちの近視眼的な課題を追求するあまり、すぐれたアメリカ企業さえも犠牲にしようとしているのだ。

——これはニュー・エコノミー論ではない

クリエイティビティは左派からも非難を浴びている。バフラー誌（主にポストモダニズム文化の研究に捧げられた雑誌）に掲載された記事で、ある文芸評論家が私のことを、つまらないエリート主義者で、クリエイティビティと柔軟性のためにニュー・エコノミーを持ち上げ続ける夢見がちな宣伝マンであり、その一方、実際の経済が大衆をどのように搾取しているかを見落としている人物、と書いている。

これは控えめに言っても、見当はずれな指摘だろう。左派の批評家は枠にはめようとしているが、私の研究は九〇年代のニュー・エコノミー論を批判対象としており、ヤッピー向けの都市をつくろうなどとはまったく主張していない。*The Rise of the Creative Class* の前書きでは、「いわゆるニュー・エコノミー論のような未熟な楽観主義」を批判している。最初の章では、現代の労働者にとって「すべてはバラ色ではない」と指摘し、さらに以下のように記した。

「大企業が安全を提供しなくなると、私たちはより大きなリスクにさらされる……精神面と感情面での高いストレスに苦しむ……柔軟性を強く望むが、自分の時間がない……私たちを解放するはずだった技術が、私たちの生活を侵略している」とし、「柔軟性は長時間労働からの解放を意味するものではない……事実、現代資本主義は長い時間をかけて、出勤日を不断に拡大してきた」と書いた。「時間のワープ」と題した第九章では、長時間勤務やストレスを引き起こす「ひそかに進行する要因」について、多くを費やしている。「長時間労働の真の敗者は、家族を養うために低賃金のフルタイム労働を二つ抱えている人たちである……彼らは、一九世紀の疲れ果てた工場労働者の現代版だ」

ごく簡単に引用しただけだが、私の理論にいわゆるニュー・エコノミーや、インターネット時代への敬意がないのは明らかである。*The Rise of the Creative Class* の冒頭では、時間旅行者の視点で、現代における本当の変化は社会的なもので、技術的なものではないという全体を通じてのポイントを示した。私は九〇年代に跋扈した「技術は私たちを救う」という馬鹿げた考えの甘さを指摘するために、同書を書いたのだ。私たちの経済と社会におけるより大きく、長期にわたり、進化し続けている変化に注目しようとしたのだ。

アメリカ中を旅行してきたが、スーツにネクタイをして大企業で働く会社人間に戻りたい、という人には会ったことがない。人はいつだって自己を探して苦悩し、意義のある仕事を求め、みずからが役立ち、また完全に人間らしく生活できるコミュニティを探しているのである。

とはいえ、批判者のなかにはサンフランシスコやボストン、シアトル、オースチンを、単に九〇年代のインターネット・ブームのおかげか、一時的に成功した製品のようにしか認めない人々もいる。しかしこういった地域は、数十年にわたって堅実な成長を遂げ、新しい産業を育て、国の経済を強化し、世界を変えてきたのである。

九〇年代の成長の中心にいた、これらの都市の一部で人口が減っているというのは事実であるし、これらの都市からほかへと移動する人々がいるのも事実である。しかし、人口の純流出（ほとんどの場合ほんのわずかだが）という単純な事実にこだわると、より大きな点を見過ごしてしまう。どんな人々が、どんな職業がその地域から外へ出ていっているのか、あるいは入ってきているのかを見ることで、より多くのことがわかる。現時点では、たとえ特定の雇用を失っていたとしても、クリエイティブな都市はいまもって高賃金で高い技能を持った人々を惹きつけている。これだけ言っておけば十分であろう。

ある種の高い技能を持ったクリエイティブな人々が、より安い場所（よい家が買え、より安く生活を送れる場所）を目指してクリエイティブな都市から離れているのは事実であるが、求めていたものに満足している人ばかりでもない。オースチンからルイジアナ州バトンルージュに移住した元住民から受け取ったメールを紹介しよう。

オースチンでは多様性は生活そのものでした。自分がやりたいことをすることが、格好のよいこととされていました。リスクは、受け止めるものというより、望んで求めるものでした。芸術家が認められていて……でも、この街が冷めてしまったのは事実です。それが夫と私がこの街を離れた原因の一つです。交通渋滞もひどいし、高給取りだった技術者がカフェ・ラッテを飲みながら文句を言っています……もうたくさんでした。住宅価格は天井知らずに上がり、この街は心を失ってしまいました……。

しかし、考え方次第です。口先では進化したいと言うが、すべてが止まっている深南部の保守的な町（バトンルージュ）に三年住んだことで、オースチンへの見方も変わりました。いま私が「これこそが」オースチンだと思っているのは、芸術家と、来て間もない移民とが隣り合わせに住んでいるようなオースチンの南側です。あるいは大学キャンパスの北側では、冬休みになると芸術家の家も技術者の家もほかの仕事をしている人の家も、近隣全体が道路に向けてキッチュな光の装飾を見せてくれます。フラ・グラスと緑のプラスチックの恐竜で飾りつけられた廃車置場など、すべてがその場に合っているのです。

少なくとも、オースチンはよきにつけ悪しきにつけ、「アイデアにあふれた都市」のモデルなのです。いちばんがっかりしているのはこの街自身です。この街の財産が宣伝されることも、地元の人による飾りつけも善意によるもので、その影響が将来どう出るかなんてことにはまるで気を配っていませんでした。前市長のカーク・ワトソンは、この街をかつてのように戻そうとしましたが、連邦政府、州政府、地方政府の保守系の人々は、危うげな成功をしたテキサス州の自由のオアシスを矯正しようとしています。どちらが勝つのかはわかっています。私は本当のオースチンに勝ってほしいと思っていますが、たぶんこれは甘い考えなのでしょう。

私はごく普通の働く男性や、女性の価値観を完全に把握しているわけではない。しかし、その抱えている窮状と、(もっと重要なことである)ブルーカラー労働者にもクリエイティブ能力の果てしない可能性があることの二つについては、好意的に理解しているつもりだ。私は、こういったことを本や研究生活から知っただけでなく、最初は父親から学んでいる。父親は、おろかな経営者が会社を潰してしまうまで、四〇年以上も同じ工場で働いていた。私の理論が全体として主張しているのは、長期的な経済繁栄には、工場やサービス業で働く人々の持つ素晴らしい才能を重視し、現在無視され、使われ方の誤っている人々のクリエイティブなエネルギーを活用することが必要だということだ。

社会保守主義者が、六〇年代のテレビ・ドラマにあったようなアメリカの典型的な家族の時代に戻そうとしてもできないように、左派も、労働力の四〇パーセントが工場で一生懸命働くブルーカラーであり、ボヘミアンは黒いベレー帽をかぶって芸術家村で暮らす、などという時代に戻す奇跡は起こせない。クリエイティブ経済は過ぎ去ったりはしない。左派の同僚に言いたいことは簡単だ。現実を直視しろ、ということだ。知らない相手は、知っている相手よりもずっと優しいかもしれないのだ。

システムを完成させる

人から時々、*The Rise of the Creative Class*を出版して学んだことは何か、と聞かれる。短く答えれば、「いっぱい」だ。しかし何よりも、私たちが直面している無数の社会的、経済的問題について、クリエイティブ経済が万能薬ではないことがわかったことだ。自由経済論者たちは、経済格差、高すぎる住宅価格、貿易赤字、あるいはこういった問題のどれか一つでも、自律的な経済成長によって魔法のように解消されることを願っているのだろうが、そうは問屋が卸さない。クリエイティブ経済も、それ以前の経済システムと同じで、ただ任せているだけでは既存の社会問題を悪化させ、新しい問題をつくり出してしまう。農業から資本主義・工業化経済への移行は、信じがたい対立や社会的混乱を生み出した。多くの人が、農場から工場へ、田舎から都会へと流れ、職場での怪我や犯罪、過剰集中、病気をもたらした。

私たちは現在、似たような混乱や変化の時代を経験している。経済格差は拡大している。多くのクリエイティブな都市で、住宅は手の届かないものになっている。人口の流動化はさらに高まっている。

結婚を先に延ばし、家族構成が変わってきている。クリエイティビティと頭脳労働が生産性の鍵となることで、ストレスと不安がいたるところで増えている。これらはクリエイティブ時代の外部不経済である。まだ始まったばかりだ。一致団結した対策がなければ、この傾向は予測しうる将来にも疑いなく続き、いっそう悪化していくだろう。クリエイティブ経済を成長させ繁栄させるためには、こうした外部不経済に対処する必要がある。

もちろん、私たちは初期段階にいる。つまりクリエイティブ経済はまだ幼少期だ。制度やシステムがどうなるか、前もって予測できる者などだれもいない。理解するにも時間がかかる。多くの実験と多くの実地調査が必要だ。しかし確かなことが一つある。クリエイティブ経済での投資は第一のステップにすぎない。さらに、クリエイティブ経済の恩恵を十分に感じられる前に、それが生み出す社会的、経済的な問題に対処する必要がある。

この国家として最大の課題に対して、まずは私たちが組み込まれているより大きなグローバル経済のシステムを理解しないことには、その根本と向き合うことはできない。グローバル経済は、急激にこの国最大の悩みの種となってきている。しかし、これがまたいちばん可能性のあるアプローチでもあるのだ。アメリカの歴史こそが、その最高の教師なのである。

第3章

開かれた社会の価値

The Open Society

いついかなる時も、私たちは皆、移民や革命家の子孫であることを忘れてはならない。

――フランクリン・D・ルーズベルト（一八八二―一九四五年）第三二代アメリカ大統領

二〇〇四年夏にギリシャのアテネで開かれたオリンピックには、通常のスポーツ・ファンや歴史愛好家だけでなく、エコノミストたちも注目し、ゲームに参加していた。なかでも大手会計事務所プライスウォーターハウス・クーパーズの研究チームと、二人の経済学者による研究チームは、参加国の経済指標からメダルの獲得数を予想して関心を引いた。競技が行われ、国歌が歌われ、そしてすべてが終わった時、両者の予測は強い印象を与えるほどの結果ではなかったが、金銀銅のメダルをどの国が何個獲得するのか、なかなかの精度で予測してみせた。

しかし、二〇〇四年夏のオリンピックの勝敗について、最も興味深い分析をしていたのはオンライン・マガジン〈スレート〉の記者、ダニエル・グロスだった。グロスは、エコノミストたちが本気で二〇〇八年北京オリンピックにおける各国のメダル数を予測したいならば、GDPや開発に関連したあらゆる経済指標を集計するのではなく、「人的資本への開放度」を見ることだとしている。「アメリカのバスケットボール、北欧諸国のクロスカントリー・スキーのように、特定の国が特定のスポーツに比較優位であったり、比較劣位（オーストリアのビーチバレー、ジャマイカのボブスレー）であったりするが、人々の自由な移動によって、スポーツ力学は変わりうる」とグロスは書いている。そして彼はジャマイカからの移民がスロベニアに短距離走のメダルをもたらし、旧ソ連のユダヤ人亡命者が、イスラエルにレスリングのメダルを勝ち取らせたことを紹介している。

当然ながら、アメリカはこうした才能の移動から最も恩恵を受けてきた国である。アメリカが誇るべき選手には、キューバ生まれの体操選手、エリトリア生まれのマラソン・ランナー、旧ソ連出身の水泳選手、そしてインド移民二世の娘がいる。これらの選手がオリンピックのメダルを持ち帰り、同時に移民を受け入れた国アメリカに名声と経済的報酬をもたらした。しかしオリンピック・スポーツは、こうしたサクセス・ストーリーのほんの一部にすぎない。

世界規模の才能獲得競争でアメリカに恩恵がもたらされた例は、この国のなかでだって探すことができる。ニューヨーク・ヤンキースを見るがよい。現在のヤンキースに、一九九七年にキューバから亡命したオルランド・ヘルナンデス（エル・デューケ〈公爵〉の愛称で知られる）のピッチングがなかったらどうであったか（ヘルナンデスは以後、数球団を渡り歩き、現在はニューヨーク・メッツに所属）。あるいは、パナマ出身のリリーフ投手で四〇〇セーブを上げたマリアーノ・リベラがいなかったらどうか。日本出身の強打者、松井秀喜がいなかったらどうであっただろうか。

確かなことは、ベーブ・ルースやルー・ゲーリック、ミッキー・マントルのヤンキースはもはや存在しないということだ。往年のチームは素晴らしいものであったが、現在のヤンキースの登録選手リストには、あらゆる国籍や人種の子どもたちが応援できる選手がいるというのも、それと同じくらい素晴らしいことだ。多様な文化を象徴するヒーローたちを経済感覚でとらえてしまうのも野暮だが、彼らの活躍に刺激を受けた人々は、経済にも刺激を与えてくれるのは事実だ。

ここではスポーツの例を引き合いに出したが、この一分野の事例に留まるものではない。まさに本質的な意味において、国境を越える才能の自由な流れから、いかにアメリカが経済的利益を受けているかをこの例は表している。

アメリカを世界最強の国にした理由は、技術力、市場規模、天然資源にあったわけではない。根本的な理由は一つである。世界でトップ・クラスの科学者、エンジニア、文化事業者を惹きつけることができる、素晴らしい能力があったためだ。宗教的、社会的に疎外された人々が、才能と知的資本と共にアメリカにやって来て定住し、史上最も優れた経済成長装置の基盤を築いたのだ。

開放性と経済成長

開放性は経済成長の真の原動力である。この認識に立って、文化が経済に与える影響について再考しなければならない。マックス・ウェーバーからエドワード・バンフィールド、ダニエル・ベルにいたる社会経済分野の理論家たちは、文化は努力、倹約、勤勉を促すインセンティブを生み、経済成長に影響を与えると述べてきた。

二〇世紀初頭に出版されたウェーバーの力作『プロテスタンティズムの倫理と資本主義の精神』では、プロテスタンティズム、特にカルバン主義が、勤勉、誠実、倹約、個人の時間の生産的活用を重視する日常の行動規範を通じて、現代の資本主義を導いたとしている。ウェーバーによれば、プロテスタンティズムの倫理は、直接的にではなく間接的に、資本主義的蓄積を推進したことになる。プロテスタンティズムの価値が根底にあるがゆえに、ある一定の方向に向かって生き、働かざるをえない新しい種類の「経済人」を登場させたのだ。それがまた、資本蓄積、富、潜在的な生産性の向上という、重要な副産物を生んだ[1]。

この見解によれば、文化は人間のエネルギーと努力を仕事に集中させる一方、余暇、遊び、性行為やその他の享楽など仕事ではない活動から遠ざけることで、経済成長に刺激を与えることになる。人間をルールや制約が必要なだらしない存在としてとらえ、放っておけば、より楽な活動を選んで仕事を遅らせるものと考えたのである。

六〇年代の、より開放的で表現力に富み、快楽主義的な文化を見たダニエル・ベルは、こうした文化をイノベーション、起業家精神、経済成長へ向けた努力、社会的インセンティブ、訓練といったことを台無しにするものとして、現代の資本主義の中心にある矛盾であると位置づけた。

一方、ネイサン・グレーザーとダニエル・モイニハンらは、移民を吸収し同化させる能力が経済発展を促進するというメルティング・ポット（人種のるつぼ）精神を、アメリカ文化の特徴ととらえた。メルティング・ポット精神は、移民に出身国の国籍を捨てさせ、母国語を捨て英語を使わせ、階層の上昇を約束した[2]。

メルティング・ポットの精神性は、単なる理論的な説明以上に、移民の心の奥深いところまで染み込んでいる。私にはこの気持ちがよくわかる。私の祖父母は、二〇世紀初頭の移民ブームのなか、南イタリアから移住してきた。私たちもメルティング・ポット家族なのだ。私の両親は二人の息子にロバートとリチャードと名付け、家ではイタリア語を話さなかった。私の父は、その兄弟たちも含め、オペラよりもフランク・シナトラなどの流行歌手が好きだったことをよく話してくれた。さらに、しまってあった名歌手カルーソの七八回転レコードを、あまりにも「イタリア的」だと思い、すべて処分してしまったことについても、後悔の気持ちとともに話してくれた。

ハーバード大学の著名な教授で、国際問題研究センターの所長であり、フォーリン・ポリシー誌の編集長でもあるサミュエル・ハンチントンは、影響力がある研究者の一人だ。彼は文化、民主主義、人類の進歩の関係に長期にわたって関心を置いてきた。(3) 二〇〇四年の著書『分断されるアメリカ』のなかで、ハンチントンはアメリカの経済と政治の成功は、アングロ・プロテスタントの価値観である「基盤をつくる文化」に基づいている、と述べている。

この「基盤をつくる文化」には「英語、キリスト教、宗教への傾倒、英米法（コモン・ロー）の法体系、支配者の責任と個人の権利、プロテスタント流の個人主義的価値、労働倫理、人間には地上の天国（『丘の上に輝く町』）をつくり出す能力と義務があるという信念」が含まれる。ハンチントンは同書で「国家のアイデンティティの特徴と実態」、すなわち他のさまざまなものへのアイデンティティとの比較において、アメリカ人がアメリカ人であるというアイデンティティにこだわる重要性を明らかにしている。

ハンチントンは、国家のアイデンティティの特徴とは、数世紀にわたる諸外国からの現実の脅威、ないしは認識された脅威との関係次第で増幅、あるいは衰微すると主張している。たしかに南北戦争以前は、国家のアイデンティティへの関心は低かったが、南北戦争によってアメリカは国家となった。二〇世紀後半、ソ連との冷戦の終焉と経済的繁栄の始まりによって、国家という感覚がまた失われていったが、九・一一同時多発テロがアメリカをまた一つの国家にしたと主張する。

彼の以前の著作『文明の衝突』では、アメリカのパワーに対する外的脅威として、特に八から九の地域文明の台頭、なかでもイスラム教の中近東に関心を寄せていた。一方、『分断されるアメリカ』では、国内の課題に目を向けている。同時に、国民の団結を目的とするうえで、私たちの核となる文化はこれまで以上に重要になってきたが、移民の野放図な乱入がそれを粉砕してしまったと述べている。

彼は特にメキシコ系アメリカ人の同化の失敗、「コスモポリタン・エリート」と呼ばれるグローバル志向のビジネス・リーダーの世界観の甘さ、多文化主義の学者、護教主義者に懸念を示す。彼は、メキシコとラテン・アメリカ出身者は、ほかと比べると一般的に教育水準が低く、英語を「第一言語」にしない、市民権を申請しない、グループ外との結婚が頻繁でない、という点で興味深い失敗例であると述べている。

こうしたメキシコ人移民に対する彼の認識は事実において間違っているとの批判が多く示されたが、私も同感である。ここで検討材料として、一つの話題を提供しよう。二〇〇三年、私はアイオワ州知事トーマス・ビルザックの招きに応じて、州経済の将来に関する会議に出席した。会議の主要なテーマは、アイオワ州への移民の必要性である。

ビルザックが政治の世界で最初に名前を売ったのは、アイオワ州を「中西部の移民管理局」にして経済を再建するとの計画を発表し、物議を醸した時だ。経済会議によくあるように、アイオワ州には技能水準の高い移民――インド人のソフトウエア開発者、中国人のエンジニア、ヨーロッパ人のバイオテクノロジー研究者など――が必要という点を中心に、議論は展開した。その時、聴衆のなかから一人の若者が手を上げて立ち上がった。若者の主張は次のようなものだった。

州知事、政治指導者、著名な参加者の皆さん。お言葉を返すようですが、私には技能水準の高い移民を惹きつけるという話には、いささか問題があるように思います。たしかにそういった技術が重要なのはわかっています。しかし、私の経験上、技能水準の高低を区別することは簡単ではありません。特に、時間の経過を考えるといっそうです。技能水準の低い移民が、技能水準の高い移民になることもよくあります。おそらく一世代ではそうはいかないでしょうが、家族、つまり共同体を単位として考えれば、ありえることです。私がその例です。

私は、技能水準の低いメキシコ移民の息子です。最近、私はアイオワのグリンネル・カレッジ（この国で最も評判の高い、小規模なリベラル・アーツの大学の一つ）を卒業しました。私の同級生のなかで、アイオワ州に留まることを決めたのは五人です。たった五人です。しかも、その五人は全員、いわゆる技能水準の低い移民の子どもたちです。私たちがこの州、私たちのコミュニティに留まったのは、私たち家族にたくさんのチャンスを与えてくれたからです。お返しをする番になったと考えたのです。

場内から割れんばかりの拍手を浴びて、この若者は席に座った。

この印象的な話は、私たちの多くがよく知っているもう一人の移民の話とも重なる。キューバの抑圧的な共産主義の支配から単身アメリカに逃れてきた時、マイク・ベゾスはまだ一五歳だった。彼は働き、独力でアルバカーキ大学に進学し、やがて一人の男の子がいる若い女性と結婚した。ベゾスは義理の息子ジェフを育てる責任を、真剣に果たした。彼はジェフの心に強い起業家精神を育み、そして七年後、ジェフの大胆な新しいビジネスに最初に投資し、その最大の支援者となった。

マイクは、ジェフに九八年型の〈シボレー・ブレイザー〉まで与えた。ジェフの妻、マッケンジーがシアトルまでその車を運転していた時、ジェフ・ベゾスはアマゾン・ドットコムのビジネスプランをタイプしていた。それが、この起業家企業の歴史の始まりだ。

最初の世代は、アメリカに身一つでやってきた逃亡者の移民である。その彼が、自分の義理の息子に、アイデア、エネルギー、そしてインターネット初期のｅコマース事業を発展させるような影響を与えたというのは悪くない話だろう。

サミュエル・ハンチントンは、彼より前の世代の人々と同様、アングロ・プロテスタントをアメリカの「核」となる文化と見なし、文化の主な機能は人々を制約し抑えつけるものであるという見方から抜け出せていない。ハンチントンは移民を制限し、英語を守り、リベラルな現世主義に背を向けるという基本に、アメリカは戻らなければならないと信じているようだ、とダニエル・ラザールは指摘する。

しかし、ジェフ・ベゾスやアイオワの若者の例が証明するように、もしハンチントンのような考えで、メキシコ移民らの子どもが、親の英語が「完璧」ではないという理由で大学に行けないとなると、それは道義的に恥ずべきことであるし、また経済的にも大きな損失につながることになろう。

私は、文化の役割はまったく違うものと考える。文化は人間の才能を吸い上げ、活用する。だから文化が経済にとって重要なのである。人間は皆、潜在的にクリエイティブな能力を持っているが、その才能を引き寄せ、移動させ、解放することが文化の重要な役割である。このすべてが発展的な文化、開放的な文化、前向きに取り込んでいく文化を花開かせる。そうした文化では差別もなく、型にはめるということもなく、自分自身であることができ、自分たちの差異に富んだアイデンティティを認め合うことができる。

私の理論では、文化とは人間のクリエイティブな潜在能力を制約するものではなく、その成長を促進し、動かすものだ。別の言葉で表現するならば「自由」だ。よく知られているように、自由は参政権よりも重要である。自由とは自分自身でいられることであり、夢を追いかけることである。開かれた文化はイノベーション、起業家精神、経済成長に拍車をかける。歴史的にアメリカ、特にアメリカの大都市が一般的に優れていたのは、まさにこの種の開放性と自由なのである。

ハンチントン、ベル、クリストファー・ラッシュらが冷笑をもって見下していた六〇年代の文化的爆発であるが、その一〇年間の素晴らしい運動によって、社会の開放性は進展した。以後、九四年の議会選挙での共和党の大勝利、いわゆる共和党革命まで、ほとんどの社会的リベラル派は戦いに勝ったことを当たり前のように考えていた。少なくとも、核とする価値の多くが社会的なシステムに組み込まれていったと考えていた。しかし残念ながら、この時代の古傷であるベトナム戦争、ウーマンリブ、社会福祉国家といったことが思い起こされるたびに、保守、リベラルの両派から審判と認識の修正が加えられるのである。

好むと好まざるとにかかわらず、六〇年代は疑いなく、人種的少数派と女性に機会の平等を与えると共に、政治的、社会的な自由の概念を広げた。私たちの社会は、けっして元には戻らないだろう。

それ以前の時代を思い返せばよい。人と違っていることは革新者ではなく反抗者と見なされ、女性は専業主婦、非白人は二級市民で、ゲイは非難された。六〇年代に拡張された表現の自由は、新しい芸術の形、ロック音楽から独立系出版社、デジタル・メディアといったものを花開かせた。芸術的なクリエイティビティと技術的なクリエイティビティが融合されるようになった。人は本来の自分になる術を得、従来は不可能だった自己実現をどこまでも追求できるようになった。

そして*The Rise of the Creative Class*に書いたように、この社会運動はシリコンバレーや現代のハイテク文化の台頭の土台となり、またイノベーションやそれに続く経済成長の要因となった。この結果、人間によるクリエイティブな活動は、想像できるあらゆる分野において息長く展開し、ほとばしった。それはポピュラー音楽、映画から、ソフトウエアやバイオテクノロジーなどハイテク分野で起こるブレークスルーにまで及んだ。この意味で六〇年代の経験は、開放的な文化のなかで人間のクリエイティビティが膨大に放たれることのメリットを、強く思い起こさせてくれるのである。

開放的な文化と経済成長の関係についてのきわめつけの賛同者は、ロナルド・イングルハートである。四〇年以上にわたり、七〇カ国以上の文化的価値を総合的に調査してきたイングルハートは、人の選択肢を制限することで経済成長に拍車をかけるといった文化認識を、たくみに退けている。彼は逆に開放性と寛容性、特にゲイの容認と経済成長、政治的民主主義との強い関係性を発見している。

ゲイが冷ややかに見られ、女性の社会的参加が認められていない国では、経済が後退し、権威主義的な体制に支配される。(4)「他の階層、人種、宗教にあからさまな敵意を表現する人は、現代ではほとんどいないが、ホモセクシャルへの拒絶は広がっている」とイングルハートは書いている。一〇人中九人以上がホモセクシャルを拒絶した国はエジプト、バングラデシュ、イラン、中国であった。イギリス、ドイツ、カナダのような高度に工業化した民主主義国家で、ゲイを拒否しているのは人口の四分の一にすぎない。アメリカでは三二パーセントである。

ゲーリー・ゲイツと私の研究でも同じ関係を発見している。ゲイツの二〇〇四年の研究では、アメリカの三〇〇以上の都市を対象に、多様性が経済成長に与える影響を調べている。そこでは民族・人種的マイノリティの存在、ゲイや移民人口の比率、その融合・交流度合いといった、さまざまな指標を使っている。

また彼は、ハーバード大学教授のロバート・パトナムが提唱する「絆」と「橋渡し」という、コミュニティの結びつきにとって重要な、二種類の社会資本の影響も調べている。「絆」とは同一グループ内のつながりを指し、「橋渡し」とは異なる民族、人種、社会グループ間のつながりの強さを指す。ゲイツは、対象としたすべての測定において、多様性が経済成長に強い関係があることを発見している。特に民族・人種的マイノリティ、ゲイ、移民などの多様性のレベルが高いこと、融合・交流のレベルが高いこと、「橋渡し」社会資本のレベルが高いことが、経済成長にプラスの影響を与えていることを実証した。[5] つまり、重要なのは、単なる文化やモラルの問題としての多様性を超えることである。

特に三億人近くの人口がいる国では、異なる環境で育てられたさまざまな人々が、何がその国の骨格であり、何が特徴であるかについて完全な同意に達するのは困難である。しかし、多様性と寛容性は経済的観点からも必要であり、その意味でアメリカ人一人ひとりに関係する。過去、現在、あるいは未来においても、明らかに経済成長に資するものを省みないということは、最も頑固な文化的保守主義者にとってすら、愚かな行為なのである。

——拝金主義を超えて

経済学者は長い間、経済的なインセンティブが経済成長を生むというように考えてきた。強欲さこそが人間を努力させる動機であると強調してきた。これはある意味で、プロテスタントの労働倫理の悪しき副産物である。おそらく文化を経済的な規律と規定する以上に、「欲望は美徳である」という考え方は広く知れわたっている。

この考え方によると、金儲けに励むのも、金持ちになって物質的豊かさを追い求めるのも、経済成長に拍車をかけることになる。人々を勤勉に駆り立てるのも欲望であり、起業に駆り立てるのも欲望であり、経済を回すのも欲望なのである。これが、私たちアメリカの経済では定説となっている。

九〇年代、多くの識者たちは、人間の欲望によって、文字どおり終わりなきテクノロジー・ブームが始まったと信じるようになっていた。やや乱暴な表現ではあるが、自由市場経済主義者たちに崇め奉られたのは、次のような考え方だ。それは、個人個人が自己の効用を最大化することで市場は効率的に機能し、社会全体として最適な経済成果をもたらす、というものだ。言い換えれば、富の創造に欲望は必須であり、欲望は経済のエンジンを動かす燃料なのである。

しかし、これは半面の真理でしかなく、人間が働く理由についての致命的な誤解に基づいている。欲望が悪徳か美徳かといった古くさい議論を超え、私たちの時代の経済を理解するには、また別の動機の役割について認識する必要がある。欲望が経済を動かす重要な力であると見る考え方は、すでに時代遅れとなった保守的な倫理である。

開放性や寛容性や自己表現が経済成長の源泉であることを認識することができないか、あるいはそう見ようとしない保守派の批評家たちは、家庭の大切さと欲望を結びつけることが繁栄をもたらすという主張を続けている。こうした提案には尻込みする人々でも、基本的にはこのような思い込みから逃れえず、欲望を抑制するならば経済の低成長も受け入れなければならないと述べるようにさえなる。それに対して、私が取り組んできた研究では、正反対の結果を示唆している。

簡単な議論から始めよう。社会や経済にとって、まったくためにならない欲望の例をあげるのは簡単だ。バーニー・エバーズ、ジェフリー・スキリング、デニス・コズロウスキー（それぞれワールドコム、エンロン、タイコにおいて不正を働いた経営者）は皆、企業の株主、従業員、銀行などのお金を利用し、みずからの利益を増やすことに熱心だった。こうしたスキャンダルはただの例外だろうか。ユーイング・マリオン・カウフマン財団のカール・シュラム所長は否定する。彼は、実業界、銀行業界、会計業界では、無垢な誠実さや倫理、良識といったものは時代遅れで、それらよりも支配的なのが拝金主義で、それが社会に不信感を蔓延させたと指摘する。

この不信文化の経済への影響は甚大だ。彼の分析では、世界大恐慌時代以来初めて、二〇〇〇年から二〇〇三年にかけて新規起業数は減少した。シュラムは起業家、会計士、ベンチャー・キャピタリスト、銀行家らが、もはや他人の意図がつかめずにいることに、その理由を求めている。実際にビジネスをしたいのか、それとも単に巧妙にごまかして大金をつくり、他人を見捨てていくつもりなのかがわからないのだ。

結果として、アイデアをもとにビジネスをする人が減り、新規事業に投資する金額が減り、新しいアイデアが実現する割合が減り、成長が止まる。ここでは、いわゆる見えざる手が公共の福祉に反して働いている。「他人がみずからの利得を最大化しようとしている」という信念を皆が持つことが、全体としては経済へのブレーキとなっているのだ。

頭のよい経済学者ならば、形あるものや利得を獲得しようとする欲望だけが、経済を動かすのではないことを知っている。しかし、数式で語ろうとすれば、そこには常に過度の単純化がつきまとう。どんなに頑張ったところで、欲望だけではイノベーションは起きないのだ。

現代の世界を形づくった偉大なイノベーションを例に考えてみよう。飛行機はライト兄弟によって約一〇〇年前に発明されたが、彼らはそれで一儲けしたかったわけではない。二人の若い兄弟は有人飛行を夢見ていて、実際に、夢を追いすぎて自転車店の商売のほうにはさっぱり身が入らなかった。電話機を発明したのは、資金提供者から隠れて実験をしなければならなかったアレクサンダー・グラハム・ベルだ。彼の資金的な支援者たちは、早く大きな見返りを求めていて、モールス信号のシステムに関係する実用的な発明には資金を提供したが、声の伝送システムのような突飛なものには資金を出さなかったのだ。

パーソナル・コンピュータは三〇年前に、自分たちをホームブリュー（自家醸造）・クラブと呼んでいたサンフランシスコ・ベイエリアの汚らしいヒッピーたちのグループによって開発された。この反体制文化のオタクたちは、その時代のほとんどのビジネスマンが馬鹿らしいと思ったアイデアを追い求めていた。自分用の小さなコンピュータを持つことが個人の力になる、というアイデアだ。

それから私も大好きなロックンロールである。ロックは、音楽史上、最も経済的な可能性をもたらした音楽ジャンルであり、ロックとそこから派生した音楽は、いまや数十億ドルの世界的産業を構成し、他のたくさんの産業の利益を増進させている。しかし、この音楽はアメリカの黒人ゲットーや田舎町で、ミュージシャンたちが純粋にクリエイティブな表現を楽しむために、リズムやコードで遊んでいるうちにできたものなのだ。

クリエイティブな人は、お金持ちになりたいがために一生懸命になるわけではなく、単純にそう理解するのははっきり言って正しくない。クリエイティブな人々をその気にさせるには、金銭よりも内発的な報酬のほうがはるかに大事である。これは、この分野における大多数の研究によっても支持されている。

ハーバード大学の心理学者テレサ・アマビールは数十年の研究を踏まえ、実際にクリエイティブな人々をやる気にさせるには、外発的報酬は逆効果になることを発見している。彼らの動機は内面からくるのである。経済学者のエリック・スターンは、学術的な研究者のなかには、実際にみずからお金を払って基礎研究をしている人がいることを見つけた。彼らは平均的に、自分たちの興味を追究する自由のために、民間企業にいけば稼げたであろう金額の四分の一を放棄している。

ＩＴ産業の労働者に関するインフォメーションウィーク誌の調査では、最も重視している仕事の条件は「課題」と「責任」であると答えた人が最も多かった。基本給は三番目であり、ボーナスやストック・オプションなどの金銭的インセンティブはもっと低く、通勤距離のような生活の質に関わるものよりも低かった。

九〇年代にたくさんの人がクリエイティブな仕事でお金を儲けたのは事実である。しかし、この事実をして、欲望が第一の動機だという結論を導くことは、人々の選好と経済の運営という両面において大いに誤解をしている。クリエイティブな人々の根底にある動機を評価しなければ、仕事というものを正しく考えることはできなくなる。

往々にして、貪欲さ（人を出し抜いて利益を最大化しようとする欲望）は邪魔なだけである。貪欲さによって、年中常時、仕事中の状態という持続不可能な生活ペースに陥ってしまう。クリエイティブ時代の私たちの職場には肉体的傷害に取って代わって、ストレス、不安、燃え尽き症候群、市販薬依存といった精神的疾患がはびこるようになってしまった。

私は資本主義が悪いと言っているのではない。その反対だ。私は、市場経済を基盤としつつも、社会や世代を超えて、より幅広く、より直接的に、人間のクリエイティビティを育てる社会について議論したいのだ。人間のクリエイティブなエネルギーを活用するための最も生産的で効率的なメカニズムを構築できる社会は、強欲な動機を盲目的に崇拝し続ける社会を超えて進んでいくだろう。

このような経済のパラダイム・シフトにおいて、アメリカは依然として世界一最適な場所であるだろうか。その答えを知るには、私たちは歴史から学ばなければならない。

偉大なるアメリカのルーツ

アレクシス・ド・トクビルらは、かつてアメリカは独特な場所であったと述べている（以来それは共通認識のようになっているが、もちろんアメリカの伝統には、それとは異なる議論もあった）。アメリカがさまざまな国のなかで独特な存在になった重要な要因は、強欲とはまったく関係なく、ましてやアングロ・プロテスタント的価値観に漠然と影響されたものでもない。むしろ、そのユニークさと成功は、幅広く人々を惹きつけ同化し、才能を集めてやる気にさせ、努力には報いるという、この国の特質から生まれたものである。

現代のアメリカが、独立戦争後の共和国設立時や、産業革命の黎明期や、ましてや五〇年代とそっくりだという議論はほとんど見かけることがない。私たちの文化の魅力の核心は、信念や価値観の組み合わせからくるのではなく、ダイナミックな順応性にあり、新しい人々や新しい経済の現実を受け入れ変化していく能力にある。

ハンチントン自身もかつて信じていたように、アメリカは「民族国家」というよりも、むしろ「すべての者に自由と正義を」というアメリカの理念に基づく「イデオロギーの国家」なのだ。八一年に彼は、「文化的多元国家になればなるほど、アメリカ人が共通して持っているものを定義する時に、アメリカの理念が持つ政治的価値（傍点引用者）はよりいっそう本物になってくる」と書いている。

ハンチントンは、彼が定義するアメリカ人が目指す経済的・政治的自由を、本当にメキシコ人が切望していないとでも信じているのだろうか。また英語が完璧に話せなければ、民主主義を信じることができないとでも思っているのだろうか。あるいは経済的機会やよりよい生活を求めて、ほかの国からこの国にたどり着いた多数の人たちとは違う存在だと信じているのだろうか。

たしかにほかの国と比べれば、アメリカはその始まりから比較的開かれた国家であった。しかし、時の経過のなかで、主に経済の状態に対応してアメリカの開放性が強められたり、弱められたりしてきたことを忘れてはならない。また過去には、奴隷制度という最も残酷な経済制度を利用していたことも、考慮に入れておかなくてはならない。しかし、六〇年代半ば以降、アメリカは非常に開放的で寛容性のある国である[6]。これは、少なくとも一部には、アメリカが元来移民の国として考えられてきたためでもある。つまり、最初の移住者たちは宗教的、政治的な迫害を逃れてやってきた人々であるが、暗く耐乏の時代でさえ、常に魅力的な理想を創造し、追い求め、改良してきたのである。

最初の大きな移民ブームは一八二〇年から一八八〇年にかけてのもので、一〇〇〇万人以上のドイツ人、アイルランド人、イギリス人、北欧の人々など、主に北、西ヨーロッパからの移民がアメリカにやってきた。そのなかには事業を起こす者もいたが、ほとんどは勃興しつつあったアメリカの製造業に労働力を提供した。南北戦争後、議会は移民歓迎法を可決し、移民に関する最初の政府機関を設立し、入国にかかる費用を賃金から控除することを可能にした。

アメリカにおける産業革命の成功は、第二の移民ブームに弾みをつけたが、それには二種類あった。まずは移住して重要な産業や企業の起業家となった人々である。ドイツ出身のメディア王ジョン・クルーゲ、スコットランド人の鉄鋼王アンドリュー・カーネギー、ドイツ生まれの蒸留業者アドルファス・ブッシュ、ハンガリー人の新聞王ジョセフ・ピューリッツアーなどの名前があげられる。もう一方は、未熟練な新参者の集団である。彼らは、移民の起業家がつくり出し発展させた産業で生じた労働需要を満たすために働いた。

一八八〇年代の初めに未熟練移民にも門戸が開かれ、大量の移民が流れ込んだが、彼らは次々とアメリカの工場の労働力となった。一八八一年から一九三〇年の間に、イタリア、オーストリア、ハンガリー、ロシア、東ヨーロッパなどから二七六〇万人の移民がアメリカにやってきた。

一八七〇年から一九一〇年の間、移民人口はアメリカ総人口の約一四パーセントを占めるようになっていた。一八九〇年には五〇のアメリカの都市のうち八都市で、移民人口が四〇パーセント以上を占めていた。それはマサチューセッツ州のフォールリバー（五一パーセント）、同州のロウエル（四五パーセント）、ニューヨーク（四二パーセント）、サンフランシスコ（四二パーセント）、シカゴ（四一パーセント）、デトロイト（四〇パーセント）、ミネソタ州セントポール（四〇パーセント）、そしてニュージャージー州のパターソン（四〇パーセント）である。

一九〇〇年代初頭から大恐慌までの期間は、移民は減少している。第一次世界大戦後の一連の条例で、識字力の必要条件を含む新しい制限が設けられ、アジア系移民の禁止、ヨーロッパ系移民の制限も課せられた。その後、第二次世界大戦後の経済復興で移民政策が緩和され、五二年の移民法では人種や民族の制限は取り除かれたが、出生国を基本にした人数制限は残った。画期的な五六年の移民法では、より開放的な政策の下、国ごとにあった人数制限を、世界を七地域に分割し、地域ごとに毎年、移民の入国数に制限を設けることに置き換えた。七八年までに、毎年約六〇万人の移民がアメリカに入国している。

もちろん、七〇年代の後半と八〇年代前半には、アメリカ経済は大変な危機に陥り、失業率の記録的な上昇、生産性の停滞、産業基盤の老朽化が問題となった。さらに石油危機によって、私たちが依存する天然資源の供給に必ずしも保証がないことを浮き彫りにした。こうした状況をビジネス・リーダーたちは非常に憂い、実際に、競争力評議会のような新しい組織がつくられ、イノベーションや経済成長について産官協同で取り組む動きが出てきた。

しかし、興味深いことはその水面下で起きていた。それまでに政府や産業界で行われた科学研究投資が、安価なコンピュータ用ＣＰＵ、バイオテクノロジー、光ファイバーといった新しい技術を生み出していたのだ。また新しい金融技術や実践が広がり、革新的なベンチャー企業にとって、資本の調達がやりやすくなっていた。アメリカの映画やテレビ、音楽は新しい輸出先を見つけるようになっていた。外国からの資本流入が増え、産業の中心地に新しい工場が建設されるようになっていた。アメリカの企業は、日本の競合企業からの刺激や、トム・ピーターズの『エクセレント・カンパニー』のようなベストセラー書籍を手引きに力強く対応し、事業をリストラし、意思決定を指揮系統の下流へ移し、工場労働者の手に渡した。

八〇年代後半から九〇年代前半に、再生した中西部の工場を訪問した時、私はこの復活劇を目のあたりにした。その工場では、労働者がイノベーション・システムの一部となっていた。I／Nテック（インディアナ州の最先端の鉄鋼冷延工場）の工場長が、どのようにしてこの工場が、労働者の知識、知性、クリエイティビティをベースに「生きる実験室」に変身したかを話してくれた。

経済学者や経営者は、いたるところで知識労働や科学技術の振興、教育の向上の必要性について語る。しかしあまり気づかれていないことだが、右記の工場の変身は、外国の才能を惹きつけ吸収するアメリカの特質によって、引き起こされたものなのである。

六五年の移民法以来、アメリカは最大の移民時代を迎えた。移民が人口に占める比率は、七〇年の四・七パーセントから八〇年の六・二パーセント、そして九〇年には七・九パーセントと着実に増えている。二〇〇〇年では一〇・四パーセントに達した。工業化時代の原動力となった移民ブームもさることながら、この一番新しい移民の到着は、出現しつつあるクリエイティブ時代の要求を満たすものであった。すなわち、トップ・クラスの科学者や技術者、起業家、芸術家、そして何百万人もの新しいクリエイティブなエネルギーをこの国にもたらしたのである。

九〇年から二〇〇〇年の間の新しい移民は一三〇〇万人で、一八九〇年から一九一〇年の間の移民数を大幅に超え、アメリカ史上最大であった。その一〇年で移民は全労働力の増加分の約半数を占め、男性労働力では増加分の三分の二を占めている。アメリカに住む移民の数は過去三〇年間で三倍以上に増え、七〇年の一〇〇〇万人足らずから二〇〇〇年の三一一〇万人になり、これもアメリカの歴史

図表3-1❈アメリカへの移民数（対総人口比）

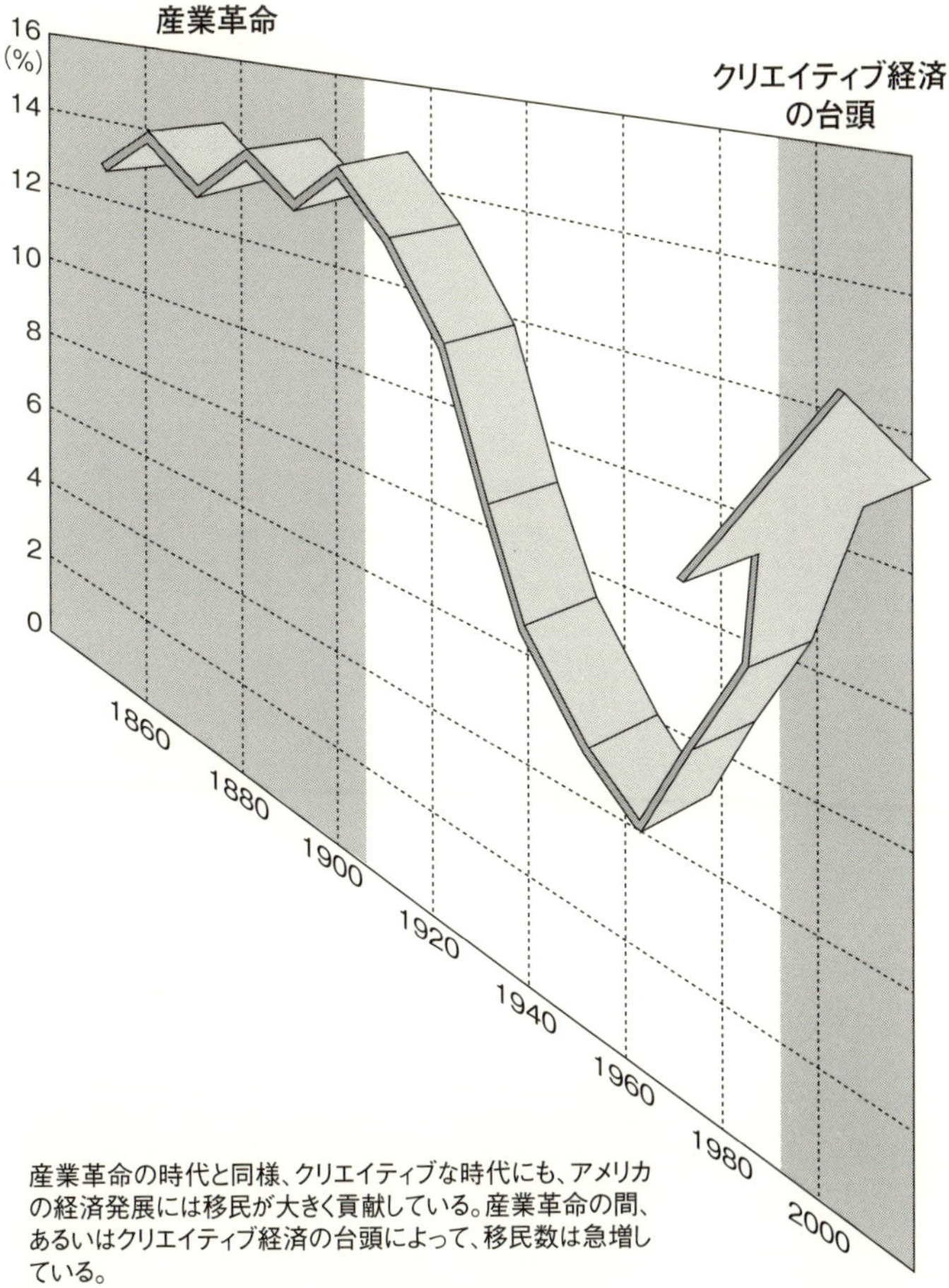

産業革命の時代と同様、クリエイティブな時代にも、アメリカの経済発展には移民が大きく貢献している。産業革命の間、あるいはクリエイティブ経済の台頭によって、移民数は急増している。

【出典】U.S. Census Bureau, "Profile of the Foreign-born Population in the United States: 2000," Washington, D.C.: U.S. Government Printing Office, 2001.

上最大である。二〇〇〇年から二〇〇三年に新たに二〇〇万人の移民が加わり、この時期の労働力増加の約六〇パーセントを占めた[7]。現在、移民は人口の一二パーセントを構成し、この数字は一九世紀の終わりと二〇世紀初頭よりわずかに低いだけで、一九七〇年と比べると二倍以上である。

印象的なのは絶対数だけではない。移民はアメリカ社会を変える強い力になっている。ここ数十年、移民は九〇年代に人口増加の四〇パーセント以上を占め、ほとんど単独で人口増を後押ししてきた。現在の人口動態からすると、出生率は人口維持に必要な水準（約一・七）より落ちるだろう。そうなると、社会保障制度は言うに及ばず、経済的な負担は必然的に社会の一番新しいメンバーにかかってくる。

ハンチントンを含め多くの人が、この第三の移民ブームは技能水準が低く、一部は非合法なヒスパニック系移民の大量の流入であると特徴づけているが、この見方は間違っている。実際、最近の移民は、そのようなものではなく、技能水準の高い労働者たちが大量に含まれている。ウィリアム・カリガンとエンリカ・デトラジアチェによるアメリカ移民に関する最近の体系的な研究によれば、一般的な社会通念とは対照的に、全移民中に初等教育以下しか受けていない個人が占める比率はきわめて少ない（七〇〇万人中五〇万人、つまり七パーセント）、というのが結論である[8]。アメリカへの最大の移民グループは、メキシコや中米からの高卒の労働者たちで、約三七〇万人である。二番目に多いのは、アジアや環太平洋地域からの高等教育を受けた人々で、約一五〇万人である。

ある調査では、アメリカへの合法移民の五人に一人は、少なくとも一七年間の教育（大卒以上のレベル）を受けていることを明らかにしている。アメリカに居住している一〇〇万人のインド人のうち、労働年齢に当たる者の四分の三以上が大卒かそれ以上である。またアメリカは、メキシコとカリブ海地域の才能のかなりの割合を惹きつけている。ピュー・ヒスパニック・センターのリンゼイ・ローウエルは、メキシコで大学教育を受けた人口の一二パーセントがアメリカに移住しており、ジャマイカではそれは七五パーセントであることを指摘している。

最近まではカナダも、高等教育を受けた多くの人材をアメリカに奪われていた。何年もの間、カナダの新聞はアメリカへの頭脳流出を嘆く記事を頻繁に掲載していた。カリガンとデトラジアチェは「アメリカへの移民の教育水準は出身国の平均値よりも高く、さらに高等教育を受けている者の割合は特に高い」と結論づけている。イギリスのエコノミスト誌は、「アメリカは技能を引き寄せる世界最大の磁石であり、最高の教育を受けた隣国の人々の多くを引き寄せてしてしまう」と表現している。(9)

技能水準の高い移民は、計り知れないほど私たちの科学技術を進歩させ、起業の成功を増やした。一方、技能水準の低い移民は、製造業、サービス業、農業に新しい才能とエネルギーを与えて、この国の古い産業やコミュニティの再生に力を与えている。そして、グリンネル・カレッジを卒業したアイオワの若者の例が象徴するように、移民第一世代の親が子どもの教育に投資をすることで、技能水準が低かった移民が技能水準の高い移民へと変化していくことがしばしば生じる。

こうした才能の流入は、アメリカに多大な経済的利益をもたらすことになった。その利益を正確にとらえるのは難しい。なぜなら実に幅広い利益が生じており、地理的にもきわめて広範囲に観察されているからだ。さまざまな断片を寄せ集めることでようやく、その輪郭がわかるようになる。たとえばハーバード大学とカナダのクィーンズ大学の研究者による体系的な研究では、九〇年代のインドからアメリカへの頭脳移動は、「現在のインドにおける所得税総額の三分の一」がアメリカに移転したのと同じであるとしている。(10)

図表3-2◈移民率の高いアメリカの大都市（対地域人口比）

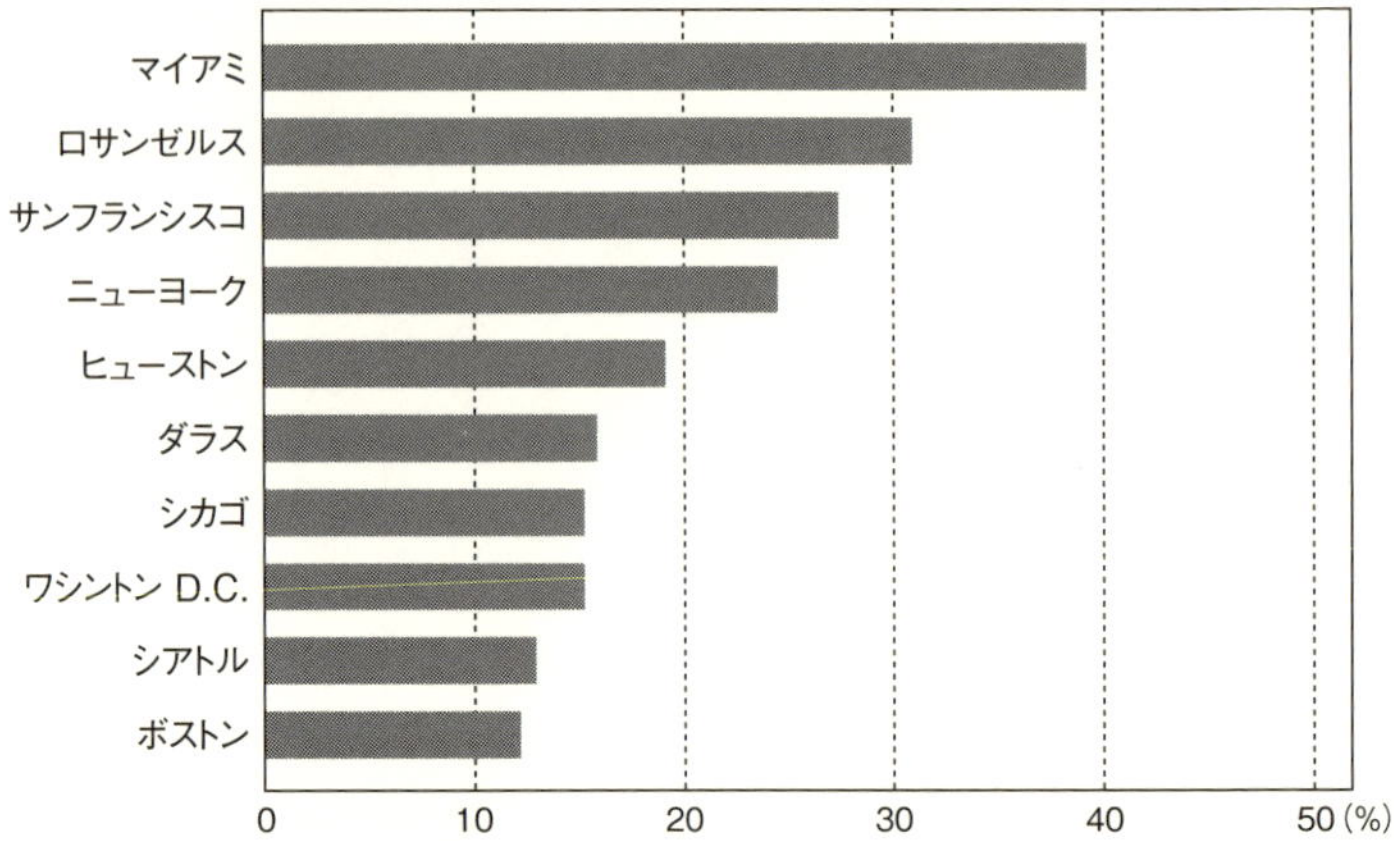

【出典】Steven Camarota, *Economy Slowed, But Immigration Didn't: The Foreign-born Population, 2000-2004*, Washington, D.C.: Center for Immigration Studies, November 2004.

アウトソーシングによるアメリカの雇用への影響は、現在、政治問題として高い関心を呼んでいるが、ピーター・ドラッカーは、アメリカは雇用の輸出に比べて、その二倍、時には三倍の雇用を輸入していると推測している。さらに、資産をGDPに対比させて標準化し、インフレの影響を排除したランキングで比較すると、アメリカの歴史上、最も富を得た一〇人のうち五人は移民である。

移民は、ここ数十年間の都市経済再生の原因の多くを占めている。ニューヨークやシカゴのような大都市においては、人口の純減を移民が埋め合わせている。ニューヨークだけでも二九〇万人の移民が居住し、ロサンゼルスは一五〇万人、マイアミでは一一〇万人の移民が住む。驚くべきことに、マイアミの全人口の四〇パーセントは移民が占めているのである。

主に移民がもたらしたものとして、大都市における多様性の増加がある。二〇〇四年にブルッキングス研究所が行ったアメリカのトップ一〇の大都市圏に関する調査では、そうした大都市では、白人が白人の多い地域に住むといった集住傾向が減少しているとしている。九〇年から二〇〇〇年の間に、調査対象地域全体で、白人の集住地域は三〇パーセント減少し（都心部と郊外の両方を含む）、その一方、さまざまな人種が混在する地域は一四パーセント上昇している。上記の一〇都市のうち九都市で人種混在地域が増え、一〇都市のうち半数は「人種混在都市」に分類することができる。(11)

最近では、郊外や小都市でも移民住民が増えていることを、社会学者や人類学者が指摘し始めている。ケビン・ストラリック、ゲーリー・ゲイツと私が行った研究は、多くの研究と同様に、移民が大都市よりも中・小サイズの都市において経済成長の鍵となっていることを示している。このようなコミュニティでは一般的に、ゲイやボヘミアンといった、経済にとって重要であるにもかかわらず社会的には軽視されているグループよりも、移民に対して、より寛容である事実が原因の一つとして挙げられるだろう。こうして移民が進出することによって、ほかのグループがその後に続けるようになり、いっそうの経済的利益の機会を生むのである。

これだけははっきりしている。移民はクリエイティブ経済の原動力なのである。アメリカの成功の鍵は、最初から変わっていない。新しい考えと世界中から来る新しい人々への開放性である。移民を取り込み、彼らの才能を有効に活用することが、産業革命の夜明けからシリコンバレーのハイテク成長産業まで、クリエイティビティとアメリカの経済成長に多大なる影響を与えてきた。そして、移民が二〇世紀のアメリカン・ドリームを形成したように、二一世紀の新しいドリームの形成にも重要な役割を演じるだろう。

新しいドリーム

アメリカン・ドリームと聞いた時、多くの人が思い浮かべるのは何だろうか。私の両親と祖父母はアメリカン・ドリームの意味をわかっていた。まともな職を持ち、勤勉に働き、学び、そして自分の子どもに教え、子どもたちがよい教育を受けられるようにする。貯金をし、よい学校のあるよいコミュニティによい家を買う。しかし、それらは結局、過去のものとなった。経済成長への欲望の力、プロテスタンティズム倫理の文化的役割、メルティング・ポットといったものが絶妙に融合して経済的に意味を持った時代のことだ。素晴らしいものだったが、その時代は終わったのだ。

現在、それ以上のものを約束してくれる新しいドリームが、アメリカだけでなく、世界中で台頭している。アラン・ド・ボトンは書いている。「現代の職場環境の最も明らかな特徴は、コンピュータやオートメーションやグローバリゼーションとは何も関係がなく、むしろそれは西欧社会で広がっていた『仕事は私たちを幸福にするべきものだ』という信条に関係している」[12]。ボトンはまたいみじくも、これまでは仕事は常に国家や文化のアイデンティティの中心であり、決定的な要素だったが、いまは歴史上初めて、仕事探しが、いわゆる「個人の自己充足のため」に行われていると指摘している。

人々の働き方がこのように変化し、仕事から得たいものが変わってきた背景には、クリエイティブ経済の台頭がある。新しいドリームが出現したのだ。ただアメリカのドリームなのではなく、世界中の人々のドリームなのだ。もし古いドリームが家族を養える仕事を持ち、彼らを守れる安全な場所によい家を持つことだったとしたら、新しいドリームは、自分が好きな仕事で、働くことを楽しめ、自分自身でいられるコミュニティに住むことだ。

古いドリームは本当に満足のいくものだっただろうか。ドリームが生まれた時代には、おそらくそうだっただろう。しかし第二次世界大戦後の数年、最初はアメリカで、そして徐々に他の先進工業国で、何百万もの人々は安定した仕事、車、新しい家を得て、まもなくそれに退屈してしまった。『組織のなかの人間』や『孤独な群集』といった本が話題となったのも、本のなかに描かれた息の詰まるほど単調な生活に自分自身を重ねていたからだ。『理由なき反抗』のジェームス・ディーンや『乱暴者』のマーロン・ブランドのようになることを夢見ていた。

こうした反体制文化のムードにうまく乗ったのがイギリス人だ。彼らは「ブリティッシュ・インベージョン」と呼ばれたように、ビートルズ、ローリング・ストーンズ、フー、キンクスなど数え切れないほどのバンドをアメリカに送り込んだ。それでもアメリカ人たちは子どもたちのためにコツコツと仕事をしたが、その子どもたちはヒッピーとして「いまより上の生活」を拒否し、クリエイティブなライフスタイルに共感した。

新しい世代、さらにはその子どもたちが大人になり、労働力となった時、自分たちの新しい大きなドリームを探すようになった。私は古いドリームのなかで成長した。私の両親はそれを信じていたし、そう生きていた。彼らは持てるもののすべてを子どもの教育に投資した。いつも働き、一日も休みは取らなかった。両親が若かった時、私と弟に楽器を習わせようとした。ロックンロールのバンドをつくるため、私にはギター、弟にはドラムだった。しかし、大学を卒業する頃にはもう関係ない話になっていた。私たちは髪を切り、真っ当な仕事を得た。私たちは従った。それは結局、期待されていたことだった。

私の父はそのことをよくわかっていた。彼はいろんな意味で犠牲者だった。土曜日に工場に寄った帰りや私のギター・レッスンの帰り道、彼はよく、とあるビューティ・パーラー、いまでいう女性用ヘアサロンの前を車で横切った。彼は車を停めて私に言った、「リチャード、あの店を見てごらん。私が持てたかもしれないんだ。私のものにできたかもしれないんだ」。それから彼は、彼の二人の姉がどのようにそのビューティ・パーラーを所有して、経営したのかという話を続けた。

しかし、姉のメアリーがカリフォルニアに夫と家族と共に引っ越す時、店を手放さなければならなかった。私の父はクリエイティブな人で、髪を切る才能にかけてはアマチュアながらも芸術家だった。よく私や弟の髪を切ってくれたものだ。私の母の髪染めやセットも手伝っていた。

父の姉は父に店を譲りたがったし、そして彼も心の底ではそれを望んでいた。しかし、父はその申し出を受け入れることができなかった。彼はよく言った。「あの店を持てて、仕事ができたらどんなによかっただろう。でも継ぐことはできなかった。私の世代の男が工場の仕事を辞めて、女性向けの美容師になったら周囲にどう思われるかを考えるとね」

私の支援者でさえ、*The Rise of the Creative Class* のなかの、マシンショップ対ヘアサロンの挿話には笑っている人もいる。しかし比喩としてあげたヘアサロンでの仕事ではあるが、やりがいがあって利益も上がるものかもしれない。私はクリーブランドで、不動産業界の大物でフォレスト・シティ・エンタープライズの会長を務めるアルバート・ラトナーに会ったことがある。彼は私を自分のオフィスに呼び、二人の若者を紹介した。「さぁ君たち、リチャードにお父さんの話をしてあげなさい」

彼らの父親はクリーブランドで美容院を経営していた。ある日、彼はつけまつげをつけるのに、一回にまつげ一本ずつをつけていると時間がかかることに気づいた。そして彼は、現在のつけまつげのもとになる技術を開発した。また後に彼は、ヘアケア商品が女性の髪を傷めていることに気づいた。そこで、よりダメージの少ない商品群を開発し、〈マトリックス〉と名づけ、その商品を売って何億ドルも稼いだ。彼の二人の子どもたちは、彼らの父親に敬意を込め、地元の大学に起業家講座を寄付している。

六〇年代後半から七〇年代にかけての騒々しい時代に、古いドリームは蝕まれていった。ウッドストックからシリコンバレーまで、ハイテク企業の立ち上げから芸術家のスタジオまで、大学の教室や寮から研究所まで、人々はさまざまな形で社会のエスタブリッシュメントに抵抗していた。

もちろん、クリエイティブ経済が本格化する前の初期の段階では、行き場はそうたくさんはなかった。学生時代は楽しんだが、それが過ぎれば真面目にならなければならなかった。選択肢も限られていた。大学に残って教師になるか、ビート族やボヘミアンになるか（これはあまりキャリアとは言えないが）、研究所で働くかだ。そして行き着く先は、シリコンバレーやボストン周辺の国道一二八号線エリアで立ち上げたばかりのベンチャー企業であり、安定を捨てて自由とたくさんのリスクを手に入れることだった。頭が切れ、才能のある人たちはすでに会社人間としての将来の見通しにはうんざりしていたのかもしれないが、彼らが探していた選択肢に到達するには、八〇年代から九〇年代の本格的なクリエイティブ経済の台頭が必要だった。

私がここで述べてきたことは、もちろんだれしもが関係ある歴史というわけではない。全員が郊外で育つこともないし、全員が六〇年代の反体制文化の騒ぎに巻き込まれていたということでもない。しかし、いま気づいていようがなかろうが、そして個人の、または家族の歴史にも関係なく、より多くの人々が新しいドリームに生きている。給料がよく、やりがいがあり、そして好きな仕事に就くことである。

これは当然、伝統的な考え方に利害が絡む人々の存在を揺るがすことになる。階級支配の仕組みや地位といった、既存の序列を脅かすことになる。しかし、新しいドリームは、抵抗勢力があろうが広がり続けている。

ロナルド・イングルハートからノーベル賞経済学者ロバート・フォーゲルまで、多くの観察者が指摘するポスト物質主義社会における生活への影響は、次のようなものだ。働くいちばんの目的は自己充足のためで、生活の糧を得ることでも経済的な所得を得るためでもない。金儲けができるかどうかといったことよりも、本質的であり、クリエイティブな機会に価値を置く人々が増えていく。

現代のポップ・カルチャーにおける典型的な物語をちょっと考えてみよう。ぎりぎりの生活をしている『8マイル』のエミネム、『あの頃ペニー・レインと』のひたむきなロック・ジャーナリストのウィリアム・ミラーなど、なぜゲットーの若者も郊外の若者も、ラッパーやロック・スターや作家になることを夢見るのだろうか。その理由は彼らが単に反抗的だからではないし、大金持ちになる絶好の機会だからでもない。レコーディング契約より、勉強やスポーツで奨学金を得ることを考えたほうがずっと機会に恵まれるだろう。

大金持ちのスポーツ選手だって、ラッパーになりたがっている。その理由は、ミュージシャンはクリエイティブだからだ。はっきり言って、私たちの世代が理解しているようなクリエイティビティではないが、毎日同じデスクで同じ仕事をしているだけでは得ることのできない、刺激に満ちあふれているであろうことは想像できる。

私たちの経済の目的は、若者が皆歌手や作家として生活できるようにすることなのだろうか。もちろんそうではない。しかし、考え方としてはだいたいそれでいい。その才能がどのようなものであれ、それに気づいて伸ばしてあげることは、経済のクリエイティビティを最大限発揮するための方策を真剣に議論する第一歩として間違ってはいない。

労働倫理ではない。欲望でもない。古いドリームでもない。それは新しい人々、新しい考え、新しいドリームに対して開放的であることだ。私たち自身が開放的になることで経済が少しよくなる……、そう考えてみてほしい。

第2部

THE GLOBAL COMPETITION FOR TALENT

才能をめぐるグローバル競争

第4章

鎖国するアメリカ

The Closing of America

期待が縮小する時にはだれもが被害者意識を持ち、
自分の利権を守るために部外者を押し出す。

——オスカー・ハンドリン（一九一五年―）歴史家

二〇〇四年早春の気持ちのよい夜のことだった。私は、中西部の小さなリベラル・アーツ・カレッジの学長宅での晩餐会に招かれていた。その家はカレッジ近くの素敵な家で、招待客も、地域の改革を進めている財団の代表、地元の高級紙に採用されたばかりの編集者、そして大学関係者数名など興味深いものだった。私は学長夫人と、嬉しいことに何人かの大学生とも同じテーブルだった。彼らは感心な学生たちで、知的であり、社会問題にもよく考えて積極的に質問し、また鋭いコメントをする用意もできていた。

彼らは国内さまざまな地域から来ていた。中西部の小さな田舎町から二人、オハイオ州コロンバスからアフリカ系アメリカ人が一人。もう一人の若い女性はニューイングランドからだった。何人かは芸術やダンスを専攻していて、それ以外の学生は政治や経済を学んでいた。

私は学生が好きである。これから労働市場に入り、働き、生活する場を探す若者の物の見方には、いつも教えられるものがあるからである。私がオーストラリアから帰ってきたばかりだと軽く言うと、一人の学生がすぐその話に乗ってきた。

「フロリダ教授。私は卒業したら、オーストラリアに行こうと真剣に考えています。私は三年生の時、オーストラリアに留学したことがあります。素晴らしい場所です。そこで仕事をするか、それともしばらくブラブラして過ごすか、そこの大学院に行くかはまだわかりませんが」

彼が話し終える前に、別の学生が割り込んできた。「私はヨーロッパですね。スペインでしばらく勉強したことがあって、大好きな場所でした。そこで女の子に会って素晴らしい時間を過ごしました。おそらくあちらの大学院へ行くと思います」。また別の女子学生が加わった。「私もヨーロッパを考えています。ダブリンが好きです。あるいはカナダのどこか。トロントもいいわ」

私は驚いてしまった。つまり四人のうち三人までが、卒業後にアメリカ国外に移住することを真剣に考えているのだ。そのようなことは、私がラトガーズ大学を卒業した二五年前には考えられないことだった。友だちのなかでニューヨークやニュージャージーの外に出たものはほとんどおらず、国を出たものなど論外である。なのに、このテーブルの学生の大半は海外に出ようと考えている。

「とても簡単なことですよ」と一人の若い男性が言った。「私の友だちの多くも移住を考えています。私たちの多くが、海外で勉強したことがあります。海外に友だちもいます。仕事も奨学金も、よい大学院もあります。何人かは海外に愛する人がいたり、あるいは愛する人が外国人であったりもするのですから」

この言葉には引っかかるものがあった。私が国内のクリエイティブ拠点に豊富にあると信じていたものを、ここの学生たちは皆、国外で探したり見つけたりしていたのである。それは経済活動の機会や、キャリア、教育であり、そして最も重要なのは、挑戦の機会と、刺激的な人々、さらにやりたいことに満ちあふれた活気ある都市の存在だ。

私は、彼らが口にした都市にはすべて行ったことがある。いま話された内容のような、クリエイティブな人々が求めるものが、たしかにそこにあった。これらの都市には学生たちが、そして同じようなたくさんの人々が探しているものがあるのだ。

その時、私が*The Rise of the Creative Class*に書いたすべては、アメリカだけでなく、世界的な規模で起きていることに気づいた。この晩餐での会話は、単なる興味深い話題という軽いものではなく、いま現在の世界の基本的な現実を反映したものなのだ。

アメリカ人には才能があり、世界で最も優れたクリエイティブな人たちは、機会さえあればアメリカに来るのだと、数十年もの間思い続けてきた。しかし、自分の前に座っている大学生の四人のうち三人は、勉強したいだけでなく、実際に海外に住んで働きたいと思っているのだ。

この問題について調べれば調べるほど、私は心配になってきた。この若者たちは氷山の一角にすぎない。学生だけでなく、著名な科学者、技術者、起業家、投資家、芸術家、一流の文化人にとって、もはやアメリカは住むべき唯一の場所ではない。この国で研究開発型企業の設立を担ってきた外国出身の留学生や、経済成長を担ってきた移民の投資家や起業家にとっては、それが真実なのである。クリエイティブな能力の世界的なバランスは流動しており、アメリカ一辺倒から、世界のさまざまな都市へと移っている。私は、アメリカは史上初めて、世界中の才能を惹きつける能力を失うリスクに直面しているかもしれないと考えるようになった。でも、なぜそんなことになったのであろうか。

アウトソーシング：最初の爪痕

近年、アメリカの雇用に関する議論は、もっぱらアウトソーシングに関連するものだ。政治家が囃し立て、ジャーナリストも過剰に取り上げるせいで、外国の労働力が「私たちの仕事」を取っていくと国中がひどく怒っている。これまではデータ処理のような、主に技能水準の低い仕事がアウトソーシングされていたが、これからは、より上流に向かっていき、高賃金で高い技能を必要とする仕事をも脅かすようになっていくという恐怖だ。そうした仕事は、アメリカの繁栄と、多くの市民のアメリカン・ドリームを築く土台となっていたものだ。二〇〇四年六月にニューヨーク・タイムズ紙が、マイクロソフトが高賃金なソフトウエアの設計と開発の仕事を、インドに大量に移転すると報じた時は、大きな騒ぎになった。たしかにそれは、終わりの始まりであると言われた。

海外へ流出した雇用についての推計値はさまざまだが、最も信頼できる数字は、今世紀に入ってから一〇〇万から二〇〇万人分が流出したというものである。フォレスター・リサーチは、二〇一〇年までにさらに三〇〇万人から五〇〇万人分の雇用が海外に流出するだろうと予測している。しかし、一九八〇年代の製造業の空洞化によって、中西部で数百万人もの雇用が失われたことに比べれば、アウトソーシングがアメリカ経済に与える脅威はずっと小さいものである。アウトソーシングの脅威にさらされているのは、最悪でも、この国の一億四〇〇〇万人の労働力人口のごく一部なのだ。

労働統計局の二〇〇四年六月のレポートは、この問題を客観的にとらえている。二〇〇四年の第1四半期にレイオフ（一時解雇）された約二四万人のうち、アウトソーシングを原因とするものは、たった二パーセントにすぎない。まず職場移転の結果レイオフとなったのは、全体でおよそ一万六〇〇〇人であるが、その六割はアメリカ国内での移転だ。残りの四割、すなわちアメリカ国外に移転した雇用は四六三三人で、その三分の二が同じ企業の海外拠点に移り、別の企業に委託されたのは、三分の一のおよそ一五〇〇人分にすぎないとしている。ブルッキングス研究所の著名なエコノミスト、チャールズ・シュルツィによる二〇〇四年六月の調査でもほぼ同じ結論に達し、アウトソーシングによるアメリカの雇用への影響はきわめて限られているとしている(1)。

アウトソーシングが、アメリカの労働市場にわずかな影響しか与えないという見方については、国際経済学者の多くが同意している。雇用の減少の大部分は、アウトソーシングやグローバリゼーションによるものではなく、労働を節約する新技術の導入によるものである。もちろん世界的な経済競争による圧力の増大によって、将来的にはより多くの仕事を海外に移転することにはなるだろう。そしてアメリカ人の多くは、おそらく人生で初めて海外からの圧力を感じ、仕事をしっかりやるか辞めるかという、頭ではわかっていても、きちんと向き合うのには厳しい事態に直面することになるだろう。

だからこそ、ブッシュ政権で経済諮問委員会委員長を務めたN・グレゴリー・マンキューは、雇用の海外流出について「長期的にはおそらく経済にプラス」とコメントし、激しく叩かれたのだが、その見解はおおむね正しいものと思われる。ただし、グローバリゼーションとアウトソーシングには痛みが伴うが、結局は有益であり、経済を発展させるものだという見解について、すべての経済学者が同意しているわけではない。著名な経済学者のウィリアム・ボーモルと、元ＩＢＭ幹部で現在アルフレッド・P・スローン財団代表を務めるラルフ・ゴモリーは、二〇〇〇年に出版した*Global Trade and Conflicting National Interests*（グローバル取引と対立する国益）で、低賃金経済と高賃金経済が大規模に貿易を始めた時に生じる現象を注意深く分析している。貿易というものは常に相互利益につながると広く推測されているのとは逆に、彼らは、地域間の賃金差が「十分に大きい」場合にのみ互恵的になるとの結論に達した。急速に発展する途上国側には数多くの良質な雇用が移転していくが、その費用は先進国側が負担しているというのである。

ノーベル賞経済学者でMIT教授のポール・サミュエルソンは、ジャーナル・オブ・エコノミック・パースペクティブ誌二〇〇四年夏号に掲載された広く引用されている論文の中で、アウトソーシング問題に焦点を当てている。サミュエルソンは、海外への雇用移転がアメリカとその委託先両者に利益があるという多くの経済学者が続ける「でたらめの議論」に異議を唱える。彼は、中国のような低賃金経済国が技術を向上させ、国民に教育を施し、地政学的影響力を獲得していくと、アメリカや他の先進国との交易条件を完全に変えてしまうだろうと強く警告している。

それに対し、経済学会の重鎮であるジャグディシュ・バグワティは、サミュエルソンの例は、かつてはアメリカがリードしていたが、いまは弱くなっているハイテク産業において有効なもので、経済全般に当てはまるわけではないと反論している。

ここでサミュエルソン自身、みずからの見解については、財、サービス、人の自由な流れを制限する保護貿易主義を、アメリカに導入（あるいはそれを正当化）するためのものとして受け取るべきではないと強調しており、その点は私も同感である。保護主義は実態を悪化させるだけだ。サミュエルソンの議論は、アウトソーシングがこれまでのブルーカラーからホワイトカラーに波及するだけでなく、アメリカ経済の日常全般に影響を与えていくといったことを見落としがちな、自由貿易論の行きすぎを牽制するための警告なのだ。

私自身、アウトソーシングは経済の進化の自然な結果であり、それのみではアメリカ人の仕事と生活水準にわずかな脅威しか与えないものと考えている。アウトソーシングを、スウェーデン、フィンランド、カナダ、オーストラリア、ニュージーランドなどとの地球規模での才能獲得競争の文脈でとらえることで、アメリカにとっての本当の競争課題がはっきりしてくるのである。(2)

次の爪痕

アウトソーシングは最初の一歩にすぎない。つまり、言うなれば、カギ爪による最初の一挟みである。コンピュータのプログラムを書く、X線写真を分析するなど私たちが頭脳労働と考えている仕事についても、定型的な作業であるほど、賃金が安く、教育を受けた労働力の豊富なインドやルーマニアへと移っていってしまう。そのようなアウトソーシングは社会的に憂慮すべきであり、経済的な混乱も引き起こすが、歴史的には、先端技術やクリエイティブ経済から派生する新たな仕事で対処できるものだ。

本当に憂慮すべきなのは、必要な技術や産業を新たにつくり出す私たちの能力が、より高度な技術を有し、より高度な教育を受けた国際的な才能の獲得をめぐる別種の競争にさらされ、疲弊しつつあることだ。アメリカが閉鎖性を高めていく一方で、ほかの国や地域は才能を世界中から引き寄せる能力を伸ばしている。

ほかの場所で起きていることについては第五章、第六章で詳述するが、ここではそれらの国や地域が行っていることを、アメリカも行うべきであることを指摘しておく。すなわち研究開発費を増やし、大学を強化し、国境を開放することだ。それらを実現した国や地域は、結果として、アメリカ人も含め世界中から才能を引き寄せることに成功し、かつて繁栄の重要な源泉としてアメリカの独占状態にあった、先進的で収益性の高いクリエイティブ産業をも引き寄せ始めている。

過去一〇年、アメリカの成功の鍵は、才能を国内に取り込む能力にあった。歴史的に見ると、科学、技術、起業などの重要な領域で必要とされる才能が不足した時に、移民への依存が増加する。一般のアメリカ人をないがしろにして、持てる資源のすべてを才能の輸入に捧げるということではない。経済成長を加速させ、才能の不足を埋め、最先端のハイテク産業での主導権を守るために才能を輸入するということだ。そうした産業が、アメリカ人のためにも外国人のためにも等しく多くの雇用や経済機会を確保し、または提供してくれるからだ。次に述べることを考えてみよう。

- 二〇〇〇年時点で、理工系分野の労働力人口のうち、外国出身者はほぼ四分の一（二二パーセント）を占めている。この数値は九〇年の一四パーセントから上昇している。またアメリカの大学の工学系教授のうち、外国出身者は四〇パーセントを占める。
- 九〇年から二〇〇〇年の間、アメリカの学士号取得者のうち留学生が占める比率は一一パーセントから一七パーセントへ、修士号では一九パーセントから二九パーセントへ、博士号では二四パーセントから三八パーセントへと上昇した。
- 二〇〇〇年代の初期、エンジニアリング、コンピュータ科学、生命科学、物理科学の博士課程大学院生の半数以上は留学生であり、理工系の大学院生の三分の一は留学生だった。
• 永住権を持つ外国出身の科学者・技術者の数は、八八年の一万人から二〇〇一年の三万五〇〇〇人へと三倍以上に増加した。永住権を持つ留学生の場合は、九〇年代の理工系の学位取得者の約二五パーセントに当たり、七〇年代から二倍以上に増えている。
• エンジニアリング、数学、コンピュータ科学の大学院では、学位申請者の半数が短期ビザの保有者だった。八五年から二〇〇一年の間、アメリカの理工系大学では短期ビザ保有者に対し、博士号を一五万人に、修士号を三五万人に、学士号を二七万人に授与した。

経済と学術研究に対する貢献の大きさだけでなく、アメリカの大学で博士号を取得した留学生のかなりの割合はアメリカに留まり、重要な理工系分野で、国内で低下しつつある才能を底上げしてくれている。二〇〇一年の研究では、九四年から九五年の博士号取得者の約半数、九七年の博士号取得者の約三分の二（六三パーセント）は、九九年の時点でまだアメリカにいた。コンピュータ科学、コンピュータ電気工学を専攻した留学生の場合、九七年に博士号を取得した学生の四分の三以上はアメリカに滞在している。

中国人とインド人が最も滞在率が高く、それぞれ九七パーセントと八七パーセントである。台湾人、日本人、韓国人（滞在率はそれぞれ、四二パーセント、二七パーセント、一五パーセント）は帰国することが多い。ただし、九八年にイギリスの大学で博士号を取得した中国人の六九パーセント、台湾人の九五パーセントは帰国している。アメリカの九〇年代のハイテク・ブームに、外国人の才能の流入は不可欠なものだった。(3)

図表4-1◈アメリカの修士・博士課程における留学生の比率

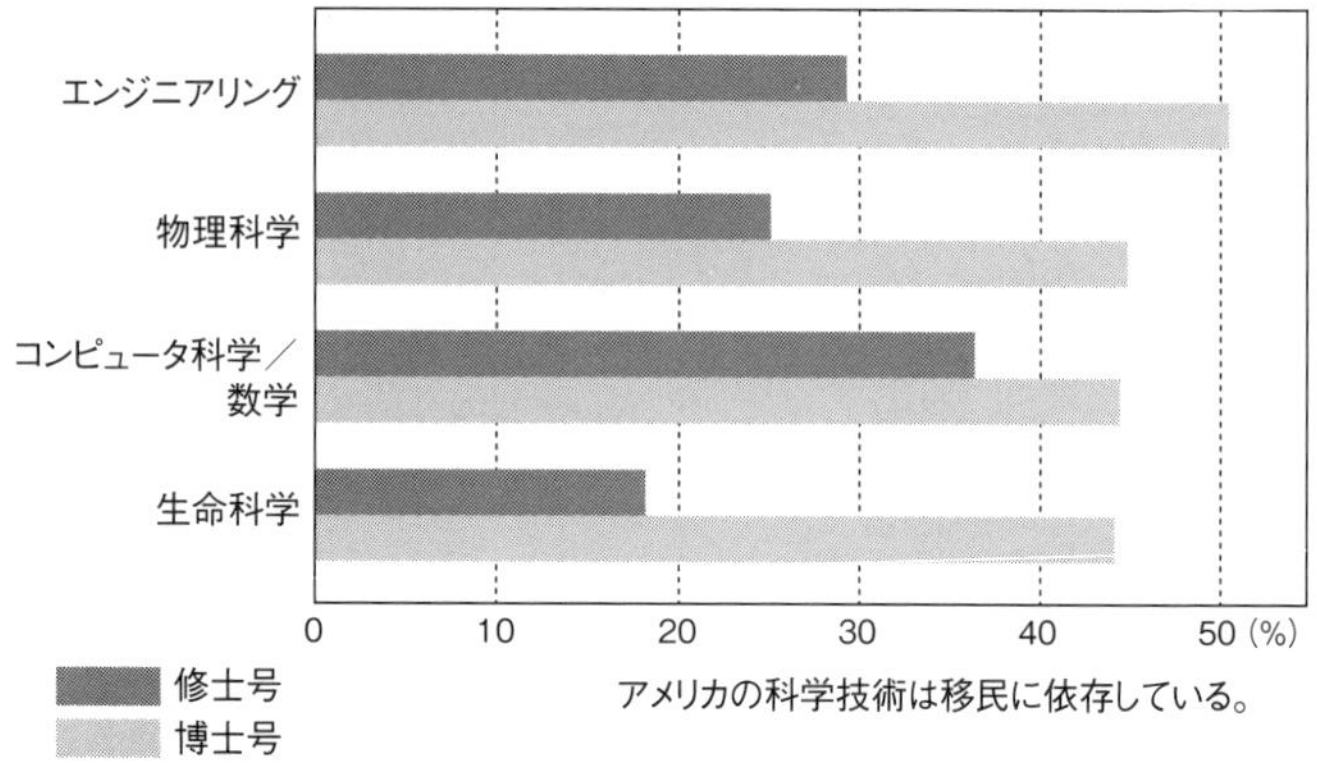

【出典】National Science Board, *Science and Engineering Indicators, 2004*, Washington, D.C.: U.S. Government Printing Office, 2003.

経済学者のシャロン・レビンとポーラ・ステファンは、科学技術分野における外国出身者の多大な貢献について、新しい角度から分析している。[4]九八年の研究では、影響力のある論文、重要な特許、定評のある学会のメンバーなどの視点で、アメリカの科学研究における外国人研究者の貢献がどれほどのものかを詳細に調べている。

論文を執筆している科学者のわずか六パーセントが全論文の半数を書いていること（俗に「ロトカの法則」として知られている現象）にちなんで考えれば、影響力のある論文を書くことがいかに重要であるかは明らかである。レビンとステファンは、影響力のある科学者・技術者に外国出身者が占める比率がきわめて大きく、また科学論文においても重要な貢献をしていることを明らかにしている。

外国出身の技術者は、全米工学アカデミー会員の約五人に一人（一九パーセント）を占め、全米科学アカデミー会員の約四分の一（二四パーセント）を占めている。理工系分野全体の労働力人口における外国出身技術者の比率よりも、かなり大きい。重要な論文の執筆者の一〇人に三人、物理科学分野における重要な論文の半数以上（五六パーセント）は、外国出身の科学者によるものである。頻繁に引用され注目される論文の執筆者として目立つばかりか、生命科学における「最も引用される特許」の発明家になることも多い。

多くの人が、科学研究の卓越性を示す象徴と考えるノーベル賞ではどうであろうか。八五年から九九年までの間にノーベル化学賞を受賞したアメリカ人のうち、外国出身者は三分の一（三二パーセント）を占めている。九九年の科学分野のノーベル賞受賞者四人のうち三人は外国出身者だった。たとえば医学賞のギュンター・ブローベル、化学賞のアフメッド・ズウェイル、物理学賞のマーティヌス・J・G・フェルトマンらは外国出身者だが、ブローベルはロックフェラー大学、ズウェイルはカリフォルニア工科大学、フェルトマンはミシガン大学など、研究歴の大半はアメリカで送っている。

アメリカは長い間、外国のトップ大学の最も優秀な人材を受け入れてきた。コロンビア大学の経済学者ジャグディシュ・バグワティは、インドの一流大学であるインド工科大学の卒業生だが、アメリカがインド人に与える工学系博士号の七八パーセントは、同大学の卒業生が占めている。アメリカで科学と工学の博士号を授与された韓国人の約三分の二は、韓国の一流大学であるソウル大学を卒業している。アメリカの工学系博士号を授与された台湾人の約半数が、台湾大学と国立成功大学というトップ二校に通っていた。中国の一流大学である北京大学と清華大学でも同様な数値である。(5)

私は、大統領府の科学技術政策、競争力評議会、ハーバード大学の科学技術公共政策センターなどに加わり、長年アメリカの科学政策の議論に関わってきた。一時期、私は科学、工学、公共政策に関する全米アカデミー委員会（COSEPUP）にも奉職していた。政策が国土防衛問題に席巻されてしまう以前は、議論といえば外国出身の科学者・技術者の定着率が中心だった。アメリカ人の私の同僚は、外国出身者は研究を終えると帰国してしまうとよく不満をこぼしていた。

この問題について、私の見解は相当異なる。人によっては大学院生でも、外国出身の科学者・技術者がアメリカの研究開発型企業の発展につながるような重要な仕事をしている。しかし、これはアメリカの利益にしかならない。彼らが国に帰って、自分たちの研究プロジェクトを立ち上げ、アメリカの大学や企業と共同でプロジェクトを始めたいと思ったところで不思議はない。それどころか、アメリカに流入する外国の才能に彼らの母国がかなり援助している。私は同僚に指摘した。世界一の金持ちであるわが国の理工系研究の土台は、世界でも貧しい国々が莫大な資金を投じることにより、アメリカの大学に行けるようになった、有能な人々が担っているのだ。これは驚きではないだろうか。

しかし、事態は皮肉にも転換期にある。いまや国論は反テロリズムと国土防衛一色であり、事実上、私たちは外国出身の科学者・技術者に対して、ここには来るな、または学位をもらったらすぐに帰国するように、と言っているようなものだ。これこそ、新たなカギ爪による締めつけが本当に始まっている証拠なのだ。世界のほかの国々は言っている。「もし彼らを欲しくないのなら、是非こちらに寄越してください」

――人材不足の時代が来る

以上、述べてきたことを総じて考えれば、明らかに将来の雇用問題の中心にあるのはアウトソーシングではない。財務長官を経てハーバード大学の学長も務めたラリー・サマーズから労働市場の専門家であるエドワード・モンゴメリーまで、主だった識者は、経済の重要な分野でやがて才能不足に直面するであろうことに懸念を示し始めている。

技能と才能のある人間の市場はすでに逼迫している。二〇〇四年七月時点で学士号またはそれ以上の学位を持っている人の失業率は、わずか二・七パーセント（労働市場における通常の離職や転職という程度の低い水準）である。これは最終学歴が高卒である労働者の五・一パーセントや、高校を卒業していない労働者の八・三パーセントと比べると、かなり低い数値である。

二〇〇四年時点で、大卒者は高卒者より所得が七四パーセント高く、その差は七九年の倍である。全米製造業者協会の報告では、技術力のある労働者の不足は二〇〇五年から始まり、二〇一〇年に五三〇万人に達し、二〇二〇年には一四〇〇万人になるだろうと予測している。報告書の著者である雇用情勢の専門家アンソニー・カーネベルは、これに比べれば、ハイテク企業が九九年と二〇〇〇年に経験した狂騒状態は、この程度の人材不足は「軽い炎症」程度のものだろうと指摘している。

労働市場が逼迫する理由は単純だ。人口統計上の当然の帰結である。アメリカ史上最も人口が多いのはベビーブーム世代で、現在の労働力人口の中心である二五歳から五四歳までの世代の約六〇パーセントを構成している。今後二〇年で、このベビーブーマーは大量に労働市場から退出し、この後に続く世代ではその不足を十分に埋めることができない。

技術と競争力の問題を脇に置いて、単に不足分を埋めるだけにしても、それに見合う人数がいないのである。人口に関する基本的な統計数値は、アメリカが過去五〇年間に経験したことのない労働力不足を、今後二〇年間で経験することを示している。九〇年代後半にＩＴ産業で起きたことは、これから起こることの助走にすぎないのだ。(6)

経済全体を才能不足が襲う以上に、科学技術の最先端への打撃はいっそう厳しいものになるだろう。才能不足は二〇一〇年までにはきわめて深刻になるだろう。八〇年以後、理工系分野の雇用は、雇用全体の伸びよりも四倍も速く拡大してきた。科学者や技術者を大量に生み出してはいるものの、それはこの分野における雇用の伸びよりもペースが遅いのである。

こうしたトレンドは今後も続くものと思われる。労働統計局によると、理工系分野の雇用は労働力全体の三倍のペースで成長すると予測されている。二〇一〇年までに二二〇万人の雇用を増やし、現在より約五〇パーセントは増加するであろう。同時に、理工系労働力の平均年齢も上がっていく。現在、科学分野の労働力人口の半数以上は四〇歳以上であり、四〇〜四四歳の年代が六〇〜六四歳の年代の四倍以上いる。二〇年後、これらの世代は明らかに定年に達する。

国立科学委員会（ＮＳＢ）はこの脅威を深刻にとらえ、年二回刊行するサイエンス・エンジニアリング・インデックス誌で、迫りつつある科学技術分野における才能不足の危機について、その概要を解説する特別記事を付けている。

もしこの傾向が……抑制できないままであれば、三つの事態が起きるだろう。アメリカ経済で理工系の素養を必要とする雇用の数が増える。アメリカ市民でこういった職に就ける人数は、よくて現状止まり。国土防衛のための入国規制や、技能を持った人々の獲得競争は世界中で激化するために、アメリカが理工系に素養のある外国人を雇用できる可能性は低くなるであろう。

補充移民

この人材不足を埋めるきわめて効果的な方法を見つけるのに、難しい計算は必要ない。外国人の才能に求めるしかない。アメリカは数十年もの間、ある意味、この戦略でうまくごまかしてきた。コストが高くつくし、時間もかかる試みである自国のクリエイティブ人材を育てる代わりに、どこかよそから才能を輸入するのである。

二〇〇〇年の国勢調査を指揮したコロンビア大学の政治学者ケネス・プレビットは、移民はアメリカや世界の先進資本主義国で増加しており、補充人材として重要な役割を果たしていると指摘する。二〇〇〇年の国連のレポートは、世界の最先進国は非常に多くをこうした移民に依存しており、彼らを「人口や労働力人口の減少、さらには高齢化をも埋め合わせるために必要な国際的移民」と定義している。

二〇〇二年のブルッキングス・レビュー誌で、プレビットは次のように外国人の才能への依存を説明している。(7)

国連は、ヨーロッパの三一カ国で人口減、特に労働力人口の大規模な減少を予想している。たとえば、現在の国連の予想では、次の半世紀にイタリアの人口は五七〇〇万人から四一〇〇万人に減り、ロシア連邦では一億四七〇〇万人から一億二一〇〇万人に減るだろうとしている（数値は予想の中央値）。それぞれ二八パーセントと一八パーセントの減少になる。必要とされる

「補充移民」の数はとても多くなっていく。たとえば、イタリアの労働力人口を維持するには約三七万人の新しい移民が毎年必要であり、ドイツでは毎年五〇万人弱となる（いまドイツで議論されているのは、移民労働者への短期ビザを三万人に与えるべきか二万人に抑制すべきか、といったことだ）。人口はヨーロッパで減少しているだけでなく、韓国、香港、日本のような極東の先進国・地域でも減少している。日本を例に取れば、二一世紀の前半に、一億二七〇〇万人が一億五〇〇〇万人に減少すると言われている。

プレビットによると、アメリカは移民によってこの問題に対処してきたのである。自国民による再生産では十分に補充できるレベルには至らないので、移民を使うことで、これまで問題をうまく避けることができたのである。プレビットは、移民と「補充分を超える外国出身者による出生力」とを合わせると、過去一〇年間だけでも、アメリカの人口に約三三〇〇万人を追加したと見積もっている。この人口増加は特に労働年齢人口に集中し、また低技能産業から高技能産業へと広がっており、サービス業、農業からハイテク産業にまで、たくさんの新しいアメリカ人を引き寄せた。問題は、これがいつまで続くのか、ということである。

――新しい移民起業家

最も優秀な者を国内に取り込むことは、何も科学者・技術者に限られることではなく、企業経営者、芸術家、文化人から、野球やバスケットボールのスーパースターにまで及んでいる。しかし、とりわけ最先端分野における技術革新や起業に、最良の人材をアメリカは取り込んできたと言えよう。

アナリー・サクセニアンの体系的研究によると、外国出身の起業家は、技術的にも起業家精神的にも、シリコンバレーの推進力の核を担っており、そのことがアメリカをクリエイティブ時代の疑いのないリーダーに仕立て上げているという。この推進力の核は、アメリカを含む各国にとって、技術的にも起業家精神的にも世界標準となっている。

サクセニアンの研究、*Silicon Valley's New Immigrant Entrepreneurs*（シリコンバレーの新しい移民起業家）は膨大で詳細な調査に基づいており、まずは国勢調査のデータから移民の学歴、職業、収入を丹念に調べ上げている。また信用調査機関のダン・アンド・ブラッドストリート（D&B）に特注したデータベースを使用し、八〇年から九八年の間に創設されたシリコンバレーの約一万二〇〇〇社のなかから、移民が経営する会社を抽出している。彼女自身も一〇〇人以上の移民起業家、ベンチャー資本家などのシリコンバレーのハイテク産業に関係する人々に、詳細なインタビューを実施した。さらに台湾やインドの投資家、起業家や科学技術者にも多くのインタビューを行っている。(8)

彼女は、アメリカの革新的で起業家的な成長装置における移民の才能の重要性に深く切り込んだ。そして「ヤフーやホットメールのようなよく知られたテクノロジー企業は、移民が創設したものだが、これは巨大な氷山の一角にすぎない」と指摘する。彼女の研究によると、九〇年代末にシリコンバレーの株式公開されている技術系企業のうち五九社は、中国人かインド人によって創設されたか、経営されていた。またシリコンバレーのハイテク企業のおよそ三〇パーセントは、中国人とインド人が経営していた。

二〇〇〇年だけで、九人の外国出身のアメリカ人が、フォーブズ誌のアメリカの資産家四〇〇人のリストに加えられた。その全員がハイテク分野で財をなしていた。なかには、シカモア・ネットワークスのグルラジ・デシュパンデ（資産七〇億六〇〇〇万ドル）、ジュニパー・ネットワークスのパラディープ・シンドゥ（同二五億ドル）、アスペクト・ディベロップメントのロメシュ・ワトワンティ（同一三億ドル）、そして台湾系の起業家ジン・ジョン・パン（同一八億ドル）、テレサ・パン（同一七億ドル）、そしてジョメイ・チャン（同八億二五〇〇万ドル）らがいる。

サクセニアンは、インドと中国出身の起業家によるシリコンバレーの企業は、売上高約二〇〇億ドル、七万人以上の雇用を生み出したと推定している。しかしその数字もどちらかといえば控えめなのだそうだ。なぜならD&Bのデータでは、中国人かインド人が最高責任者である会社を確認できるだけなので、自分の分析はおそらくシリコンバレーの「移民による起業の規模を過小評価している」と彼女は考えている。

より興味深いのは、彼女の研究は人の流れを開放すると、アメリカにもほかの国にとってもお互いに利益のある状況になることを指摘している点だ。シリコンバレーのインド人と中国人の起業家たちへの追加調査によれば、科学者・技術者や起業家たちの多くは「国境を越えた専門家による社会ネットワーク」を形成しており、アメリカと母国の両方で起業し、双方の経済成長に貢献している。

七六年にスタンフォード大学で電気工学の博士号を取得した呉敏求の場合を紹介しよう。学生時代、彼は台湾では自分の能力をほとんど活用できないと見て、卒業後もアメリカに残ることを選び、インテルとシリコニックスに職を得た。八〇年代半ばになり、台湾経済も成長し始め半導体製造能力を発展させると、呉は八九年に台湾で最初の重要な半導体メーカー、マクロニクスを新竹《シンチュー》の科学工業団地で創業した。

マクロニクスは九五年に台湾証券取引所に上場し、九六年には台湾の会社で初めて米ナスダック市場に上場した。サクセニアンによれば、二〇〇四年時点でマクロニクスは台湾で六番目に大きな半導体メーカーとなり、売上高は三億ドル、従業員は約二八〇〇人である。呉は、後に先端技術分野の設計開発拠点をシリコンバレーにつくり、また台湾とシリコンバレー両方の、特に両国間のハイテク産業に利益となる、専門家、社会、ビジネスの連携を築くシリコンバレーのモネ・ジェード科学技術協会の活発なメンバーとなる。

母国でハイテク企業を立ち上げる帰国移民は、現代的な経営手法や文化的習慣をも母国に持ち帰る。アメリカでもどこでもそうだが、これによって社会や経済の既存の利害と摩擦を引き起こす。しかし、経済発展も人心の変化も摩擦なしでは生まれない。私のインド人の同僚は、バンガロールの新しいソフトウエア企業は、カースト制のような社会システムに基づく関係を破壊し、より民主的で平等なビジネスと社会文化をつくり出すのに役立っていると指摘する。

サクセニアンも、移民に関する古いゼロサム的な見方は時代にそぐわないと主張している。「世界の一部では、『頭脳流出』という古い力学から、『頭脳循環』へと移行しつつある」と彼女は書く。「技術と才能の移動について、多くの人々は直感的に、ある国の利益はほかの国の代償の上にあるはずだと推測する。しかし頭脳循環によって、技術水準の高い移民は、両国にますます利益をもたらすようになってきた」

まったく同感である。アメリカへ、またはアメリカから、人間の自由な流れは外国人にも開かれた経済機会を増加させ、アメリカのコミュニティに富を残し、経済発展や文化の転換が必要な国にも貢献する。すべてに益をもたらすのである。

移動は意思を表す

残念ながら、移民の流入に対するアメリカの障壁は、この互恵的なサイクルを破壊するおそれがある。ある専門家が言うには、科学者と技術者の移民、とりわけ学生の場合、すでにほかの国を代わりに選択しようとの行動が観察され始めている。(9) 留学生がアメリカの大学に入学できない時や専門家がアメリカでの就労ビザをもらえない時、前述の互恵的なサイクルは回る前に終わってしまい、アメリカも相手の国も失うものは大きい。

多くの人々がこのことに気づき始めている。コラムニストのトーマス・フリードマンは、二〇〇四年春の初めにシリコンバレーへ旅行した後、その兆しを次のように警告している。

国土安全保障省が、合法滞在の外国人がビザを取得して勉強すること、働くことをとても難しいものにしたため、経営者たちは多くの外国人がアメリカに来るというかつての夢をあきらめていると、苦々しげにこぼした。それに代わり、多くの外国人はイギリスやほかの西欧諸国、または中国で勉強している。これは二重の惨劇につながっていく。第一に、アメリカの財産の一つである、世界中からイノベーションを起こしにやって来る最高の知性を、得ることができなくなってしまうことだ。これにより、私たちの才能のプールも小さくなってしまう。そして第二に、普通ならアメリカに勉強にきて、アメリカ的思考やアメリカとの関係を母国に持ち帰るはずの世代

を、そっくり失ってしまうことだ。一〇年後のアメリカの世界的立場を見れば、その喪失を実感することになるだろう。(10)

ファスト・カンパニー誌を始めたアラン・ウェバーは、次のように言っている。

最近まで、アメリカ人にとって「頭脳流出」の意味は明快だった。世界中から賢く、有能な科学者、技術者やほかの技能者がアメリカに移り住んでくることだ。世界で最高の大学、最もダイナミックな企業、最も自由な経済や社会環境、最高の生活水準に引き寄せられてアメリカに来るのだ。今日、その条件の多くはまだ妥当性があるが、一方で新しい言葉も耳にするようになった。「頭脳再流出」だ。この言葉の意味するところは、アメリカ政府や民間の施策を現在のまま進めると、長期的には世界の頭脳バランスに重大な変動を与えるということだ。(11)

この事態を問題と認めない人もいる。科学記者ダニエル・グリーンバーグは、ワシントン・ポスト紙への寄稿で次のように指摘している。「科学分野の人材不足を心配する人たちは、もう何十年も外国人科学者が母国に向けて脱出してしまうと警告を続けている。しかし、事実は予測とは反対に、博士課程の留学生の『定着率』は上昇しており、国立科学財団（ＮＳＦ）によれば、九九年に博士号を取得した留学生のうちの七一パーセントが、二年後もアメリカに留まっていて、八七年の四九パーセントからむしろ上昇していると報告している」

この統計数字の問題は、当然ながら九・一一同時多発テロ後の政治状況が反映されていないことにある。そこにこそ、非常に多くの経営者や研究者、科学者、識者の懸念があるのだ。

この件に関する私自身の見解を二つ紹介しておきたい。まず、頭脳流出について忘れてはならないのは、失う頭脳、人間が大量でなければ深刻ではないとするのではなく、投資家、起業家、ベンチャー・キャピタリストのトップのほんの数人を失うことでも、とても大きな痛手になるということだ。

次に、まだ絶望的な状況ではないが、その兆候は確実にある。私たちは長い歴史上で初めて、外国人の才能を失っている。その証拠はいたるところにある。

• ネイチャー誌の二〇〇四年一月号のレポートによると、二〇〇二年から二〇〇三年の学年度に訪米する研究者の合計数が、最近一〇年間で初めて減少した。二〇〇三年には、ワシントンDC以外の国立衛生研究所（ＮＩＨ）の五つの大きな研究所にいる外国人研究者の数は、この九年で初めて減少し、その傾向は続いている。国立科学委員会によると、外国出身の科学者や技術者に発給されたビザの数は、二〇〇一年の一六万六〇〇〇件から二〇〇二年の七万四〇〇〇件へと約五五パーセント減少している。つまり一年で八万人以上の研究者が減少したということになる。

• 学生ビザの申請数は、二〇〇一年から二〇〇三年で、四〇万件から三二万六〇〇〇件へと七万四〇〇〇件減少する一方、専門技能者ビザも二四万八〇〇〇件から二〇万件へと約五万件減少している。(12) こうした傾向は、より一般にも見ることができる。二〇〇〇年から二〇〇三年の間にアメリカにビザを申請した合計数は、四〇パーセント以上減少している。それは六三〇万件から三七〇万件への減少であり、このなかにあって、学生ビザの申請数は約一〇万件落ちている。

• ビザを申請しても実際に取得できる学生数は減っている。アメリカ市民でない専門技能者が六年間就労できるＨ－１Ｂビザ（専門職ビザとも呼ばれている）の却下率は、二〇〇一年から二〇〇三年の間に九・五パーセントから一七・八パーセントへと増えている。

将来の技術の担い手や起業家など、多くの人々が入国拒否を受けるようになっている。二〇〇一年から二〇〇三年の間、専門職ビザの却下率はすべてのカテゴリーで上昇した。たとえば文化交流ビザ（外国人医学生に多く利用される）の却下率は二〇〇一年の五・一パーセントから二〇〇三年の七・八パーセントに上がっている。Ｊ－１ビザの交流訪問者の却下率は七・八パーセントから一五・九パーセントに上がり、それ以外の専門職ビザの却下率は九・五パーセントから一七・八パーセントに上昇した。二〇〇三年に、アメリカが発行した学生ビザの数は八パーセント減少した。二〇〇二年にすでに二〇パーセント減少した後なのに、である。この二年は五二年に政府が学生統計の調査を始めて以来、一番目と二番目に大きな減少幅になっている。ビジネスウィーク誌が二〇〇四年一〇月に書いたように、「アメリカにとって最大の恩恵をもたらす移民の入国には非常に厳しい時期となっている」。

より懸念されるのは、アメリカで勉強しようという留学生が少なくなってきていることだ。アメリカの大学への入学者数は、その前の二年間に六・四パーセントずつ増加していたが、二〇〇三年は最近一〇年間で最も少ない一パーセント以下の増加率（〇・六パーセント）に留まった。いくつかの調査によると、留学生の入学願書が急減しているとのことである。ここにその証拠をいくつか述べてみたい。

- 高等教育機関による二〇〇四年二月の合同調査では、留学生による大学院への出願件数は調査対象校の約半数（四七パーセント）で減り、大学への出願件数は調査対象校の三六パーセントで減少が見られた。[13]これに加え、博士課程の約六〇パーセントが、留学生からの出願件数の減少を経験している。減少傾向がより明確なのは、留学生数が最も多い一九の大学である。これら一九校すべてで、大学院生数の少なくとも一〇パーセント、そのうち九校では少なくとも三〇パーセントの大学院生数の減少となっている。

• 大学院協議会による二〇〇四年の調査によれば、アメリカの大学院は、留学生からの出願件数で二八パーセント、入学者数では一八パーセント減少した。[14]返答のあった大学院の九割に近い組織が減少を経験している。工学系の大学院では出願件数が三六パーセント減少し、実際の入学者数は二四パーセント減少した。最も出願件数が減った国は、伝統的に学生を多く送り出してきた国だった。大学院留学生の半数以上はアジアから来ており、うちインドが一四パーセント、中国が一〇パーセントを占めている。中国、インド、韓国からの出願件数は、それぞれ四五パーセント、二八パーセント、一四パーセント減少した。入学が許可された学生数では、同じく三四パーセント、一九パーセント、一二パーセント減少している。[15]

• 二〇〇四年に大学院入学資格試験（ＧＲＥ）を受験した留学生数は三分の一減少した、と教育テストサービス（ＥＴＳ）が報告している。中国やほかのアジア諸国でＧＲＥを受ける学生が急減したためである。中国人受験者は五〇パーセント減り、台湾人では四三パーセント、インド人では三七パーセント、韓国人では一五パーセント減少した。

――冷え込みは厳しくなる

なぜ外国人の才能がアメリカを避けるようになったのか。ほかの国々がスカウトに必死になって、うまくやっているという理由もあるだろう。しかし、六カ国で数百人の有能な専門家と話をした結果、最大の理由はアメリカの政治風土や、政府の政策全体の変化にあると私は確信した。

九〇年代、連邦政府は自国の人的資本と世界との結びつきを広げることに集中していた。国際的な貿易協定をつくり、最先端の研究開発に投資し、高等教育とインターネットへの一般からのアクセス、移民を奨励した。しかし近年、政府の関心と資源は、関税による貿易保護や特定産業への補助金など、旧来の経済政策の分野に移ってしまった。その間にも、地球温暖化に対する世界の研究者たちの一致した見解が、ワシントンでは特定の産業の利害に反するとして無視されるなど、世界中の科学者をあぜんとさせることがあった。

そもそも九・一一同時多発テロ以降、ワシントンはさも「やり方が気に食わないなら出て行ってくれ」というような対外政策によって、世界の、特に知識階級の怒りを買っている。アメリカは歴史上初めて、グローバルに動き回る気難し屋の才能に向かって、「ここは君たちの場所ではない」と言っているようなものだ。

私たちの国アメリカは開かれた国だと思いたいのだが、国際関係論の研究者ジョン・パーデンとピーター・シンガーは、数あるなかでもとりわけ、二〇〇一年の愛国者法による外国人訪米者（アメリカの大学に所属または訪問する学生や学者も含む）への審査と監視の厳格化は、ほかの西洋民主主義国家における運用の範囲を超えていると指摘している。(16) 愛国者法と、二〇〇二年の国境警備強化及び査証入国改正法の二つによって、外国人訪問者の必要条件と入国プロセスの運用が強化されたのだ。これら二法が、留学生を大学に引き寄せる力にマイナスに働いている。最近では、学生ビザや研究者ビザを発行する前に、当該人物の履歴に関する電子データを国務省に提出することまでが、大学に義務づけられるようになっている。

SEVIS（学生および交流訪問者情報サービス）として知られる電子監視システムは、アメリカへの留学生や交流訪問者の最新情報を役人が保持するために、立ち上げたシステムである。政府の「警告技術リスト」の「機密事項」に該当する技術を、学生や研究者が国外に漏らさないようにとの目的で設計されたビザの身上審査プログラムで、より厳しいセキュリティ・チェックを受ける。すべての訪問者と永住権保有者は、どんな住所の変更も移民局に報告するよう義務づけられる。そして一六〜四五歳までのすべての男性訪米者は、たとえ最初の入国時に登録を済ませていたとしても、移民局に改めて登録することが要求される。移民局の役人は、留学生を受け入れているすべてのアメリカの大学を実際に訪問し、状況を確認しなければならない。

イスラム教国からの訪問者や学生は、イスラム教男性専用登録を含む、より厳しい手続きに直面することになる。パーデンとシンガーは、こういった政策は多くの国で強い反発を招いていると指摘したうえで、「ほとんどのイスラム諸国の駐米大使が国務省に掛け合っている。バングラデシュ、インドネシア、パキスタンでは外相がワシントンＤＣに飛び、侮辱的と受け取れるやり方に個人的な抗議を申し入れている」と紹介する。

これらの結果、アメリカの理念に「長期的なダメージ」を与えるというのが二人の結論で、「次世代のビジネスや政治リーダーとの架け橋を焼き落としてしまい、ワシントンは外国の対米感情を改善するみずからの能力を弱めることになろう。何日も列に並んだのにビザを却下されるという侮辱の後味は、輝かしいパンフレットやラジオ番組で慰められるものではない」とも記す。

当然、これらの閉鎖性は重大な安全保障問題に起因しているという点において、ある程度正当化でき、理解できることである。しかし、巨大なデータベースをつくり、情報を集め入力し、学生や研究者を登録することは（もちろん将来有為な外国の才能を嫌な気分にさせること以上に）、手続き上の多大な混乱と、制度上の一貫性の問題とを生むことになる。ビザ手続きの異常な遅れと大学、学生、研究者側の大きな不満は、意図しなかった結果である。

国際教育協会（ＡＩＥ）が二〇〇三年一一月に三〇〇もの大学を対象に行った調査では、ビザの問題で入学日が遅れた留学生は、二〇〇三年に前年よりも約五〇パーセント（四八パーセント）増えた。若い研究者とポストドクター研究者では七六パーセント増えている。二〇〇三年七月、アメリカ物理学研究所は、アメリカで物理学の博士号の勉強をしようと出願した留学生の約四分の一が、予備審査でビザを却下された。ビザの発給が遅れた学生の四分の三以上が物理科学、生物科学、工学の主要な分野の学生だった。七一名の研究者と学生を調査した会計検査院（ＧＡＯ）は、身上審査のために、ビザ取得に平均六七日かかったと報告している。(17)

二〇〇三年になると、テロ対策はビザ申請だけでなく、アメリカ永住権の申請にも及ぶようになった。グリーンカード申請手続きの遅延によって、二〇〇二年では一〇六万人が永住権を取得したにもかかわらず、二〇〇三年はたった七〇万五八二七人しか取得できなかった。

この減少は、五三年にジョセフ・マッカーシーが、共産主義者の侵略という恐怖をかきたてて以来、最大のものになった。二〇〇三年の政府の手続きの遅れで影響を受けた約半数は、留学生、就業者であり、またすでにアメリカに居住し永住権を取得したいと思っている人々だった。この数字には、グリーンカード申請保留者（グリーンカードを申請しているにもかかわらず、未処理状態に置かれている者で、二〇〇三財政年度末現在で六〇〇万人以上に達する）が含まれておらず、したがって問題を過小にとらえている。合法的にアメリカに在住し、申請を保留されている六〇〇万人以上のうち、実に約三六〇万人が半年以上、申請を保留されてきたのである。

日常でそのような待機状態が続いていれば、腹も立ってくるだろう。グリーンカードのない移民は、まず海外旅行に行けず、また州内出身者並みの学費の特典が受けられない。待機期間があまりに長いと、失業や国外追放にあうおそれもある。このようなリスクは個人や家族に当然生じるだけでなく、そのような人を雇い、技術を必要としているビジネスにも及ぶ。

ワシントン・ポスト紙は、バージニア州アレキサンドリアに住むホテルの清掃係、アルバ・サルガドの状況を具体的に描いている。サルガドは労働許可を持ち、一〇年以上前に父親がグリーンカードの申請保証人になった。彼女は合法的にアメリカにいるのに、その間ずっとアメリカを離れることができない。毎年夏、彼女は六歳と一三歳の子どもたちを、家族に会わせるためにエルサルバドルに送るが、彼女自身は一緒に行くことができない。さらに不幸なことに、昨年、当局から間もなく永住権をもらえるだろうとの連絡が入った直後、入国管理局が国土安全保障省に組み込まれ、その際に、彼女の申請書などが失われてしまったという。サルガドは書類の多くを再提出しなければならなくなった。彼女は手短に言った。「長い間、言われ続けました。『たぶん今年には、たぶん今年中には、グリーンカードを取得できるだろう』って」

この果てしのない我慢比べが、一体だれの得になるのだろうか。そして損する者は続々と生まれている。二〇〇四年一二月、イスラム教研究の第一人者であるタリク・ラマダン教授は、ビザの更新ができず、ノートルダム大学の終身在職権の地位を失った。彼に対する「慎重な審査」が行われた裏に何があったのかは公開されていない。私たちにわかっているのは同時多発テロ以後、ラマダン教授は世界中のイスラム教徒に向かい、テロリズムはイスラム教の原理への裏切りだと呼びかけたことだ。彼はまた、アメリカの一流大学で古典と平和研究を教えていた。ノートルダム大学の関係者は言う。「ラマダン教授に教えを受けるという、一つの機会が失われました」。それは、学生にとっても学問にとっても、そして明らかにアメリカにとっても深刻なことだ。

移民手続きの効率化を求める懐疑的な声に対して、世界で最も強力な経済大国で夢を追いかけるために払う代償なのだという返答もあろう。アメリカの永住権を取得できる機会に、世界中の多くの人々が飛びつこうとしていることを考えれば、そういう側面は確かにある。しかし、その手の発言には、私たちがしばしば疑り深く扱う移民の抱く夢が、この経済大国の主要な原動力の一つになっているということが抜け落ちている。アメリカへの移民は、移民にとっても受け入れるホスト国アメリカにとっても双方に利益のある契約なのであり、そのような見方をアメリカはもっと認識すべきである。

アメリカ科学振興協会の調査では、短期ビザと永住権の両方でこれほどの遅れがあると、多くの人のアメリカに再び来ようという気持ちを削いでしまうと結論づけている。全米技術アカデミーの代表、ウィリアム・ウルフは「私たちは、そのような人の顔を引っぱたいているようなものです。評判の回復にかかる長期的なコストは莫大なものになるでしょう」と表現する。

大学院協議会の代表、デブラ・スチュワートは、この影響は長く残ると指摘する。アリゾナ州立大学学長のマイケル・クロウは「今学期の問題ではありません……これから先が、私たちにとって大きな問題であり、状況は悪くなる一方です」と付け加えた。同大学の留学生数は、二〇〇四年度に七パーセント落ちている。「アメリカ人学生は経営や経済、法律のコースを選ぶ傾向があるのに対し、理工系では留学生の比率が増えています。つまり理工系人材が減っていくということです」

学生や研究者に聞いた限りでは、彼らは（ビザ発給の）遅延に直面しているだけでなく、遅れの理由が何かという情報が得られないことにも不満を漏らしている。遅延だけでなく、この閉鎖性にこそ、潜在的な犯罪者のごとくに扱われるのを嫌う、一流の外国人研究者の不満と反発を増加させている。次に述べるのは、このような不幸な事例のごく一部である。

二〇〇三年一一月、トロント大学で学ぶ二人の中国人学生が、オースチンにあるテキサス大学で開かれる科学会議で研究の報告をするよう、会議の組織から招待を受けた。二人はすでにビザを申請しており、また一年前にも同じ会議に参加していたにもかかわらず、その時は参加できなかった。当該学生の身上審査に三カ月かかり、ビザが下りた時には会議はとっくに終了していたからだ。

ヘン・ズーはイエール大学の遺伝子工学の特別研究員だが、ウォールストリート・ジャーナル紙によるとアメリカへの再入国を一〇カ月以上も拒まれている。ズーのビザが切れた時、中国に戻って新しいビザを入手する必要があると言われ、彼は中国への帰国を余儀なくされた。ビザ遅延の結果、デイモン・ラニアン癌研究財団からの奨学金は打ち切られ、酵母のゲノムを解読するという彼の研究は頓挫し、研究グループの業績に傷がついた(18)。

二〇〇二年初頭、マディソンにあるウィスコンシン大学博士課程の中国人学生が、入学許可書類、専門課程の詳細、学部からの紹介状、そしてアメリカ政府による移民の地位を証明する書類を持っていたにもかかわらず、アメリカへの再入国を約九カ月も拒否された。彼は、その遅延の間をやりくりするために、中国の輸送会社で働かなければならなかった。

ウクライナ人の物理学者オレクセイ・モトルニチは、九〇年代の初頭からアメリカで働いていたが、二〇〇三年から二〇〇四年にかけての数カ月、自国で足止めにあい、カリフォルニア大学サンタバーバラ校のポストドクター研究者の職を続けられなかった。彼はネイチャー誌に語っている。「友だちには、アメリカがどんなに素晴らしいか、外国人としての疎外感を味わわないでいられるかを話してきた。しかし、いま私は同じ人たちに、アメリカで八年間研究を続けてきたのに、なぜ仕事を続けるためのビザを得ることに、こんなに苦労するのかを説明しなければならない」[19]

二〇〇二年一〇月、イラン出身のトロント大学の著名な教授が、いまはカナダ市民であるにもかかわらず、指紋や顔写真をとられ質問されるという事態に非常にあきれ、驚き、アメリカへの研究訪問をキャンセルした。このことは、特におかしな話には思えないかもしれないが、この教授は、アメリカ政府の最重要機関である国立科学財団が主催する会議に、議長として招かれるほどの人物なのである[20]。エジプト出身カナダ市民であるカナダ政府の高官も、ホワイトハウスなどの政府機関での高官級協議に出席するためアメリカを訪れた際、似たような経験をしたことを私に話してくれた。いままでは、どうしても必要という時以外はけっしてアメリカへの旅行をしないし、外国へ行く時はアメリカを経由しないルートを取るようになったそうだ。

こうした才能の流れの変化は、科学技術の世界的な交差路というアメリカが長年担ってきた役割を阻害することになりかねない。「外国人研究者がビザが取れないので、科学会議をアメリカで行うことができなくなりました」と、カリフォルニア大学サンディエゴ校の海洋学研究の第一人者が私に語った。また別の人は、「そろそろメキシコのティファナで科学会議を行う時かもしれない」と付け加えた。少なくとも外国人研究者が入国できる、というのがその理由だ。国際天文学連合は二〇〇九年の総会をハワイではなくブラジルで行うことを決定した。言うまでもなく、彼らが理由としたのはビザ問題への懸念である。

意図的にせよ、そうでないにせよ、近代以降初めて——おそらくアメリカの歴史上でも初めて——世界の一流の科学者や知識人が、アメリカに行かない、という選択をしているのだ。私がオハイオ州立大学、ハーバード大学、MIT、カーネギー・メロン大学などで教えた留学生たちは、常にアメリカで勉強し研究をする利点を真っ先に指摘したものだった。しかしこの二年間で、彼ら留学生のアメリカへの印象は大幅に変化した。いまや彼らは、国家安全への懸念があるとして移民局に追いかけ回されることに不満を言い、アメリカが開かれた国としてのトップの地位を捨て去りかけていると心配している。多くは外国の学校に移ることを考え、母国にいる彼らの友人や同僚は研究のためにアメリカに来るという意図を捨て、代わりにカナダやヨーロッパなど別の場所の大学を探している。

二〇〇三年春に行われた、カリフォルニア大学バークレー校の一七〇〇人の学生や研究者に対する調査では、「心配や懸念で多かったのは、アメリカ政府の非常に不親切な態度」だった。六〇パーセントの回答者が、ビザ取得の「理不尽な遅延」に耐えなければならなかったと感じた。また大多数が、指紋や顔写真をとられ、アメリカの入国管理官から受けた嫌がらせを、「侮辱された」と感じていた[21]。「アメリカの学校に来るのだから、このくらいのことはしかたがない」という声もあるが、実態としては、別の場所に向かう学生を増やし、彼らは友人や同僚にもそのように勧めているのだった。

こうした才能は、歓迎されてないことを感じ取ると、来るのをやめてしまうだろう。サン・ツィーは、中国のトップ大学の優秀な学生だが、有名なアメリカの大学から入学と奨学金を認められていたにもかかわらず、アメリカへのビザ申請が二回却下されると、申請するのもやめてしまった。ツィーはクロニクル・オブ・ハイヤー・エデュケーション誌に、「アメリカで勉強する夢を諦めた」と語った。「クラスメイトの多くもアメリカの大学に行く計画を変更してしまった」と付け加えた。「入国するのがとても難しくなっているので、申請しても時間の無駄だと思うのです」

二〇〇三年七月、ニューヨーク・タイムズ紙は、長い間アメリカのＭＢＡプログラムに人材を供給してきたブラジルの学生たちの間で、ヨーロッパのビジネススクールを選ぶ人が増加していることを報告している。オックスフォード大学のある著名な教授は、大学院への出願者がかつてないほど優秀で、その多くはアメリカのトップ大学の代わりに、オックスフォードを選んだ留学生であったと私に語っている。

多くの専門家や政治家は、現在のアメリカに対する不満は、アメリカの外交政策を握っている現在の政権の問題であると指摘する。二〇〇四年夏に行われた国際的な調査で、回答者の大多数は、アメリカの大統領に共和党の現職ジョージ・Ｗ・ブッシュより民主党の挑戦者ジョン・ケリーに好意的であった。たしかに、ブッシュ政権の単独行動主義に世界中の不満は増大した。しかし、ブッシュ政権を非難していればよいというものではなく、世界の貿易や経済の不安定化傾向を広く考慮することが必要だろう。問題は構造的であり、世界の対立を橋渡しするために必要な経済知識と政治手腕とを結びつけて考えた国政レベルの政治家は、これまでのところ、ほとんどいないのである。

コスト

才能の流れが大きく様変わりしたことで、アメリカ経済にどのような影響があるのだろうか。失われた頭脳の影響を完全に把握することはできないが、アメリカの経済界が集めたさまざまな証拠からすると、外国人科学者、技術者、投資家などの専門家の才能を取りこぼすことで、アメリカに甚大な経済的損害が及んでいるようだ。サンタンジェロ・グループの二〇〇四年六月の調査によると、ビザ発給の遅延だけで、アメリカの産業界に二年間で約三〇〇億ドルのコスト増になっているという。サンタンジェロ・グループは、航空宇宙工業会から全米外国貿易評議会、製造技術協会にまで及ぶアメリカの主要な業界団体のコンソーシアムである。[22] ここでのデータは、グループを構成する八つの業界団体に属す七三四社の調査をもとにしている。そのうち一四一社から回答があり、七三パーセントが二〇〇二年以来のビザの手配に問題があったと報告し、一企業当たりのその平均コストは約一〇〇万ドルであった（九二万五八一六ドル）。回答企業の三八パーセントがビザの遅れがプロジェクトの遅延の原因になったと答え、四二パーセントがビザの遅れのために外国人従業員を入国させられなかったと答え、二〇パーセントが研修の実施場所をアメリカ国外に変更したと答えている。

たとえば直販大手のアムウェイは、二〇〇四年に八〇〇〇人規模の韓国人販売担当者向け会議をロサンゼルスでもハワイでもなく、中国で開いた。なぜなら、各訪米者について領事館員と個別の面談をするようにアメリカ政府が要求すると想定したからだ。アムウェイは、参加者平均で一二五〇ドルを使っただろうと見積もっている。つまり、開催地になれなかったアメリカの予定地は、一〇〇〇万ドルを失ったことになる。

全米家電協会のＣＥＯであるゲーリー・シャピロは、同協会が年一回ラスベガスで行う見本市への不安を打ち明ける。ヨーロッパやアジアの会員企業から、「もう面倒はたくさんだ」という声が上がっているからだ。なぜそんなことを心配しているのか。世界中で開かれている同じような大会に会員を奪われてしまうからだ。以前ならば、海外の同業者から、アメリカでの大会の開催を餌に最高の会員を奪い取っていったとからかわれることもあったが、「いまはもうそんなことはだれも言わない」。

すでにアメリカで働いている外国人教授も楽ではない。グリーンカードの更新や、渡航申請の手続きにかかる時間が急激に伸びている。紛失しただけのグリーンカードの再発行に平均一九カ月もかかっている。アメリカ在住でグリーンカード申請中の合法就労者が、渡航許可が下りるには平均で七カ月かかる。その間に出国してしまうと、再入国を拒否されるリスクがあるので、出国できない。そうしている間に、二〇〇一年以来グリーンカードを申請して保留されている人数は、六〇パーセント近く上昇している。なぜなら一〇〇〇人の移民局員がいても、提出した書類について「各申請者の身上確認を幅広く行うように」との理由で差し戻されているからだ。

これでは、アメリカの産業界は完全に困窮してしまう。外国の才能がアメリカに入国できない、あるいは入国にかなりの日数がかかるとなれば、企業は才能をつかまえるために海外に進出しなくてはならない。その結果、トップ企業、特に重要なハイテク分野の企業ほど、多様な才能を幅広く集めるリスクの緩和策として、海外に研究所や開発拠点を開設することになる。二〇〇四年のセンダント・モビリティのレポートによれば、グローバル企業は押しなべて海外駐在員の長期派遣を減らし、現地で有能なスタッフを雇用する方向に急転換しつつあるという。世界に展開する企業にとって、すでにそこにいる現地スタッフを活用することのほうが、人を異動させるよりもずっと簡単なのだ。閉鎖性を強化することは、結果として上記のような傾向に棹差すことにつながる。

現在、アメリカ企業は、コストの安い人材を雇うためだけでなく、アメリカの一流大学で研究していた最も有能な留学生を含め、以前ならアメリカで雇用していたかもしれない人材を雇用するために、海外に進出せざるをえなくなっている。たとえばマイクロソフトがＭＩＴ出身の中国人コンピュータ科学者を雇いたいと思い、しかし何らかの理由でその人物が卒業後に就労ビザを取得できない場合、マイクロソフトはその人材を自社の北京の研究所に入社させることになる。その人材とその仕事をレドモンド（マイクロソフトの本社所在地）に置く代わりに、職場を海外に移せばよいのである。アメリカ政府が才能の流入を閉ざすことで、同時に海外へのアウトソーシングが進むため、アメリカ経済は両面から締めつけられることになってしまうのである。

この傾向は、国民所得に何十億ドルも貢献し、アメリカの「ソフト・パワー」の重要な柱でもあるアメリカの文化やエンタテインメント業界にも悪い影響を与えている。最近、国際的な音楽集団の主宰者がアメリカでのツアーをキャンセルした。二〇〇四年二月、ブルガリア出身のソプラノ歌手アレクサンドリナ・ペンダチャンスカは、ピッツバーグ・オペラとの共演のために入国ビザを申請したが、政府の国土安全保障省のコンピュータが彼女の名前のスペルに対処できず、またアメリカでの滞在を「二〇〇四年二月から二〇〇三年六月」と間違って記載したために却下された。(23) キューバの楽団、シエラ・マエストラは、ＦＢＩの身上審査が移民局の締め切りに間に合わなかったため、ビザを取得できなかった。南アフリカの歌手でギタリストのヴシ・マーラセラとコロンビアの首都ボゴタを拠点とする電子音楽グループ、サイドステッパーは、ビザを拒否されたため、アメリカ・ツアーをキャンセルせざるをえなかった。

この問題は、技術上の複雑さやお役所仕事の怠慢の域をも超えて広がっている。アメリカの閉鎖的な態度と単独行動主義のせいで、訪米を拒否するミュージシャンが増えている。おそらく世界で最も有名なアーティストの一人であるユッスー・ンドゥールは、二〇〇四年春、それまでで最大規模となるアメリカ公演をイラク侵攻に反対してキャンセルした。間違いなく芸術は地政学に影響を与えるが、その影響を排除することは、同時に魅力的で有益な文化体験も得られなくなるということだ。

アメリカ企業とそのブランドに対する世界中の認識の変化も、被害リストに加えるべきだろう。アメリカン・デモグラフィックス誌で発表された、ローパーASWによる三〇カ国、約三万人に行った消費者調査では、アメリカ企業とそのブランドへの外国人の認識は、歴史的にひどい水準に落ちている。世界中のトップ企業について消費者信頼感を調べたところ、アメリカ企業はリストの最下部に集まった。イスラム教圏でアメリカに対する否定的な認識が増加することは驚くことではないが、ロシアで好意的な認識を持つ人が二五パーセント下がり、フランス、ドイツ、イタリアでアメリカを好意的に見る人はそれぞれ二〇パーセント、一六パーセント、一〇パーセント下がった。(24)アメリカは、もはや世界の文化を支配できなくなっている。

――アメリカからの頭脳流出

おそらく史上初めてのことだろうが、この国自身の最も優秀な科学者、知識人、そして起業家までもが、外国で働く場所を探し始めている。幹細胞の研究者ロジャー・ペダーセンは、カリフォルニア大学サンフランシスコ校を離れ、イギリスのケンブリッジ大学幹細胞生物学センターに移った。ペダーセンの出国は、マクロなクリエイティブ経済の到来を、ミクロなレベルで象徴する出来事である。世界中の競争相手たちはいっそう抜け目なくなっているのに、私たち自身は明らかに鈍感になっている。ペダーセンはイギリス政府の積極的なリクルートと、アメリカ政府の幹細胞研究への厳しい規制のために、アメリカを出て行った。彼はワイアード誌に「心のなかではアメリカに好感を持っている。しかし、イギリスのほうがずっとこの研究をやりやすい……使える資金が多いからです」と語っている。さらに「幹細胞が政争の具に使われることもありません」と続けた。(25)

幹細胞は、どのような器官にもなりうる細胞であり、人体に不可欠なものである。科学者というのは、知的活動や経済的活動における幹細胞のような役割を負っている。半導体や遺伝子解析といった彼らの発見が、パソコンやバイオテクノロジーのような新しい大産業の源になり、時代の要請に合わせて変化していく。

残念ながら、ロジャー・ペダーセン一人でこうした例が終わるというわけではない。イリノイ大学の著名な昆虫学者は、二〇〇三年に私に送ってきたメールで、「過去数年間、アメリカの保守化がより確実なものになるにつれ、私の知り合いの多くは、よりよい生活を求めてカナダやヨーロッパ、オーストラリアに移っていきました」と書いている。さらに「ブロガーやプログラマーから全米アカデミーの研究者まで、私が話した人たちは、時代の空気に居づらさや、脅威すら感じています。私の友人は、帝国主義や聖書が支配した一九世紀の文化のなかで二一世紀の研究とビジネスをやろうとしているようなものだ、と言っています。逆にだれもが入りたがるアムステルダムの欧州分子生物学研究所（ＥＭＢＬ）には、ＥＵの奨学金制度だってあるのです」と続く。

ほとんどの人にすれば、大げさな話題かもしれない。しかし、同じように考える人はけっして少なくない。二〇〇四年一一月、ブッシュ大統領が再選された日、アメリカ市民でカナダの主な移民局のホームページにアクセスした数は通常の日の六倍、約二万件から一一万五〇〇〇件に跳ね上がった。しかしアメリカ社会への不満の増加は、特別なイデオロギーや特定の期間に限定されるものではない。二〇〇三年後半と二〇〇四年初頭だけで、私はアメリカ中の技術者、芸術家、最近の移民から大量のメールをもらった。ここにいくつか紹介しよう。

ニューヨーク在住、中年のハイテク企業起業家はこう書いてきた。

私はあなたが書いたクリエイティブ・クラスの一員です。五〇代前半のITの専門家で、自分の仕事に専念し、気づいたらこの業界では年配の部類になっていました。しかし、アメリカ経済の後退と同時にブッシュ政権の無能な政策やらで、妻と私はアメリカを離れ、ここ一〇年でその平穏さと美しさが好きになったオーストリアに移ろうと思っています。今年、私はインターネット上に小さなソフトウエア・ビジネスを立ち上げたいと思っています。USドルの価値が下がっているので、会社の財務はユーロをベースにしようかと思っています。もちろんオーストリアでです。

ヒューストンのESL（第二母国語としての英語）インストラクターより。

私の生徒には、自国の大手石油会社に勤めるヨーロッパ人とアジア人の地球物理学者がいます。

彼らは通常四年間しかヒューストンに滞在しません……いま生徒たちはブッシュ政権があと四年続くのを恐れています。私はＥＳＬのインストラクターを二五年間やってきましたが、これほどに留学生が、不安に当惑しているのを見たことがありませんでした。次のような意見をよく聞きます。「この国が暗黒時代に実際戻りつつあるなんて考えもしなかった」。理性の時代はどこに行ってしまったのでしょう。

六月に私はオランダに行き、とても感動しました。街のいたるところにクリエイティビティがはっきり見えるのです。デンハーグ、スケベニンゲン、デルフト、そしてアムステルダム。どの通りもクリエイティビティを感じさせるものがあります。芸術がいたるところに！　もちろんハイテクもあります……ヒューストンに戻って悲しくなりました。ここの人々はスポーツ以外に興味がありません。街はスタジアムをつくり続け、新しいのが四つもあるのです。

ヨーロッパ出張から帰国したコンピュータ技術者より。

ヨーロッパ六カ国に行き、面倒だった場所が二カ所ありました。最初はアメリカを出国する時で、次は帰国する時です。有効なパスポートを所持するアメリカ市民で、これですからね。完全にばかげています。ヨーロッパ域内の国々での出入国では、パスポートを見せてほしいと言われたこともなければ、気にかけられることすらありませんでした。

しかし、この国の出入国では、飛行機に乗るのにも降りるのにも文字どおり一時間もかかりました。ヨーロッパの人からは、ただ単にアメリカには行きたくないという話をよく聞きましたが、いまはその理由がわかります。

ワシントン州スポケーンの芸術家より。

　しばらく前、国際的なクリエイティブ拠点がアメリカから出て行くことについて話したことがありましたね。それで、数年前、友人たちと移住するならどの国かと話したことがあったことを思い出しましたよ。最近になって、それがはっきりしてきました。友人たちはオーストラリアで仕事を見つけましたし、一方、別の友人はヨーロッパに移り、私は個人的に国外への一時的な移住のつもりで、半分は遊びですが、カナダに山小屋を買いました……カナダから戻ってきた時に歓迎されていないという感じがして、いまは罪悪感から飛行機にも乗らなくなってしまいました。

アメリカでトップの電気・コンピュータ工学プログラム博士課程の中国人学生より。

　アメリカで七年以上過ごして、私はほとんど英語で考えるようになり、アメリカでのキャリアを志向するようになりました。しかし、いまは別の場所でのキャリアを考えています。同時多発テロ後の厳しくなった移民政策と手続きで、外国籍の従業員を進んで迎えてくれる雇用主を見つけるのは難しくなるばかりです。

　グリーンカードを取得する頃には四〇歳近くになっているでしょう。その頃には私の希望も疲弊し、私の夢はおそらくただの三〇年の住宅ローンになり下がっているでしょう。

この国に留まろうとビザ取得に奮闘中の意欲的な若い作家より。

私はモロッコのカサブランカで育ち、私立のアメリカン・スクールに通いました。卒業後はバーモント州のミドルバリー・カレッジに入学し、経済学を専攻して二〇〇三年に卒業しました。私はアラビア語が母語で、半年かけて書いたアラビア語の教本が、ランダムハウスから二〇〇五年初頭に出版されます。二〇〇四年初頭から、私はウォール街の投資会社で働き始めました。すべては順調でしたが、私の移民手続きを担当してくれる弁護士が、就労ビザがもう出ないから母国に帰るしかないと告げてきました。私はアメリカが大好きで、アメリカは能力主義社会にできるだけ近づこうとしていると思ってますし、その偉大な挑戦の役に立ちたいと思っています。しかし、いまの私は、アメリカで合法的に働ける状況にありません。この国（特にこの政権下）の移民政策がとても心配です。私は、自分やほかの人がアメリカン・ドリームを目指せるようするために、できることがあれば何でもするつもりです。

ニューメキシコのクリエイティブ・クラスのメンバーより。

アメリカで最後に住んだ場所はアルバカーキでした。ホワイトハウスが、ここまで科学界の要望に無視と無関心を決め込むことがなければ、出て行くこともなかったでしょうが、現実には、ここにいます。実際、私はバンクーバーでの休暇やシドニーでの研究といったことを楽しんでいます。かつて、アメリカには美しい多様性がありました。しかし、もうそれは真実ではありません……いずれこの国は、私がいられる空間などなくなるほどに縮んでしまうことでしょう。

アメリカの偉大な優位性の死と生

何とも心痛むメッセージではないか。「かつて、アメリカには美しい多様性がありました。しかし、もうそれは真実ではありません」。これは事実なのだろうか。

まったくそのとおりというわけではないが、アメリカ市民で、自分たちの場所がないと感じている人の数が増加しているのは事実だ。結果として、ほかの居場所を探す。このことは、左派の多くが主張するほどブッシュ政権のせいばかりでもない。アメリカの生活、仕事の構造に起因するもっと深い問題がある。

かつてマンサー・オルソンは、アメリカのように力があり主導権を担う国は、その成功につまずきやすいと書いた。彼は代表作『国家興亡論』で、支配的な国は、自分たちが何をどうすべきかいちばんよくわかっている、という思い込みにはまりがちであると指摘する。(26) そして、社会制度・政治制度が固定化し、経済状況の変化に適応しにくい「柔軟性のない」「硬化」した存在になってしまう。その後、わずかな兆候から機敏に反応し、新しい状況に対処しうる術を持った新しい国家が、硬直化した扉を破って踏み込んでくることになる。

戦い方はたくさんあるし、元の栄光の道に戻る時間もまだある。しかし素早く動かなければならない。クリエイティブ時代の雌雄はまだ決していない。優位性が移るのは一瞬だ。研究開発に投資する新しい国々は、資源を高等教育につぎ込み、また規模を素早く拡大できるように、外国の才能に対して開放的だ。投資をせず、科学研究を制限し、さらに規制を強化する政策を取り入れる国は簡単に落ちていく。

私にはこの意味がよくわかっている。人生のうち一七年間はペンシルバニア州のピッツバーグで過ごした。一世紀前、ピッツバーグは産業イノベーションと起業家精神の拠点であり、有能な移民たちが集まっていた。アンドリュー・カーネギーのような移民がこの地域の鉄鋼産業をつくったのだ。一九世紀後半から二〇世紀のピッツバーグは、世界で最も革新的で、開放的で、移民にあふれた場所の一つだった。たくさんのイタリア人、ポーランド人、そして東欧の人々を引き寄せたのだ。一九一〇年当時、ニューヨーク、シカゴ、フィラデルフィア、セントルイス、ボストン、クリーブランド、ボルチモアに続くアメリカで八番目の都市ピッツバーグには五三万五〇〇〇人が暮らし、その人口の約三分の一は移民だった。

しかし、二〇世紀半ばを過ぎると、ピッツバーグはその輝きを失ってしまった。革新的な起業家精神のエネルギーはすっかり鎮静してしまい、ピッツバーグは階層的な閉ざされた場所になってしまった。地域の優れた大学への留学生を除けば、移民も来なくなった。移民が人口に占める割合は、最高だった一八七〇年の三二・三パーセントから一九五〇年には九・七パーセント、二〇〇〇年には三・七パーセントに下がり、いまやアメリカの大都市では最低の水準だ。

この地域の移民の子孫のなかから、有能な人々の多くがピッツバーグを離れていった。偉大な芸術家のアンディ・ウォホールもその一人で、彼は、東欧系移民の子どもだった（本名はウォーホラだ）。七五万人以上だった人口は三三万人に減り、そこで落ち着いた。地元の住民は、街の優れた輸出物はもはや鉄でなく若者たちであり、まさに若い才能の創出に投資してきたということを好んで口にする。二〇〇四年、ピッツバーグは破産し、公共サービスも、着実に減少していく人口を維持することも難しくなった。

私は、威圧的な存在に率いられた開放的でも寛容でもない社会によって、ピッツバーグ経済がどうなったかを、つぶさに見てきた。いま、それがこの国の経済全体に起きているのではないかと心配である。

しかし、外国の一流の才能を獲得できなくなったことに、政治家やメディアがあまり注目していないのには納得できる理由がある。私たちは、もっと大きな差し迫った問題に対処しなければならないと言われる。テロリズムとの戦争、中国、インドへの雇用のアウトソーシングである。しかし、冷戦時代の末期、ソビエト連邦に対する妄想に関心を払うあまり、日本という新たな経済脅威を見逃す結果となったように、いまもアメリカに対する最大の経済脅威に目が向いていないだけかもしれない。

あまり大きな声では言えないが、私たちは、バスケットボールや野球の選手など世界一流のクリエイティブな才能はアメリカに来たがり、一方で、アメリカ人は二線級や見込みのないものが海外に出て行くという考えに慣れきっている。その逆があるかもしれないとは想像しにくいのだ。アメリカの国土の広さ、ダイナミックさ、優秀な大学、そして政府の莫大な研究予算といったものは、いまだに事実であり、私たちは科学技術界におけるヤンキースなのだ。

しかしまたヤンキースのように、トップ選手を失い続けている。あろうことか、来季を引き継ぐべきマイナー・リーグの若手選手を十分に育てていない。これでは偉大なチームでさえ、不振は避けられないであろう。そしてマイケル・ルイスが『マネー・ボール』で描いたように、オークランド・アスレチックスのような低予算でスター選手のいないチームでも、戦略的に適切な才能を集めれば、ワールド・チャンピオンになることができるのだ。現在のグローバル経済で起こっていることは、まさにそれなのだ。

第5章 新しい競争相手
The New Competitors

最も強い種が生き残るのではない。最も利口な種でもない。
生き残るのは、変化に最も敏感に適応できる種なのである。
——チャールズ・ダーウィン（一八〇九－一八八二年）進化論の提唱者

ここ数年、私はアメリカ国内で多くの講演をしてきたが、大半は国内中小都市の経済団体や市民団体に呼ばれたものだった。だから、オーストラリアのメルボルンで開かれる国際ファッション・フェスティバルへの招待講演の手紙を受け取ってからは、非常に楽しみにしていた。オーストラリアは、私が以前から行ってみたいと思っていた国で、その時が初めての訪問だった。メルボルンは私の理論の多くを実証してきたような街である。また当日はタイミングよく、先端のファッション・デザイナー、ビジネス・リーダーや政府の要人らと一緒になる機会にも恵まれた。

講演終了後、ファッションやデザインを地元の大学で学ぶ三〇〇人ほどの学生が会場に入れずに、別に設けられた会場の大型スクリーンで私の講演を聞いていることを、ある聴衆が知らせてくれた。学生の反応に強い関心を持った私は、その会場に残っている学生たちに感謝を言いに行った。ファッションやデザインの重要性をいくつか述べたあと、何か質問がないかと聞いてみた。

その時、会場の後方にいた若い女性が手を挙げて席から飛び跳ねるように立ち上がった。年齢はおそらく一九か二〇歳、身長が一五〇～一六〇センチメートルくらいの黒髪の女性で、そのストリート系のファッションから将来はファッション・デザイナーになりたいであろうことが読み取れた。アジア系のようだったが、出身国まではわからなかった。北米の英語を話し、オーストラリアのアクセントはまったくなかった。

「フロリダ教授」と彼女は言った。「私はカナダに移住した移民の子どもで、カナダ人です。私はどの国も、どの階級も歓迎する国に住んでいます。移民を受け入れるし、ゲイの人々も受け入れるし、同性愛者の結婚も認めています。しかしあなたの国ではそれが禁止されています。カナダ社会はモザイクのようになっています。つまり世界のどこから来ても、社会の一員となれるのです」。そして彼女は真っすぐ私の目を見て言った。「フロリダ教授。そんな自由で、開放的で、民主主義の国が隣にあるというのはどんなお気持ちですか」

言うまでもなく、私の高揚した気分ははじけ散った。私は彼女のコメントに驚いたが、それはアメリカ社会への批判というよりは、彼女のカナダ人としてのプライドから発せられた言葉なのだと思った。教育ある若い女性が外国オーストラリアで立ち上がり、同世代の人間に囲まれるなかで、彼女の両親を受け入れた国カナダの自慢をしているのだ。

現在のアメリカ人またはヨーロッパ人の一〇代で果たして何人が、さらに言えば過去二〇年、三〇年で何人の若者が、彼女がたったいま発言したように、これほどはっきりと自国の自慢を外国ですることが想像できるであろうか。そうした自国自慢の態度は、帝国主義の終焉とともに減っていただけなのかもしれないが。

そうしたなか、クリエイティブ・クラスは世界中で増えている。開放的で、よそ者を歓迎し、国家を繁栄へと導くものへの関心が高まっているのだ。メルボルンのファッションに敏感な若者たちの間だけではないのである。

――グローバルに存在するクリエイティブ・クラス

過去数年間、私はアイリーン・ティナグリと共同で、世界のクリエイティブ・クラスを定義し、その動向を追跡してきた。しかし、たとえ細心の注意を払ったとしても、地球上のすみずみまで網羅するようなクリエイティブ・クラスの地図をつくるのは不可能だろう。よって私たちは、アメリカを含む先進四五カ国のクリエイティブ・クラスの推計に取り組んでいるのである。

使っているデータは、世界中の労働統計を管理する国際労働機関（ＩＬＯ）によるものだが、そこでは労働力を科学者、エンジニア、芸術家、音楽家、建築家、経営者、専門家などの職業別カテゴリーに分類し、かなり詳細な関連データを収集している。ＩＬＯの分類は、私が*The Rise of the Creative Class*で使用したアメリカの統計とはいくらか相違があるが、クリエイティブな職業の範囲と成長を世界的にとらえるには最適なデータである。

ただし、「技能者」という分類の取り扱いが、国によってさまざまであることには注意が必要だ。

このため、広義と狭義の二種類のクリエイティブ・クラスを測定している。広義のクリエイティブ・クラスは科学者、エンジニア、芸術家、文化創造者、経営者、専門家、技能者を含み、狭義の場合は技能者を含めない。

国によって技能者の分類にはかなり相違がある。このため、本書の国際比較に関連したほとんどの議論では、狭義のクリエイティブ・クラスを使っている。たとえば、ドイツでは技能者を含まない場合、クリエイティブ・クラスは労働力人口の二〇パーセントを若干上回る程度だが、含めると四〇パーセントを超える。

比較可能なデータを入手できた三九カ国で総計すると、クリエイティブ・クラスは一億～一億五〇〇〇万人に達する。クリエイティブ・クラスの労働力人口が最大なのはアメリカで、三〇〇〇～三五〇〇万人だ。また世界全体のクリエイティブ・クラスに占めるアメリカのシェアは最大であり、技能者を含めても含めなくても二〇～三〇パーセントとなっている。

しかし、クリエイティブ・クラスの国内労働力人口に占める割合で見た場合、やはりそれと知られた国は、すでにアメリカより大きな値を示している。アメリカは狭義のクリエイティブ・クラスの割合では一一位にランクされ、広義のクリエイティブ・クラスだと三九カ国中三一位のランクとなる。職業分類の違いが国によって異なることを考慮に入れたとしても、これはゆゆしき事態であろう。

狭義のクリエイティブ・クラスが国内労働力人口の三〇パーセント以上を占める国は、三カ国ある。アイルランド（三四パーセント）、ベルギー（三〇パーセント）、オーストラリア（三〇パーセント）である。二五～三〇パーセントは、五カ国である。オランダ（二九・五パーセント）、ニュージーランド（二七パーセント）、エストニア（二六パーセント）、イギリス（二六パーセント）そしてカナダ

図表5-1◈グローバル・クリエイティブ・クラス（対労働力人口比）

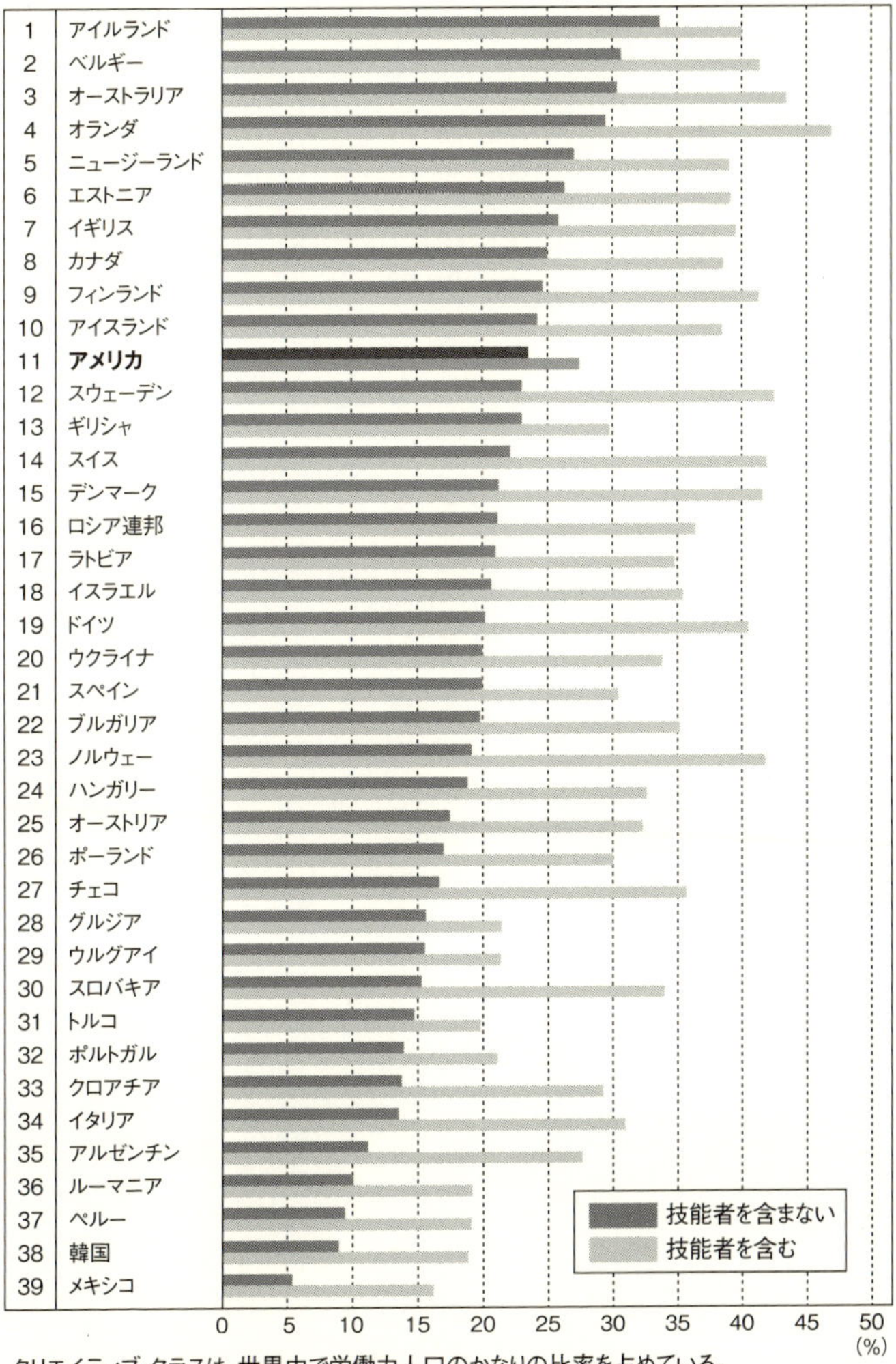

クリエイティブ・クラスは、世界中で労働力人口のかなりの比率を占めている。
アメリカは、クリエイティブ・クラス人口の比率では世界で11番目となる。

【出典】ILO。詳細は補遺1を参照。
ブラジル、チリ、中国、フランス、日本、インドは必要なデータが得られなかった。

（二五パーセント）だ。

技能者を含む広義のクリエイティブ・クラスで四〇パーセント以上となるのは、九カ国である。オランダ（四七パーセント）、オーストラリア（四三パーセント）、スウェーデン、スイス、デンマーク、ノルウェー（以上、各四二パーセント）、ベルギー、フィンランド（以上、各四一パーセント）、ドイツ（四〇パーセント）である。二五パーセント以上四〇パーセント未満となると、二五カ国もある。

工業経済からクリエイティブ経済への移行という変化はダイナミックなものであり、それゆえ展開は驚くほど速い。農業から工業への移行の初期段階のように、新しい競争者が瞬く間に最前線に立つことになる。支配的な地位や優位性は、けっして永遠ではない。

アイルランドは、おそらくスタート・ダッシュに成功した新興国の好例だろう。クリエイティブ・クラスの雇用成長は現在までのところ世界一であり、一九九五〜二〇〇二年の期間に平均で七・六パーセントも伸びている。

先進工業国では、スウェーデンのみが年平均で二・五パーセント以上の雇用成長率を記録している。その期間、アメリカのクリエイティブ・クラスはマイナス成長だった。

アメリカの技術力

カール・マルクスからヨーゼフ・シュンペーター、ロバート・ソロー、ポール・ローマーまで、経済成長の研究における第一人者たちは、技術が経済成長の原動力であると説明してきた。現在では技術の重要性はさらに増している。イノベーションの能力やハイテク産業に秀でた国が、成長を維持し

図表5-2◈クリエイティブ・クラス人口の年平均変化率

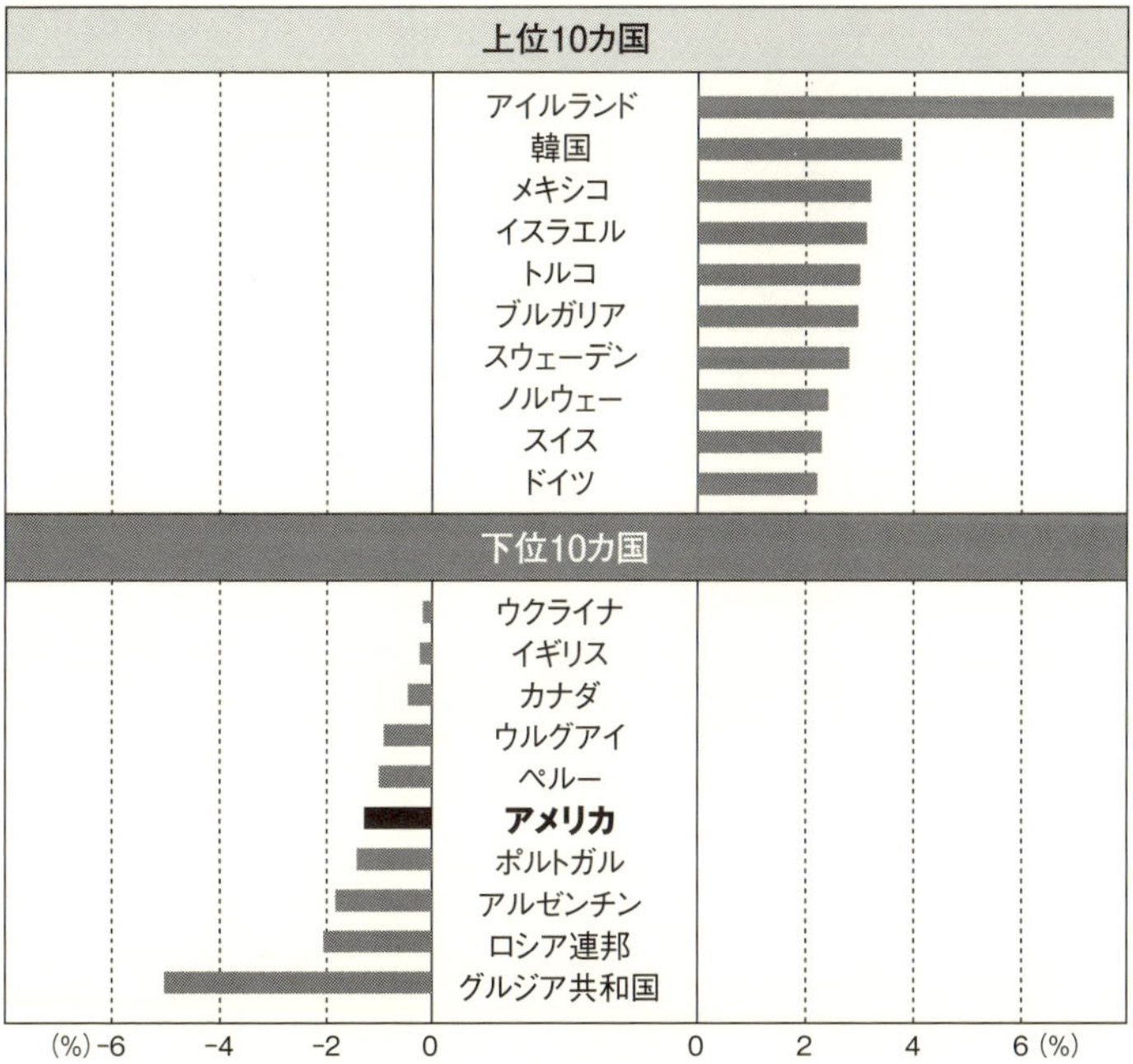

1995年以降、クリエイティブ・クラス人口の比率を増やす国がある一方で、
アメリカは減少している。

注：データは1995年以降の利用できる最も早い年以降のものである。
【出典】ILO。詳細は補遺1を参照。

ながら、新しい商品、新しい富、新しい雇用を生み出すといった多大な恩恵を享受している。

私たちは、技術の国際競争力を測定するために、グローバル・テクノロジー・インデックスという尺度を採用している。これは対GDP比研究開発費率である「R&D指数」と、人口一〇〇万人当たりの特許申請数である「イノベーション指数」という二つの伝統的な指数によって構成されている。同インデックスで測定したところ、アメリカは、いまなお世界の技術リーダーであった。しかし、

図表5-3◈グローバル・テクノロジー・インデックス

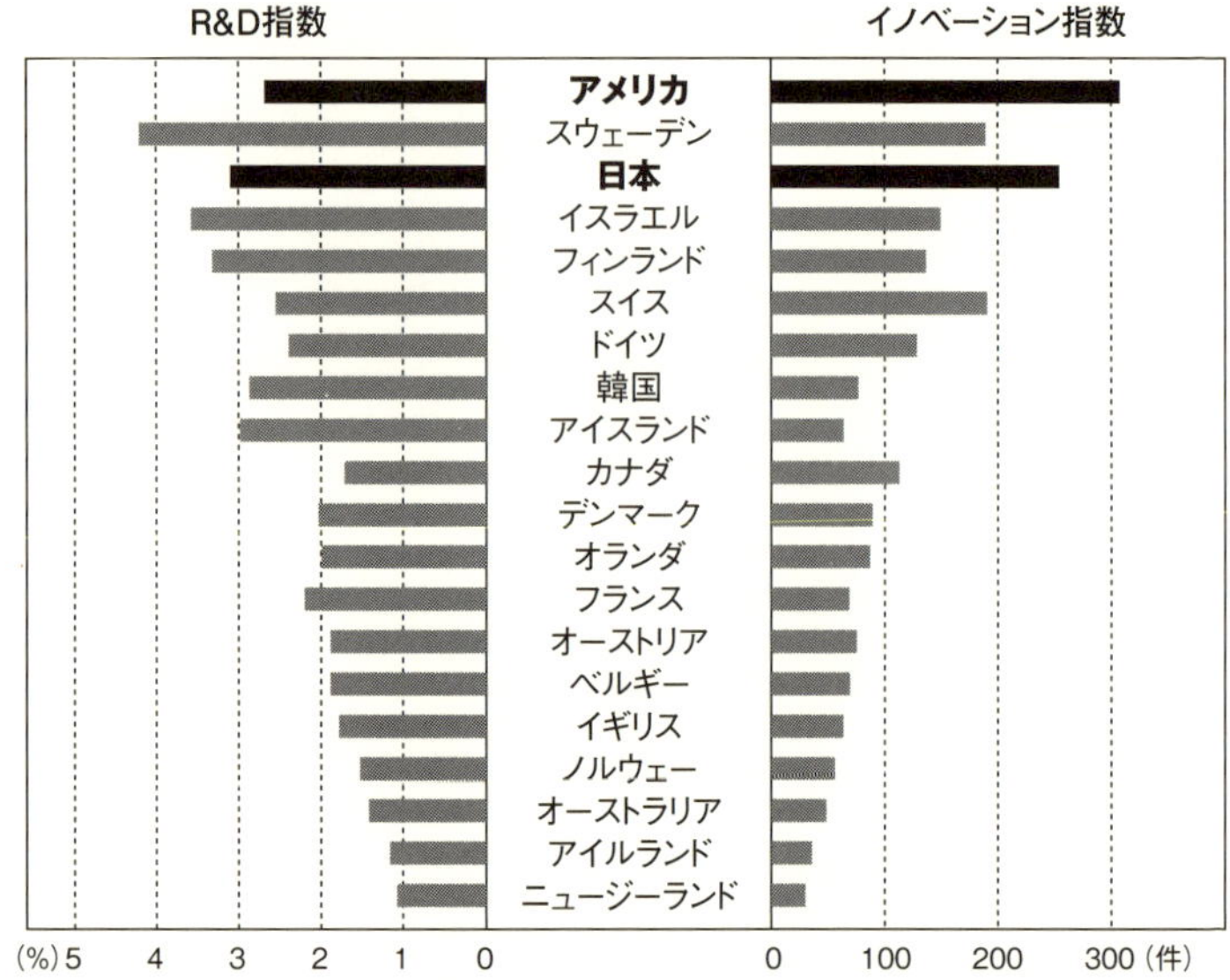

グローバル・テクノロジー・インデックスでは、アメリカは1位である。図の左のR&D指数は、各々の国のGDPに占める研究開発投資の比率である。右のイノベーション指数は100万人当たりの特許取得件数である。

【出典】世界銀行(1999-2000年)、アメリカ特許庁(2001年)。詳細は補遺1を参照。

スウェーデン、日本、アイルランド、フィンランド、スイスといった技術に特徴のある国々が追い上げ、肉薄している。

　インドや中国も技術に関する評価は相対的に高く、それぞれ二三位と二八位である。イタリアが二一位に入っているくらいなので、この二国の技術水準は先進国に肉薄しているように見える。両国ともGDPの一パーセント以上を研究開発に投資しているが、これは発展途上国としてはかなり高く、両国のGDPの規模と成長率を考えると、ことさら興味深い。ピーター・ドラッカーは「インドは非常に急速に大国になろうとしている。ニューデリーの医科大学はいまやおそらく世界一だろう。バンガロールにあるインド科学大学院大学も世界屈指である」と述べている。

インドと中国の両国は、大卒人口の多くを技術開発型の産業に活用し始めている。二〇〇四年のエコノミスト誌の記事では、世界の研究開発投資額上位三カ国として、中国を第一位、アメリカを第二位、インドを第三位に挙げている。これは、エコノミスト誌が一〇四社の経営者に、次の三年間で最も研究開発分野の投資をするのはどの国に対してか、と質問した結果である。具体的には中国が三九パーセント、インドは二八パーセントであり、二位のアメリカは二九パーセントなので、その差はわずかだった。

アメリカの技術優位性も危うい。前述のように、アメリカは世界で唯一の超大国であり、技術、研究開発、イノベーション、学術論文、特許などの分野で確固たる不動の地位を得ていると一般に考えられているが、現実はそう単純ではない。第二次世界大戦後のほとんどの期間においては、実際にアメリカの科学技術は卓越し、ライバルは存在しなかった。しかし、ここ五年、一〇年で、この支配的立場は崩れ始め、ある領域では急速に崩壊している。

アメリカの競争力評議会は九九年に、アメリカも油断は禁物であるとし、「他国が猛追を始め、アメリカの『イノベーションの社会資本』は崩壊の兆しを見せている」との警告を発している。事態はそれ以降も悪化の一途をたどっている。

九〇年、私はマーチン・ケニーと共著で*The Breakthrough Illusion*（ブレークスルー幻想）という本を出版した。当時、他の研究者も指摘していたように、私たちはアメリカの競争力が標的になっていることに危機感を持っていた。アメリカが技術上の難題を突破し続ける一方で、ほかの国々はその成果を蝕み、後追いし、世界中の消費者が実際に買いたいと思う製品は、こうした国々が製造して

いたためだ。(1)

現在では、アメリカの技術突破力そのものも危機に瀕している。自動車、半導体、ハイテク電子機器、薄型ディスプレーなどの技術分野で、かつては議論の余地のなかったアメリカのリードが奪われていくのを経験した。アメリカが優位性を保っている唯一のハイテク分野は、ソフトウエアとバイオテクノロジーである。それでさえも、実際は外国の才能に依存している。

グローバル・テクノロジー・インデックスで測定されたアメリカの優位性のポイントは、特許件数でかなりのリードをしている事実にある。しかし私は、このデータをどこまで信用してよいものかと疑っている。特許件数の記録は、アメリカで申請されたものに基づいている。ヨーロッパの特許庁や、国際特許庁のような別の情報源のデータを使えば、アメリカのリードは消えるだろう。さらに、アメリカでは取得済み特許を用いたイノベーションの成長率はとても低い。ティナグリとの共同調査によれば、アメリカはヨーロッパの国々と比較すると取得済み特許が用いられたイノベーションの成長率では一五カ国中一四位になる。

R&D指数でアメリカを凌ぐ国は六カ国ある。スウェーデン（四・三パーセント）、イスラエル（三・六パーセント）、フィンランド（三・四パーセント）、日本（三・一パーセント）、アイスランド（三・〇パーセント）、そして韓国（二・九パーセント）である。

さらに、アメリカにおける全取得済み特許の約半数（四七・二パーセント）は、外国人の所有する会社や外国出身の発明者によるものである。二〇〇四年四月、ニューヨーク・タイムズ紙はこの状況を次のように要約した。「特許は国際競争の重要な要素である。アメリカはまだ多くを所有しているが、その数は減少している。なぜなら外国人、特にアジア系外国人の活動が特定の分野で非常に活発で、イノベーションのリードを奪ってしまっているからだ。工業所有権におけるアメリカのシェアは、ここ数十年間、着実に後退している」。二〇〇一年には、アメリカにおける特許件数のトップ一〇社のうち、アメリカ企業はＩＢＭただ一社だけだった。(2)

しかも、あらゆる特許が等価値というわけではない。ある特許は他のものよりはるかに重要であり、ほとんどの特許は結局何の価値も生み出さないものだ。なかには、後に多くのイノベーションや製品を生む基礎となる特許も存在する。

特許の重要性を測る一つの方法は、その特許がどのくらいの頻度で他の特許申請に引用されているかを調べることだ。このような他の特許で引用されることの多い重要な特許に関しては、外国人発明家のシェアが増加している。

世界中の特許に関する調査・コンサルティング企業カイ・リサーチによると、日本、台湾、韓国の研究者による特許は、アメリカのすべての特許の四分の一以上を占め、そしてその数値は急速に伸びている。「ただ多いだけではありません」。カイ・リサーチのフランシス・ナリン社長がニューヨーク・タイムズ紙に語ったところによると、「影響力のある重要な特許が多いのです」。

さまざまな国が、それぞれに違う分野の特許で優れていることも重要な点だ。アメリカ特許庁によると、アメリカの会社はコンピュータやソフトウエア、多細胞生物研究のようなハイテク分野や、「井戸」「地下掘削機器」のような分野でリードしている。日本の特許はハイテク電子工学の分野で、写真、複写技術、液晶、テレビ信号処理、光学システム、コンピュータ技術などへの集中度が高い。一方、ドイツの特許は自動車関連技術、先端材料、そして製造技術に集中している。台湾や韓国の場合は通信技術やコンピュータ技術の特許が多い。

図表5-4◈主要な科学論文誌に発表された論文数

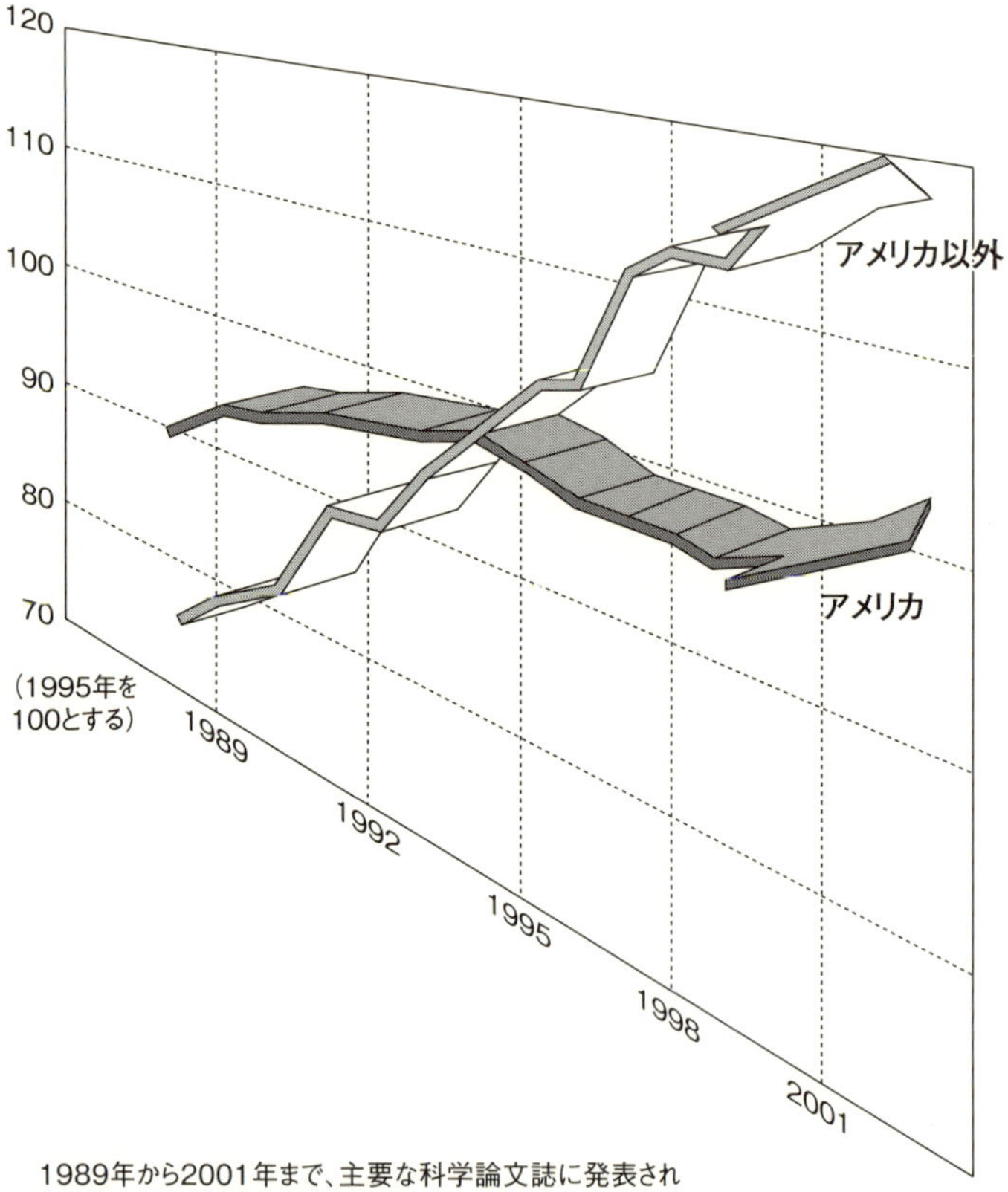

1989年から2001年まで、主要な科学論文誌に発表された論文のうち、外国の著者によるものは、アメリカ国内の著者によるものより速く増加している。

【出典】National Science Board, *Science and Engineering Indicators, 2004*, Washington, D.C.: U.S. Government Printing Office, 2003.

学術論文数は、科学のクリエイティビティを測る基準として広く用いられている。そして、ここでもアメリカのリードはかなり蝕まれている。八八年、世界中の理工系論文のうちアメリカは約四〇パーセント（三八・一パーセント）を占め、議論の余地なく第一位であった。日本は三万四〇〇〇件、中国、韓国、台湾の合計が約七〇〇〇件である一方、アメリカの科学者は一七万八〇〇〇件の科学論文を発表していた。

しかし、九〇年代半ばまでに、科学論文の世界一の生産地域は、アメリカを超えてＥＵが担うようになった。西欧の研究者は二二万九〇〇〇件の論文を書き、アメリカは二〇万一〇〇〇件、日本は五万七四〇〇件、日本以外のアジア全体で四万二七〇〇件であった。物理学のトップ学術誌であるフィジカル・レビュー誌によると、アメリカのシェアは、八三年には全論文の六一パーセントであったが、二〇〇三年には二九パーセントにまで落ちている。

ノーベル賞は卓越した科学者の証明である。かつてほとんどの受賞者がアメリカの科学者だった時代もあった。しかしニューヨーク・タイムズ紙の報道によれば「アメリカのシェアは、六〇年代から九〇年代にピークを迎えた後、約半分の五一パーセントにまで落ちている。残りは、イギリス、日本、ロシア、ドイツ、スウェーデン、スイス、ニュージーランドに持っていかれている」。これで世界が終わるわけではないが、クリエイティブな世界での新しい序列への動きは、おそらくすでに始まっているのである。

才能のグローバルな動向

これまでに触れてきたように、さまざまな意味において、人的資本が経済成長に拍車をかけていることが理解されるようになってきた。科学技術やイノベーションの研究者たちは、イノベーションと成長は、理工系の教育水準に決定的に依存していると主張する。こうした影響を測定するのが、グローバル・タレント・インデックスである。

グローバル・タレント・インデックスとは、二五～六五歳人口に占める学士あるいは専門職学位以上の学位を持つ人の比率を示す「人的資本指数」や、人口一〇〇万人当たりの科学研究者と技術者の人数で定義される「理工系人口指数」といった一般的な指標に、私たち独自のクリエイティブ・クラス・ランキングを組み合わせたものである。

同インデックスによればアメリカは第九位であり、フィンランド、日本、ノルウェー、オーストラリア、アイスランド、オランダ、スウェーデン、カナダに続く位置になる。先進国でもイギリス（一三位）、ドイツ（一八位）、フランス（二一位）、イタリア（三三位）などは、リストの下位にある。アメリカは学士号以上の学位を持つ人口の比率ではリードしているが、フィンランド、日本、スウェーデン、ノルウェーは理工系人口が多い。

欧米のマスメディアは中国とインドの脅威をことさら取り上げる妄想にとりつかれているが、このランキングからすると、そのような心配は少なくとも短期的には杞憂にすぎない。グローバル・タレント・インデックスのランキングにおいて、中国とインドはブラジル、ルーマニア、ペルー、メキシ

図表5-5◈グローバル・タレント・インデックス

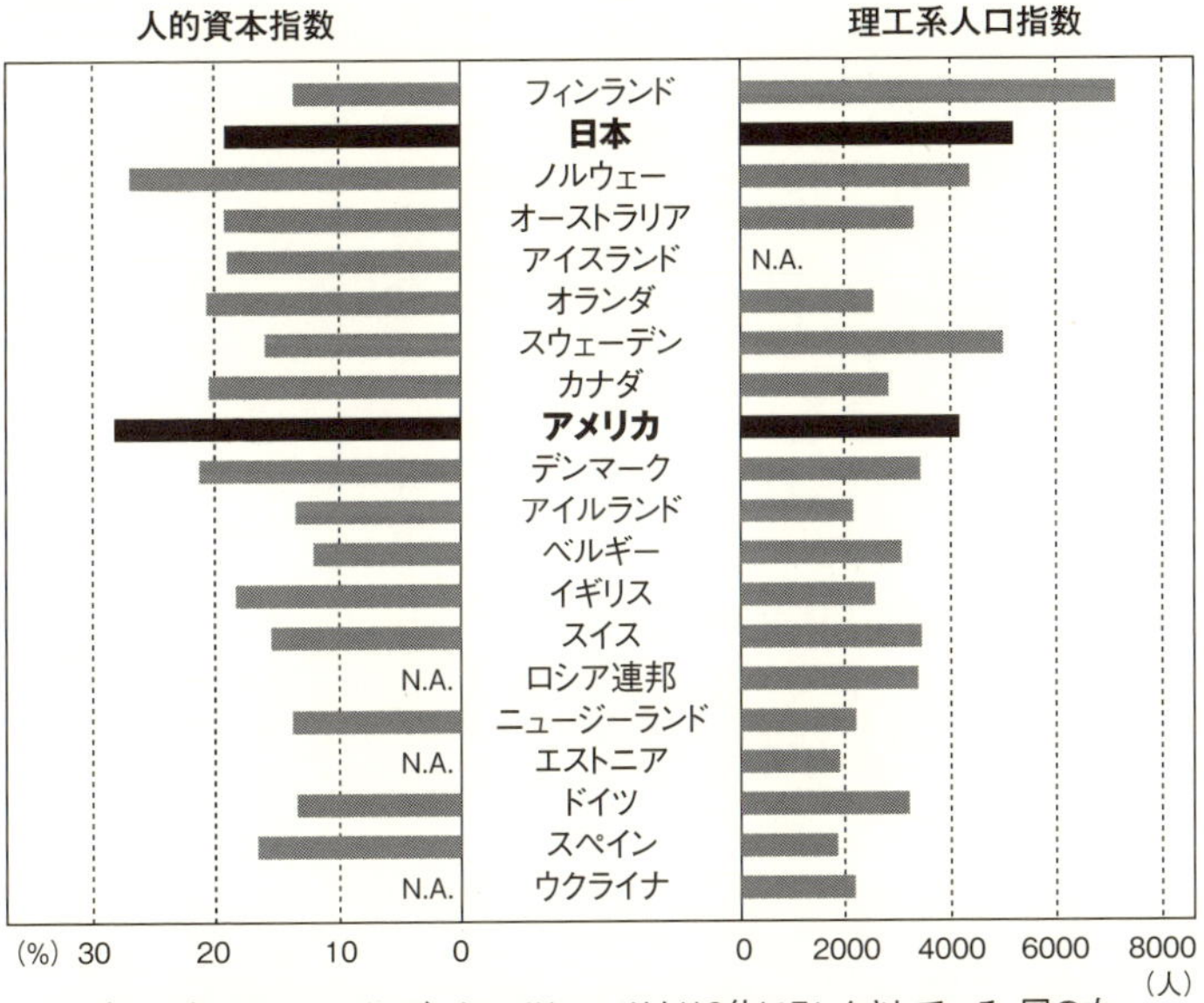

グローバル・タレント・インデックスでは、アメリカは9位にランクされている。図の左の人的資本指数は、25〜65歳人口に占める学士あるいは専門職学位以上の学位を持つ人の比率である。右の理工系人口指数は100万人当たりの科学研究者と技術者の人数である。

【出典】ILO、OECD、UNESCO。詳細は補遺1を参照。

コ、チリなどよりも下で、下から一番目と二番目である。もちろん人口規模やコスト優位性が幸いし、また高等教育を受けた人口も増加しているので、両国は今後、順位を引き上げていくだろう。

しかしこの二カ国が短期間に、アメリカなどトップの才能を惹きつけている国々にとって脅威となることはないだろう。

むしろ世界的な才能獲得競争の本当の姿は、北欧諸国、オーストラリア、カナダ、アイルランド、ニュージーランド、イスラエルなどの有望な国々を考え合わせることで、見えてくるのである。

才能獲得のグローバル競争は激化する

第四章の冒頭に説明した、アメリカ国内で人々の移動を加速させている基本要因――オースチンがピッツバーグに、シアトルがシンシナティに取って代わることができた理由は、地球規模でも機能している。才能ある人々、つまり生産性の高い人々は、活気に満ちた経済と魅力的な地域を世界中の都市から選び、その都市の生産力を担う。

アメリカ国内だけでなく、カナダ、ヨーロッパ、そしてアジアで行った個別インタビュー、意見交換、グループ・インタビューを通じてわかったのは、何よりもクリエイティブ・クラスの人間が共通して、彼らのスキルとサービスの市場は地球規模であるという見方を持っていることである。国境を越えて仕事場を探し、魅力的な経済機会があり、エキサイティングな文化や社会環境、世界水準の文化施設があり、自分らしくいられる自由と夢を実現できる場所へと向かうのである。世界的な才能の獲得競争は、あらゆる分野で加熱し続けている。

結果としてさまざまな国で、自国民の才能を引き留めておくだけでなく、世界中から経済発展の種を国内に誘致しようと取り組むことになる。高技能労働者に移民が占める比率は、オーストラリアでは約四分の一、カナダでは約二〇パーセントで、アメリカよりもずっと高い。イギリス、オーストラリア、ニュージーランドはすべて、外国の才能を引き寄せるために率先して行動している(3)。

カナダは、トップ・クラスの外国人研究者を惹きつけ、世界市場並みの賃金を払う「リサーチ・チェアー」という大規模なプログラムに着手した。同国のケベック州では、重要なハイテク分野に外国の才能を惹きつけるため、所得税減免期間が設けられた。ドイツでは、主に東欧から高い技能を有したＩＴ労働者を引き寄せるために、二〇〇二年に「グリーンカード」という制度に着手し、主要大学が奨学金・補助金付きで留学生を受け入れている。

アイルランドは海外在住の自国民を呼び戻すことに成功し、さらにカナダ、インド、南アフリカ、東欧からの外国人ＩＴ労働者に目を向けている。シンガポールは、自国のＩＴ労働者不足を埋めるために、中国やマレーシアの労働力の招請を試みている。

その一方で、中国やインドは自国民の才能を国内に留まらせ、また海外在住の自国民を母国に呼び戻そうと積極的に動いている。(4) レイモンド・ヤンの例を紹介しよう。アメリカで二〇年働いていた中国人のヤンは二〇〇三年に中国に戻り、上海を拠点にする携帯電話会社の最高責任者となった。彼は中国について次のように語っている。「この国には、夢をかなえるたくさんのチャンスがあります。中国はもっともっと大国になっていくでしょう」

母国中国でのチャンスに触発されたのは、彼一人だけではない。彼に続く世代には、可能性にかける人々が確実に増えている。

中国はまた、アメリカの入国管理の厳格化をきっかけに、アジアからの留学生にとって非常に魅力的な選択肢になってきている。二〇〇三年に、二五六三人のインドネシア人学生が中国で勉強するためのビザを取得したが、これは前年より五〇パーセント多い。アメリカへのインドネシア人留学生のほぼ二倍であり、アメリカへの留学生は、反対に二〇〇〇年の六五二〇人から二〇〇三年の一三三三人に減少している。(5)

学生は才能鉱山のカナリア

学生は才能獲得競争における「鉱山のカナリア」である（環境の不健康な状態に敏感に反応することのたとえ）。その才能を惹きつけることができた国は、さまざまな面で優位性を獲得できる。国際教育協会による詳細な研究によれば、二〇〇一年の時点で、世界約七五カ国一五〇万人が母国以外の国で学生生活を送っている。アメリカはその約三六パーセントを占めるが、次の五カ国（イギリス、ドイツ、フランス、オーストラリア、日本）の合計で約四〇パーセント以上を獲得している(6)。

しかし、留学生の絶対数だけを見ても、その裏にある留学生を惹きつけるために各国が傾けた努力の大きさはわからない。最も留学生数が多いのはアメリカだが、留学生比率で見た場合、より大きな数値を示す国が一一カ国ある。オーストラリアの留学生比率はアメリカの四パーセントの四倍以上の一七パーセントである。イギリスの留学生比率は一〇パーセント、スウェーデンは七パーセント、ニュージーランドは六パーセントである。

世界の各国は留学生を獲得する努力をエスカレートさせている。オーストラリアとカナダは、世界的な都市にある世界水準の大学で、学費と生活費の安さを武器に積極的に留学生に働きかけている。オーストラリアは二〇〇三年度に一六万七〇〇〇人の留学生を獲得し、カレッジの留学生登録数は一六・五パーセントの伸びを見せた。アメリカの伸びは〇・六パーセントだった。中国からの留学生は二〇パーセントの伸びで、オーストラリアはいまやアメリカにおける中国人留学生数（六万四七〇〇人）の二分の一に相当する三万二〇〇〇人を迎え入れている。

図表5-6◈学生人口に占める留学生の比率

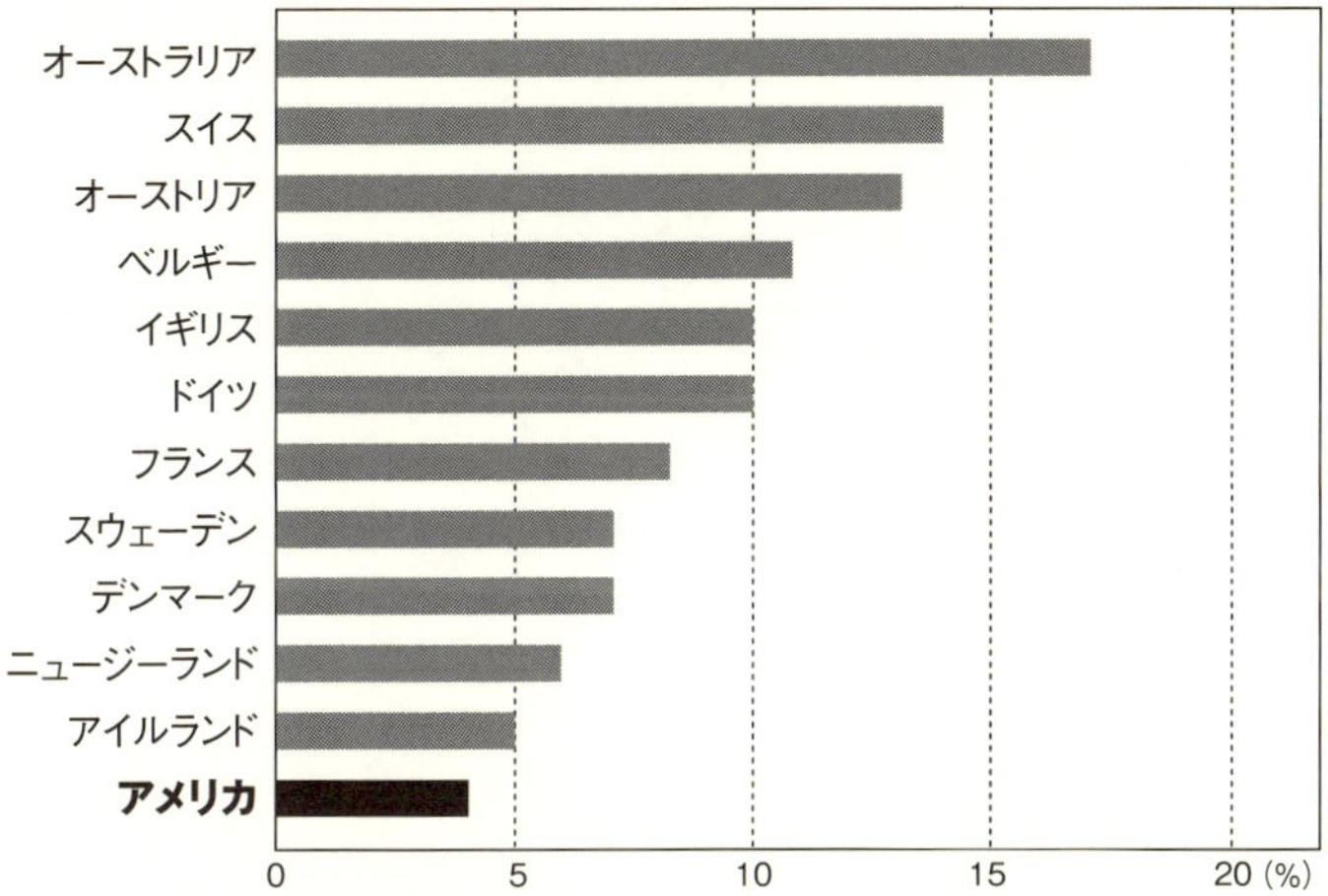

世界中の国が、留学生を引き寄せようと、いっそうの努力を傾けている。学生人口に占める留学生の比率で世界をリードしているのは、オーストラリアとスイスだ。アメリカは、世界で第12位にランクされている。

【出典】Todd M. Davis, *Atlas of Student Mobility*, Washington, D.C.: Institute of International Education, 2003.

イギリスとニュージーランドは、プログラムに柔軟性があり、講義時間や日数も少なく、卒業までの時間も短いことを強調している。韓国は、留学生に入国と就業制限を緩和する制度を始め、留学生向けに入居しやすい学生寮や、英語による授業を増やす計画を進めている。

ドイツの大学では、イギリスやアメリカを中心に世界中から学生を惹きつけるために、英語による無料の国際的な学位が取得できるプログラムを提供している。ロンドンに拠点を持つドイツ学術交流サービスのニーナ・レメンズは「私たちの考えは、ドイツの大学にいちばんよい学生を獲得することです」と説明する。さらに「今日の学生は明日のパートナーだと思っています。もし母国に戻ってビジネスをしても、彼らはドイツでのキャリアを第一の拠り所にしてくれるはずですから」とも付け加えた(7)。

中国とインドは教育機関に資金をつぎ込み、自国の学生が母国で学位の取得まで終えられるようにし、また卒業後は国内での就職を考えることを推奨している。

私がアメリカや世界中の大学で出会った学生たちは、カナダやヨーロッパ、オーストラリアの一流大学が提供する学費免除や奨学金獲得の機会を積極的に探していた。アメリカで最も留学生比率の高いカーネギー・メロン大学留学生課の代表を務めるリサ・クレイグは「学生はオーストラリアにだって行けることがわかっています。もしこの大学に何か不都合があれば、移って行ってしまうでしょう」と語る。オマハにあるネブラスカ大学国際研究科長のトーマス・ゴルティエはこう付け加えた。「もう始まっています。カナダやイギリスに申し込むことは簡単になり、屈辱的でもなくなってきています」。中西部の小さな大学の学生が私に言った。「外国の大学院からしきりに誘われています。スペイン、ドイツ、他のヨーロッパの国からも。申し込んで合格すれば、奨学金もたくさんもらえると聞いています」

留学生を獲得する重要性は、さらに増している。二〇〇〇年に国連教育科学文化機関(UNESCO)は、海外で勉強している学生の数は世界で一七〇〇万人であるが、二〇二五年には八〇〇万人以上になるであろうと推測している。あるレポートでは、「科学、医学、工学などの分野で先端の学問や研究を求める大学院レベルの学生は、アメリカ以外に教育・研究機会を求めることが増えている」とはっきり指摘している(8)。

高等教育の第一線の専門家は、現在の厳しい状況を次のように要約した。「他の国が留学生の獲得へ向けた努力を始めているのは間違いありません。ところがアメリカはその逆です。留学生を惹きつけるような積極的な政策がないばかりでなく、ビザ取得という障害まで置いて邪魔をしているのです」(9)。移動性のきわめて高いこのような学生を獲得できた地域が、急成長しつつある世界的な才能獲得競争において、長期的にきわめて有利になるのである。

寛容性

クリエイティブな才能を惹きつけ引き寄せるために、寛容性は、国や地域にとって欠かせない要件である。障害が低く移民が入りやすいといった開放性は、外国の才能を獲得するうえで効果があるばかりか、地域の才能を活用するという面においても、人種、民族、性別、年代、性的嗜好や階級を超える効果的な対応を促す。

寛容性の程度、つまりグローバル・トレランス・インデックスの測定は、ミシガン大学のロナルド・イングルハートによる広範な調査を基礎としている(10)。イングルハートは一九九五年から九八年の期間にかけて行った六五カ国のデータをもとに、著名な「ワールド・バリュー・サーベイ」を行っている。この調査の対象者数はきわめて多く、一カ国につき平均一四〇〇人の回答を得ている。

「価値指数」は、神への態度、宗教、愛国心、権威、家族、女性の権利、離婚、中絶などを含んだ一連の質問から、その国ではどの程度、伝統的または宗教的な価値に支配されているか、逆に現代的または非宗教的な価値が反映されているかを測定している。「自己表現指数」は、自己表現、生活の質、民主主義、科学技術、レジャー、環境、信頼、抗議行動、移民、ゲイなどのテーマを含む質問により、その国では個人の権利や自己表現にどの程度の価値が認められているのかを測定している。

これらは調査時に実際に回答された価値観であり、*The Rise of the Creative Class* で使用した、(アメリカの地域分析に用いた)移民やゲイといったグループが実際に住んでいる比率によって測定した指数とは、かなり異なるものである。残念ながら、このような測定法を検証するための比較データは存在しないが、それでも分析結果は興味深く、参考になりうるものだ。

寛容性は、アメリカの今後の競争力にとって根本的な課題である。この指標には意外性を感じる者がいるかもしれないが、これ以上ないほどに明白な結果を示してくれる。グローバル・トレランス・インデックスにおいて、四五カ国中、アメリカはイタリア、韓国、イスラエル、スペイン、クロアチアと並び二〇位に位置づけられている。アメリカは個人の権利や自己表現など自己表現指数では非常に高い点を取っているが、価値指数は他の先進国よりもかなり低い。イングルハートは、アメリカは他の先進国のなかでは「離れ小島」であり、ほとんどの国より「伝統的」な価値観が多く存在するとしている。

たしかに、次のような数値を見るとアメリカ人の信仰心は飛び抜けて強いことがわかる。アメリカ人の九二パーセントは神を信じており、八五パーセントは、聖書は神の言葉だと思い、七四パーセントは死後の世界を信じている。さらに、アメリカは世界的な基準から見れば、最も宗教に多様性がない国の一つである。アメリカ人の八八パーセントはキリスト教徒を自認している。ジャーナリストのダニエル・ラザールは、「アメリカにとってのキリスト教信仰は、イスラエルのユダヤ教信仰、エジプトのイスラム教信仰、インドのヒンズー教信仰に勝るとも劣らない」と指摘する。

ピュー・リサーチ・センター・フォー・ザ・ピープル・アンド・ザ・プレスによる二〇〇二年一二月の調査では、世界四五カ国の宗教への態度を調べている。ここでもイングルハートらの調査と同様、ア

図表5-7◈グローバル・トレランス・インデックス

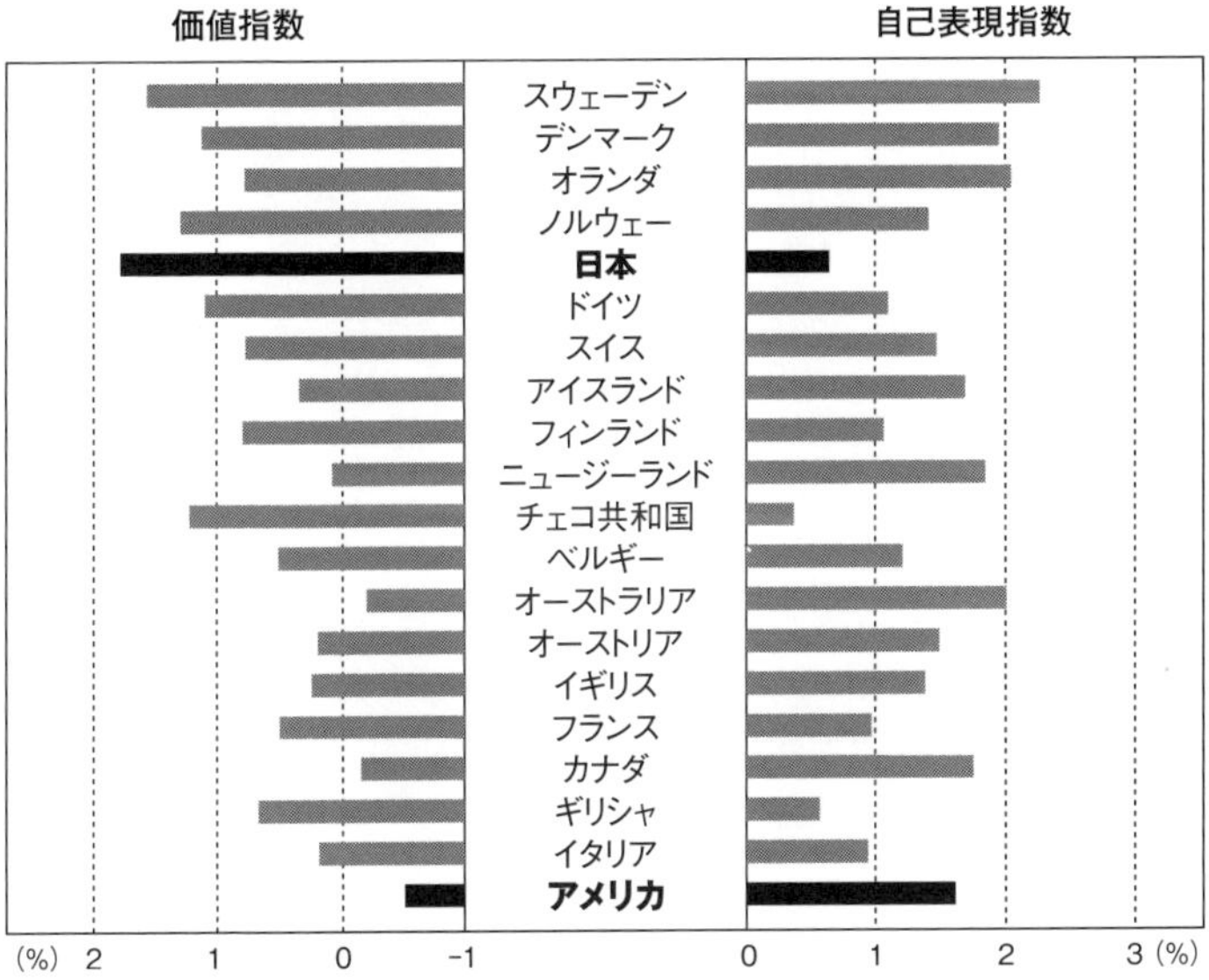

アメリカは、グローバル・トレランス・インデックスでは20位になる。図の左の価値指数は、現代的で非宗教的な価値観がその国の文化に影響を与えている程度を示す。右の自己表現指数は、その国では個人の権利や自己表現にどの程度価値が置かれているのかを示す。

【出典】Ronald Inglehart, *World Values Survey*, 2001.

メリカ人の日常における宗教の圧倒的な役割について、「他の裕福な国の人々にとってよりも、アメリカ人にとってはずっと重要なもの」と分析している。また、アメリカではおよそ六割の人が、宗教は自分の生活のなかで非常に重要な役割を果たしていると考えている。これはみずから宗教心があると認めているカナダ人のおよそ二倍であり、日本や西欧と比べて、より高い割合である。「アメリカ人の価値観は、先進国の一般的なものよりも発展途上国のそれに近い」と同調査では結論づけている。

　アメリカの宗教は基本的には不寛容ではない。むしろ宗派にとらわれず、社会的な意識を持ち、開放的で組織化された宗教は、二〇世紀のアメリカにおける進歩的な社会変革を促したほどだ。たとえばマーチン・ルーサー・キング牧師の努力があったからこそ、世界はより多様性に富み、より開放的に、よりよいものになった。しかし、多くのアメリカ人は、外国の人々と同様に、よくも悪くもアメリカの宗教と原理主義の高まりを結びつけて考えるようになってきた。フェイスフル・アメリカのような組織は、アメリカの宗教に寛容性や、前向きな視点を再生させようとしているが、事実はよくも悪くも変わっていない。アメリカ人は、非常に伝統的で信心深いのである。

アメリカは、ヨーロッパの国々よりも移民比率がはるかに高いという事実があるにもかかわらず、宗教、愛国心、離婚、女性の権利、移民、ゲイなどのさまざまな課題に対する態度は、北欧やカナダがこの問題を扱う態度より、非常に保守的で伝統的である。イングルハートらはこの件に関して次のように述べている。

アメリカは、戦後の批評家が無邪気に推測したような、他の社会が追随するような現代的な文化のお手本というものではない。実際、アメリカには……他のどの先進工業化経済よりも、はるかに伝統的な価値観に基づいたシステムがある。伝統性と世俗性の面では、アメリカは他の豊かな社会よりもかなり下位に位置づけられ、宗教心と愛国心の水準は発展途上国のそれと同等である。……自己表現の面では、アメリカは最先端な社会として位置づけられてはいるが、世界をリードしているというわけではなく、文化の柔軟な変化という点においては、スウェーデンやデンマークがアメリカよりも先端にある。(11)

イングルハートらからすると、世界の「アメリカ化」という表現は、まったくもって不正確なのである。一般的にアメリカ化とは工業化が進むことに他ならない。「実際、アメリカは逸脱しているようだ」と彼らは述べている。「ここの人間は、同じように繁栄しているどの社会よりも、はるかに伝統的な価値観と信条を持ち続けている」

日本とドイツが寛容性のランキングで高いことも、なかなか驚かされる結果となっている。イングルハートの評価が、「現代的な価値観」と「自己表現」を重視していることを思い出してもらいたい。移民や他のグループに対する実際の開放性なのではない。言うまでもなく、日本は歴史的に鎖国を行ってきた。ドイツも、外国人の「ゲスト労働者」の地位をめぐる論争が続いているなど、不寛容の伝統が長く残っている。

二〇〇四年の調査によると、両国の過半数の市民は、移民は社会にとって「悪影響」があると見ている。この調査はアメリカを含む九カ国で行われたが、移民への厳しい見方が世界的であることがわかる。[12] ドイツと並んで、最も移民と移住に否定的な見方を示したのがイギリスである。イギリス国民の六〇パーセントとドイツ国民の五七パーセントは、移民は自国に悪い影響を与えると答えている。事実、ヨーロッパの国々は例外なく否定的な見方をしている。フランス、イタリア、スペインの過半数の回答者は、移民は社会に悪い影響を与えると述べている。

グローバル・トレランス・インデックスでトップであるスウェーデンをはじめ、デンマーク、オランダ、ノルウェー、さらにはスイス、アイスランド、フィンランド、ニュージーランド、ベルギー、オーストラリアといった国々の評価値は高く、こうした価値観や態度が才能獲得競争に有利に働くことを示している。

しかし寛容性と多様性という意味での、真のリーダーはカナダであろう。調査した九カ国のなかでカナダだけが、移民に対し概して肯定的な見解を示した。アメリカは、移民に関してはむしろヨーロッパの見方に近かった。アメリカ人回答者の半数以上は、移民を悪と見なしている。

私たちアメリカは、慢心している場合ではないだろう。カナダの移民率はすでにアメリカより高い。そして、最近のカナダは留学生、研究者を積極的に誘致しており、一方アメリカはより閉鎖的になってきている。

――グローバル・クリエイティビティ・インデックス（GCI）

国や地域が競争に勝ち抜くには、三つのT（タレント、テクノロジー、トレランス）を一体として考え、取り組む必要がある。三つのTのどれかに秀でることも必要だが、一つだけでは経済的な成功には不十分である。ピッツバーグやクリーブランドのような地域には、よい大学があり、技術もあるが、人は出ていくばかりで、多くの移民やゲイの人々を惹きつけることもできていない。マイアミのような地域は移民が多く、どんなライフスタイルも受け入れているが、技術がなく人を引き寄せるような活気あふれた雇用市場がない。サンフランシスコ、ボストン、シアトルのような最も成功している地域では、三つのTがうまく機能している。これらの地域は技術に投資し、才能を引き寄せる磁石となり、新しい人々や考え方にも偏見がない。

私たちは三つのTで構成されるクリエイティブな競争力を評価するために、グローバル・クリエイティビティ・インデックス（ＧＣＩ）という新しい測定指数を考案した。ＧＣＩは才能（タレント）、技術（テクノロジー）、寛容性（トレランス）のスコアを合算したものである。同指数は、マイケル・ポーターのイノベーション指数、フォーリン・ポリシー誌のグローバリゼーション指数、国連の人間開発指数や他の類似の測定値とも強い相関があり、かつ競争力の測定方法として他のものよりも優れていると考えられる。なぜなら、これまでの測定法は人間の才能に注目した指数を含むものもあるが、技術力に偏りすぎであり、競争優位性として同じく重要な「寛容性」に関する指数を一切考慮していないからだ。ＧＣＩにはこれら三つのＴがすべて含まれている。

ＧＣＩによれば、アメリカはスウェーデン、日本、フィンランドに続き四位に入っている。他に上位に入るのは、デンマーク、オランダ、ベルギー、ノルウェーなど北欧の国々やドイツ、あるいはカナダ、オーストラリア、イギリスなどである。国としてはより小規模な、アイスランド、イスラエル、ニュージーランド、アイルランドといった国々も二〇位内に入っている。

しかし、これらの国や地域がアメリカを追い越さなくても、アメリカは窮地に立たされることになろう。過去一世紀、私たちは才能の世界市場を独占してきた。最も優れた人々を世界中から惹きつけていた。ここで、たとえばカナダ、オーストラリア、ニュージーランド、ＥＵの数カ国が、この重要な資源を獲得する能力を強化し、各国が五パーセントから一〇パーセント程度奪っていったとしたら、何が起こるかを想像してみよう。数字で考えるとわかりやすい。最も起こりえるシナリオは、一撃によって致命傷となるのではなく、無数の傷で身動きが取れなくなるというものだ。

以上から、将来の世界経済を牽引するのは、コスト効率のよい工場や標準的なビジネス・プロセスの提供といった面で世界的な中心になりつつある、中国やインドのような新興経済国ではないだろうと私は思っている。GCIにおける両国の順位はそれぞれ四一位と三六位という下位である。この両国ではなく、クリエイティブな環境をダイナミックに創造し、才能に投資し、技術を活用し、世界中からクリエイティブな才能を惹きつける努力によって魅力を高めているフィンランド、スウェーデン、デンマーク、オランダ、アイルランド、カナダ、オーストラリア、ニュージーランドのような比較的小さい国々が、世界経済の中心となるだろう。

アメリカが急激に駄目になるとか、他の先進国がすべてを手にするということもないだろう。九二年から二〇〇〇年で、アメリカの実質GDPは三六パーセント成長し、ヨーロッパの競争国の成長率(一九パーセント)を凌駕している。アジアの新興経済の数カ国を除けば、どの国よりもよい。さらに、欧州改革センター(CER)の報告によれば、二〇〇〇年三月にリスボンで行われたEU首脳会議で公約された「二〇一〇年までに世界で最も競争力がありダイナミックな知識経済になる」という「リスボン戦略」であるが、五年たった段階で、ヨーロッパ諸国の大多数において期待された開発目標にかなり遅れが出ている。ここで、デンマークとフィンランドだけがその例外となっている点には注目すべきである。

クリエイティブ経済を開発目標として首尾よく設定したにもかかわらず、新しい経済への適応にはヨーロッパ諸国も、アメリカと同様な問題で苦しんでいる。財政は赤字であり、柔軟性に欠ける労働市場、急速な高齢化、膨れ上がる農業補助金、そして現在進行中のEU憲法論議など、ヨーロッパがクリエイティブ時代の入り口にたどりつくには超えるべき課題が多く残っている。

開放性や移民問題に対する反発が多方面で高まっていることは、ヨーロッパにとって、よりダメージが大きい。イングルハートの価値指数によると、多くの北欧の国家は上位に位置するが、それらの

図表5-8◈グローバル・クリエイティビティ・インデックス(GCI)

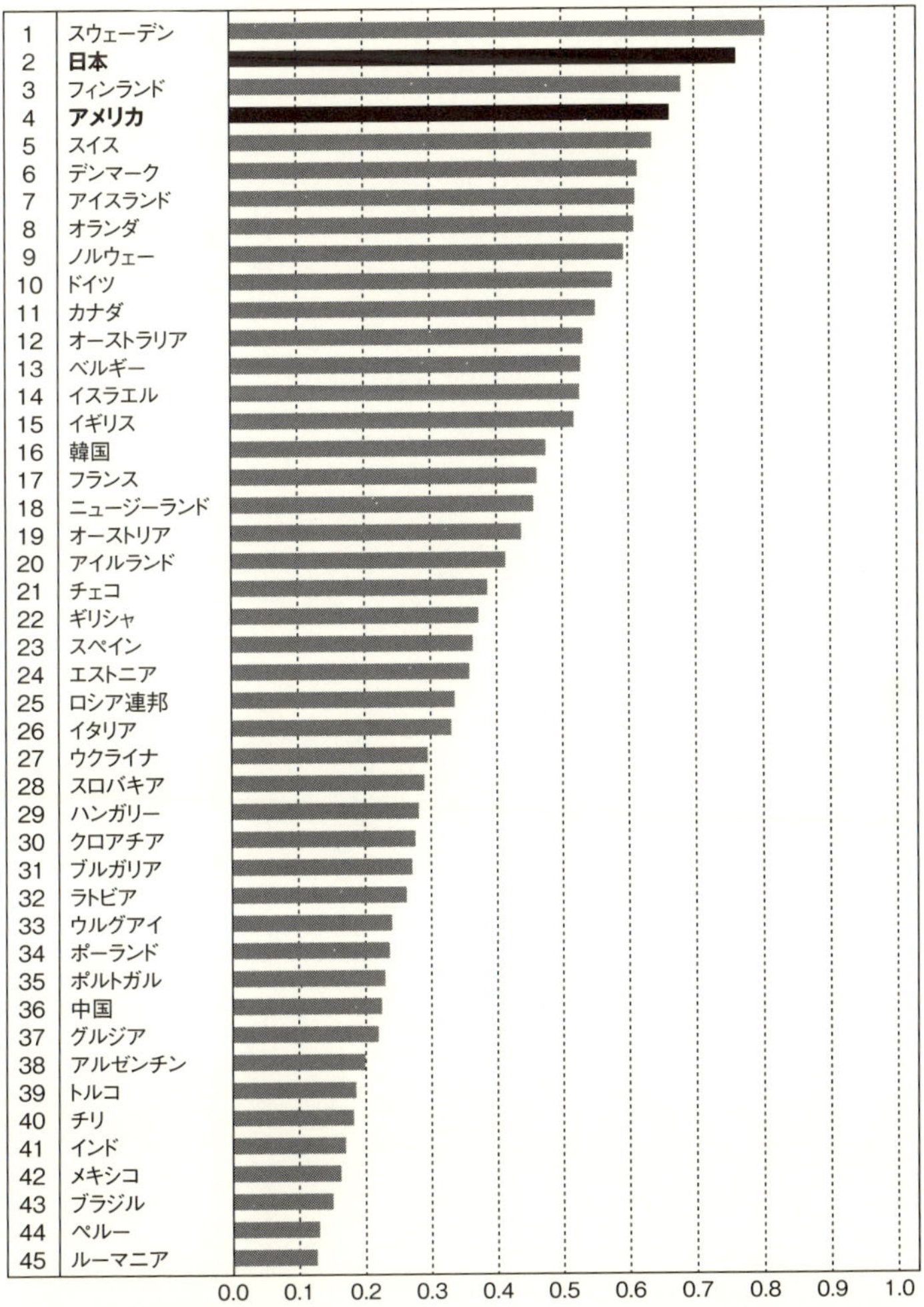

GCIは、経済成長の3T(テクノロジー、タレント、トレランス)に基づいた、総合的な国の競争力を測定する指標である。リストの最上位にあるのはスウェーデン、次いで日本、フィンランドと続く。アメリカは4位である。

【出典】Compiled by Irene Tinagli based on various sources. 詳細は補遺1を参照。

国々でもクリエイティブ経済が進むにつれ、既存の制度、階級、社会の構造に軋みが生じ、反移民感情も着実に大きくなってきている。

スウェーデンでは急速に開放性が進んでいるが、他の国は非常に遅れている。フランス、オランダ、デンマークは、大衆迎合的なナショナリズム政策が復活し、きわめて強烈に外国人嫌いを公言する右翼勢力が、選挙でも定期的に勝利している。私たちが測定する多くの指数で上位に入るデンマークでさえも、外国人と生粋のデンマーク人のカップルが国内に住み続けることが非常に厳しくなっている。ロンドンを拠点としたシンクタンク、デーモスのトム・ベントレーは次のように書いている。「多くのヨーロッパ人は、社会的平等と、宗教にとらわれない自由の二つを基盤とする生活の質に強く共感している。……しかし、経済構造の変容と新しいグローバルな不安は、政策の見直しを強いている」

ベントレーは、西欧の多くの歴史的大国にとって「寛容と社会的保護は、戦後の社会福祉政策とNATOの傘下で安全であったがゆえに可能だった」としている。経済学者のアルベルト・アレジーナとエドワード・グレーザーが指摘したように、きわめて社会主義的な社会福祉政策は、現在のように人口の多様性を抱えず、より同質な民族集団としての期間が長かったことで維持できたのである。そのような制度や地政学的条件は「崩壊している」とベントレーは指摘する。「多くの人々が放り出されたと感じるようになっている」というのだ。

アメリカは、クリエイティブ経済の成長がもたらす重圧を感じている。同じ重圧に対し、他の国に耐性があるというわけでもない。しかしだからといって、アメリカもこのままでよいというわけではないのである。

第6章

繁栄する都市、停滞する都市

Regions on the Rise

都市の主要な機能とは、力を形にし、エネルギーを文化にし、無機物を生きた芸術の象徴にし、生物としての再生産を社会のクリエイティビティに転換することである。

——ルイス・マンフォード（一八九五―一九九〇年）歴史家

才能をめぐる競争は国家間のものだけではない。本当の競争は都市や地域間で行われる。二〇世紀のほとんどの間は議論の余地なく、アメリカがその競争で優位を保っていた。アメリカの都市は世界で最も経済的に繁栄し、最も開放的で、最もエキサイティングだった。より重要なのは、アメリカには（かつてはそうであり、また今後もそうであろうが）世界で最も広範に結びついた生産的な都市システムがあることだ。

アメリカには一〇〇万人以上の中心部人口を持つ都市が約五〇あり、その都市システムは、さまざまな経済機会やライフスタイル、国際的な金融拠点、エンタテインメント、ハイテク、上質なコミュニティ、産業拠点、そして学生街などを私たちに提供してくれる。

歴史的に開放的であったこともあり、この多岐にわたる都市システムは、才能ある者たちを魅了し、この地への居住を誘ううえで十分な力を発揮してきた。ジェーン・ジェイコブズはかつて私にこう言った。「アメリカを偉大な国家にしているのは、さまざまな規模を持つ多数の素晴らしい都市群である。その点、カナダで本当の都市といえるのは、トロント、モントリオール、バンクーバーの三つくらいである」。カナダがアメリカの真のライバルとなるためには、「本当の都市」をもっとつくることだ、と彼女はつけ加えている。アメリカの都市は、それぞれに個性があるだけではない。その結びつきによって、クリエイティビティやイノベーション、アイデアを、まさに国家的スケールで分かち合うことを可能にしているのだ。

しかし一九八〇年代から九〇年代にかけて、グローバル競争の荒波はアメリカのトップ企業をも襲った。アメリカの都市は、いまやグローバリゼーションの重圧の下、競争力の移り変わりを経験しているところである。経済がグローバル化するなかで、都市システムも（産業システムのように）比較的独立していた国内のシステムから、世界的なシステムへと統合されていった。世界中で一〇〇万人を超える人口を抱える都市の数は、一九〇〇年の一二都市から五〇年には八三都市へと増加し、現在では四〇〇以上になる。たとえば都市とその郊外を含む地域という単位で国際比較をした場合、数においては、アメリカの都市は世界の大都市のたった一二パーセントを占めるにすぎない。

これまでに述べてきたように、アメリカの都市は世界から二種類の挑戦を突きつけられている。トロント、アムステルダム、シドニー、ストックホルムのような「グローバルな才能の磁石」は、より積極的、効果的に世界の才能の獲得を競っている。そしてダブリン、台北、バンガロールなどの「グローバル・オースチン」は、自国の才能を惹きつけ留まらせ、技術力で頭角を現し、グローバル経済で特定な役割を担う存在として、みずからを構築しようとしている。

クリエイティビティの培養器

都市の中心は、常にクリエイティビティの培養器となっている。イギリスの都市計画学者、ピーター・ホール卿は、代表的な著作 *Cities in Civilization*（文明のなかの都市）で、都市は科学、技術、起業家精神などと同様に芸術、医学、文学、政治における人類の進化を育む揺りかごとして機能しており、過去五〇〇年の間、イノベーションと経済成長の原動力であったと記している。[1] また、都市は技術と産業の進化に似たダイナミックな進化をたどっているとも言う。都市も産業と同じように台頭し、「クリエイティビティのサイクル」に入る。それは、技術と経済成長に関する偉大な理論家であるヨーゼフ・シュンペーターがかつて名づけた「創造的破壊」の基本パターンと同じである。「創造的破壊」の概念は、新しい技術を利用する起業家が新しい産業を創造し、既存の秩序を再構築し、イノベーションと経済成長を急拡大させるサイクルとして、よく知られているものだ。

世界のクリエイティビティとイノベーションの中心地が、実際の地図上のどこにあるかは、時代と共に変化していく。ホール卿は、古代アテネを「独特なクリエイティビティの爆発が起きた場所」とし、それから約二〇〇〇年後、アテネから一〇〇〇マイル離れたフィレンツェでも「同じ仕掛けが働いた」と書いている。イギリスで産業革命が生じ、その先導役をやがてドイツとアメリカに明け渡したように、マンチェスター、バーミンガム（イギリス）、ルール地方（ドイツ）、デトロイトなどの産業都市はかつて「先端都市」だった[2]。

だが九〇年代には、競争力はシリコンバレーに移っていく。そうなると関心は、新たな世界的な地域間競争において、次なるハイテクの中心地となるのはどこかということに向けられる。しかし、その前に、都市が経済成長における中心的役割をどのように演じているのかについて、簡単に触れておきたい。

私たちの経済が主に産業と貿易に独占されていた時代でさえ、都市はイノベーションと経済成長の牽引車であった。ジェーン・ジェイコブズは『都市の原理』の中で、早くから輸出が行われ、新しい分業体制を生み出した場所において都市の誕生と発展は促される、との古典的な分析を行っている。国の経済同様、都市の成長においても、かつては肥沃な土地や豊富な原材料などといった物理的利点のほか、川沿いなど自然の輸送ルートに恵まれるといった、神の与える地理的利点が重要であった。しかしいまは、こうした利点が経済的な意義を失う一方、人間のクリエイティビティが移動することについて、都市の関わる役割が急速に注目されるようになっている。

都市経済学者のウィルバー・トンプソンは六五年に、イノベーションの培養器としての都市の機能について、次のように説明している。大学、博物館、図書館、研究所などのある大都市は、空間的に統一された一つの大きな「コーヒー・ハウス」であり、そこでは多様な文化圏から来た優れた頭脳を持つ者たちが衝突し、新製品や新しいプロセスにつながる火花を散らしている。発明家や革新者は時間的、空間的に偏在して活動する傾向にあり、また活動的な人々はみずからの同類を引き寄せるので、そのようなクリエイティビティには限界がないと言う[3]。

ロバート・ルーカスは、生産性の向上や競争力の本当の源泉となるのは、原材料、労働コスト、技術といったものよりも、都市化、つまり地理的な集中と人間の集団であると指摘してきた。特にクリエイティビティ、知識、アイデアが重要な生産要素となる場合には、まさにこれが当てはまる。

クリエイティビティを結びつけ、イノベーションを促進させるという働きによって、都市は二〇世紀を通じて、社会的、経済的に非常に重要な組織単位となった。世界で都市に住む人口の割合は、一八〇〇年の三パーセントから一九〇〇年は一四パーセントに上昇した。一九五〇年には三〇パーセントに達し、二〇〇〇年までには地球の総人口の半数近く、つまり二〇億八〇〇〇万人へと都市人口は爆発的に増加した。現在、先進国では人口の四分の三以上が都市に住んでいる。(4)

電話、自動車からコンピュータ、インターネットに至る技術の進展は都市を消滅させるであろうとの予想に反し、クリエイティブ経済は国境や産業よりも、むしろ都市によって規定されるようになっている。経済地理学者や経営評論家、特にマッキンゼー・アンド・カンパニーのコンサルタントから経営の大家になった大前研一は、グローバリゼーションは国家国民という枠組みの力を奪う一方、世界中において、主要な経済や社会の単位としての地域の役割を増やすと指摘してきた。*The Rise of the Creative Class* でも書いたように、経済や社会の中心となる組織単位の座は、工業化時代の巨大企業から、場所に取って代わった。場所において、経済機会と才能が、さらには仕事とクリエイティビティ、イノベーション、経済成長に不可欠な人とが有機的に結びつくのだ。

なぜこのようになったのだろうか。もちろん初期の都市は交易と商業の場であり、まずは農家が農産物の余剰を売買できる場として育まれてきた。その後、時間と共に自然と職業の専門性による分化、すなわち分業が進み、それが生産性の向上につながっていく。このような過程で生み出された余剰が、さらに収入の増加を生み、人々はより多くの物を買うようになり、そのためにさまざまな商品が開発されるようになった。香辛料、農機具から衣服、書籍まで、初期の消費産業・市場が形成されていく。やがて交易の中心地として発展した都市は、農産物や地元の産品のみならず、輸入品まで幅広く品揃えをするようになっていく(5)。

一九世紀になると、都市の中心地は市場を基盤としたシステムから、産業の拠点として発展していくようになる。シカゴ、マンチェスター、ドイツのルール地方は、工業生産へうまく移行した地域だった。多くは原材料の産地や港、水路に近いなどの地理的な利点があった。これらの都市の多くは小さな工場からささやかに始まり、本格的な産業集積地へと進化していった。原材料から完成品まで、必要とされるものはほとんどすべてその場所で製造された。

最も典型的な例はデトロイトだ。自動車産業の世界的な拠点であり、二〇世紀初頭にフォードの主要工場であるリバールージュ工場が建設された場所だ。ここでは鉄鋼製造から、原材料の加工、組み立て、最終仕上げ、塗装、完成まで、自動車を製造するために必要な工程が物理的に一つの場所に統合されていた。自動車のデトロイト、鉄鋼のピッツバーグなど都市の多くが単一の産業に特化する一方、そのほとんどすべてに、経済学者が堅固な垂直連携と称する構造が存在した。原材料から出荷段階の製品に至るまでに必要なすべての産業、プロセス、そして労働者は緊密に結びついていた。それは、企業の共同体とも呼ぶべきものだ。自動車製造であれば、車体フレーム用の原材料として使われる鉄鋼の生産工場も、フロントガラスに使われるガラスやタイヤに使われるゴムの製造業者も、いわば隣接していたのである。

産業革命によって大都市が生じ、都市は人々を集め、移民を引き寄せ、巨大な産業集積地やオフィス街に仕事を生み出した。こういった都市は徐々に拡大し、当然の帰結として、大量生産の場としてだけでなく、大量消費の場にもなった。特にアメリカにおける郊外化は、大量生産の製造業、持ち家の増加、そして自動車、家電製品、他の工業製品の需要拡大を活気づかせるものとなった(6)。

七〇年代から八〇年代までに、産業都市の階層構造は崩れ始める。これを一部の研究者らは「第二の産業分水嶺」と呼んでいる(7)。技術投資の遅れ、消費市場の飽和、硬直化した社会システムによって、多くの都市が犠牲となっていった。かつては地域内で組織されていた分業体制が、徐々に地域を越えて広がり、統制された製造プロセスやバリュー・チェーンが確立された地域から、より柔軟でコストの低い世界の他の地域へ広がっていった(8)。地理的に集中し統合された製造システムの代わりに、製造プロセスそのものの分散化、グローバル化が進んだ。

そしてより多くの製造業が否応なく、かつての産業の拠点からラテン・アメリカやアジアの新興経済へと移動していったことによって、アメリカの産業だけでなく、アメリカの都市や都市システムも明らかに本格的な国際競争に直面するようになった。機能や地域において専門化が進み、世界の各所は急速に、一つの産業というよりも、むしろ特定の製造プロセスに集中するようになっていった。

シンガポールはディスク・ドライブに、台湾は半導体に、メキシコのティファナとグアダラハラは電機製品の組み立てに、バンガロールはビジネス・プロセスのソフトウエアにと、集中化戦略を採用した地域は多い(9)。この新しいグローバルな都市システムの核心にある特徴は、都市における産業、仕事、機能の専門化が進む一方で、製造システムやバリュー・チェーンが、地域を越えて世界的に統合されていったことだ。

またそれとほとんど同時期に、肉体労働がベースとなる経済から頭脳労働がベースとなる経済への進化が始まり、それに伴い知識をベースとした地域の台頭が起きる。これらのイノベーションの拠点は、もはや天然資源や巨大な工場施設を前提とするものではなく、大学の研究・技術とベンチャー・キャピタリストや起業家とを結びつける強力なネットワークが前提となる。イノベーションや新規事業を次々と生み出すこのような社会構造が、経済成長の最前線となっていく。(10) より多くの資本主義的なイノベーション活動が、少なくとも地理的な面においては、実際の製品やサービスの製造とは別の場所で行われるようになっていった。

こうしたイノベーションと製造の地理的な分散は、ハイテク産業に限ったことではない。伝統産業の多くにも見られるようになっている。たとえばイタリアの衣類製造における伝統的な産地は、デザインと高付加価値製品に特化し発展していった。『第二の産業分水嶺』を著したマイケル・ピオリとチャールズ・セーブルらが示すように、各地は先進的なデザイン、新しい技術の導入、さらには開発者、製造者、消費者の緻密にして柔軟なネットワークの組織化といったことによって、競争力を強固なものにしていった。これにより、消費者の需要の変化に対応して、素早く製品を変更することができたのである。(11)

世界中の地域は、同様なプロセスを踏襲するようになった。大企業への依存を減らし、イノベーションの拠点となることを目指し、ハイテク・パークをつくり、大学と産業界の連携を促し、ベンチャー向けの基金を公的に整備し、技術移転を推奨する。(12) 現実の成功例となると数は少ないものの、知識と人間のネットワークによる、いわゆるクリエイティブな結びつきが地域の経済成長の原動力になるという意識は、次第に確かなものとなっていった。

ニッチをめぐる競争

急速なグローバリゼーションとクリエイティブ経済の台頭は、グローバル競争の様相を劇的に変え、グローバルな都市システムを変化させ、ある地域を発展に導く一方で、ほかの地域には深刻なダメージを与えている。ピッツバーグ、クリーブランド、セントルイス、デトロイトのような古い産業都市は、技術水準の低い産業や雇用を外国の新しい競争相手に奪われ、技術水準の高い才能は、新しく台頭してきた知識集約型の地域に奪われるという、二つの圧力に苦しめられている。台北やグアダラハラといった新興の工業化地域は、製造プロセスの比較的狭い領域に特化するようになったが、そのことで経済の変動や地域のコスト構造の影響をより受けやすくなっている。「アイデア都市」が台頭し、経済成長やクリエイティビティがより集中する傾向にある一方で、それらの都市は才能をめぐる熾烈な競争や、クリエイティブな労働者とそれ以外の住民との格差拡大といった問題に直面している。

その結果として、すべての都市がより狭い分野（ニッチ）に特化していく競争に参戦し、これまでになく複雑かつ洗練された方法で才能とコスト構造とのバランスを取り、競争優位性を見出そうとしている。こういった都市は本質的に能力を特化させ、「才能の裁定取引」を行っている。アメリカの都市の経済活動には明確な特徴が表れてきており、地域経済学者、アン・マークセンは「高度に専門性が追求される時代ゆえに、都市はその都市ならではの強みを発揮することが求められるようになるであろう」と指摘する。(13) シリコンバレーがいまだに、ハイテク電子製品、ソフトウエア、バイオテクノロジーなどの分野で世界的なイノベーションを独占しているように、アメリカの都市や地域にも素晴らしい活力はあるが、アメリカ以外の多くの地域も、主要な分野の技術と才能の面で非常に重要な存在となっている。ここにいくつか例をあげてみよう。

- 日本の東京と大阪は、最先端の家電製品の開発、特に新世代のモバイル・ワイヤレス機器では間違いなく世界のリーダーである。東京はビデオ・ゲームの先進的な拠点であり、アニメ産業を支配し、映画、ミュージック・ビデオ、ビデオ・ゲームの製作で非常に重要になってきている。
- ニュージーランドのウェリントン（ピーター・ジャクソンの拠点）、メル・ギブソン、ニコール・キッドマン、ラッセル・クロウらの出身国であるオーストラリアのシドニー、メルボルン、さらには低コスト版ハリウッドとも呼ばれるトロントといった都市が束になって、ロサンゼルスが長期間独占してきた映画製作とデジタル製作技術の主要な分野に挑んでいる。メキシコや他のラテン・アメリカ諸国、そしてもちろんインドでも、ハリウッド作品の輸入よりも自国の大都市を映画製作の拠点とすることに、より関心を払っている。
- 通信機製造の世界的な大手であるノキアの本拠地、フィンランドのヘルシンキ＝タンペレ＝オウル地域は、サンディエゴ、シリコンバレー、モトローラの本社があるシカゴ地域と競っている。
- ロンドン、ミラノ、パリはファッション、デザイン、高級ブランドの拠点として長くニューヨークと競り合ってきた。いまではそこにアントワープなどの都市も参戦している。
- フランスのトゥールーズ、ドイツのハンブルクは、航空機の設計製造において、世界的な中心地であるシアトルに挑戦している。エアバスは、アメリカ最大の輸出企業であるボーイングを抜いて、航空機製造で世界最大手となった。

もちろん、ここで述べている優位性は移り変わるものだ。経済成長を生み出す最大の要素であるクリエイティブな人々は世界中を移動していく。さらに専門化しすぎた都市は、特に経済の変動に脆弱だ。つまり、都市がすべきことは、移動する人々を引き寄せ、あわよくばそこに留まってもらうための答えを見つけることである。それができれば、イノベーションと起業家活動によって、才能ある人々が経済のでこぼこ道も舗装された道にしてくれるだろう。しかし、言うは易く行うは難しである。経済成長はしばしばコストを上げ、生活の質を下げる。グローバルな競争が拡大する環境においては、そのようなクリエイティブな人々の関心を維持していくことは難しい。

次のことについて考えてみよう。ニューヨーク、サンフランシスコ、シアトル、ボストンといったトップ・グループの都市がロンドン、トロント、バンクーバー、アムステルダム、シドニーといった都市と才能の獲得をめぐって激しく競い合っているならば、ピッツバーグやクリーブランドのようなすでに経済的に不利な状況にある何百という都市や地域はどうなってしまうのだろうか。世界中から選べるのだとしたら、故郷のクリーブランドを離れたとしても、ことさらシアトルに向かおうとは思わないだろう。「バンクーバーもいいし、シドニーもいい」と考えるだろう。選択肢は魅力的になっていくばかりだ。

地域の世界

競争力のある都市が世界中で出現している事態をうまく把握するには、どうすればいいだろうか。

統計的に詳細な比較をするうえで、必要なデータは存在していない。このため正確に答えようとすると、これは大変に難しい問題になる。世界中の都市を対象に、クリエイティブ・クラス人口を測定し、三つのTに関連した指数を測定するのは、気の遠くなる作業だ。しかし、多くの分析チームがこの課題に取り組んでおり、私としても、そのような体系的で比較可能な評価やランキングを開発することを研究上の目標と考えている。問題は、それがまだ始まったばかりということだ。

しかし、世界中の研究チームによって蓄積されたデータには、使用できるものもたくさんある。包括的なデータとはいかないが、クリエイティブな拠点の動向をグローバルに知り、アメリカの都市や地域が取り組むべき課題を描写することぐらいはできる。

数十年かけて「世界都市」の定義に取り組んできた、アメリカとイギリスの経済地理の研究者グループがある。彼らは、銀行や企業の本社から資本フローや移民まで、あらゆる種類の経済活動の集中とフローについて詳細なデータを集めて分析し、ニューヨーク、ロンドン、パリ、東京の四大都市を世界的なメガ都市と位置づけ、世界経済の指揮、調整、制御の頂点にあるとしている。(14) この研究の第一人者であるサスキア・サッセンは「国内市場とグローバル市場においては、世界的に統合された業務の場合と同様に、グローバル・システムを制御する中心が必要だ」と書いている。(15)

資本、情報、人間のフローを通じて、これらの都市は互いに密接に結びついており、それは国内の他都市との結びつきよりも緊密でさえある。もちろん、これらの都市は経済的利点を膨大に持ち、クリエイティブな時代以前から世界の注目を集めていた。より正しくは巨大で多様性があるがゆえ、どのような種類の人間をも吸収し、生み出し、またはどのような種類の経済にも順応できるので、今後も長期にわたって経済の重要な中心地になりうるのである。

しかしそれ以外の多くのアメリカの都市は競争に直面している。研究者らは一〇〇以上の世界の都市を、世界経済における各都市の戦略的な機能を基準に、三ないし四のカテゴリーに分類している。私はそれを、第一、第二、第三階層の都市と呼ぶことにしている。

第一階層の四大都市

ニューヨーク、ロンドン、東京、パリ

他の第一階層都市

シカゴ、ロサンゼルス、フランクフルト、香港、ミラノ、シンガポール

第二階層都市

サンフランシスコ、シドニー、トロント、チューリッヒ、ブリュッセル、マドリード、メキシコシティ、サンパウロ、モスクワ、ソウル

第三階層都市

ボストン、ワシントンＤＣ、ダラス、ヒューストン、アトランタ、マイアミ、ミネアポリス、アムステルダム、カラカス、デュッセルドルフ、ジュネーブ、ジャカルタ、ヨハネスブルク、メルボルン、大阪、プラハ、サンチャゴ、台北、バンコク、北京、モントリオール、ローマ、ストックホルム、ワルシャワ、バルセロナ、ベルリン、ブダペスト、ブエノスアイレス、コペンハーゲン、ハンブルク、イスタンブール、クアラルンプール、マニラ、上海

アメリカには、四大都市のうちでも最大のニューヨークがある。さらに第一階層都市として、ロサ

ンゼルスとシカゴの二都市があり、フランクフルト、香港、ミラノ、シンガポールに匹敵する戦略的な役割を演じている(16)。世界に一〇都市ある第二階層において、サンフランシスコは唯一のアメリカの都市である。このグループにはトロント、シドニー、ブリュッセルなどが入っている。三四都市ある第三階層のうち、アメリカの都市はボストン、ワシントンDC、アトランタ、マイアミ、ヒューストン、ダラス、ミネアポリスの七都市にすぎない。以上のすべての都市は、私のクリエイティビティ・インデックスでも上位に入っている。これらの都市は、アムステルダム、ジュネーブ、ローマ、ストックホルム、モントリオール、メルボルン、大阪、台北、北京、バンコクなどの多様な国際都市と肩を並べている。こうした分類からも、アメリカの都市が直面している競争の重要性がわかる。

――グローバルな才能の磁石

世界経済の現実の活動は、私が「グローバルな才能の磁石」と呼ぶ都市群で行われている。開放的で外部の才能の獲得に有効な能力を備えている都市を、そのように呼んでいるのである。これらの都市は非常に印象的であり、実際に多くの人々がそこで住むことを選んでいるのは、喧騒や観光や高コストに煩わされず、第一階層の都市以上とは言わないまでも、それと同等の生活水準を維持できるがゆえである。これらの場所は、素晴らしいウォーターフロント、美しいカントリーサイド、豊かなアウトドア・ライフなどが、流動するクリエイティブな才能を引き寄せる誘因となっている。さらに安全であることも特徴である。戦争に関係することもめったにない。こういった都市は、ボストンやサンフランシスコに比肩する世界的な都市になりつつあり、世界中から才能を引き寄せるクリエイティブな拠点になろうとしている。

これらの「グローバルな才能の磁石」の数や規模を、たとえばクリエイティブ・クラスの人口や人的資本を基準に統計的に明確に把握することは、ほぼ不可能である。ただし、ジョージ・ワシントン大学の経済地理学者、リサ・ベントン＝ショートらは、アメリカ統計局の国際データベース、国連人口局からの情報、世界各国の政府の国勢調査や公式ウェブ・サイトのデータを丹念に調べ、世界一六六都市の移民率に関する非常に有効なデータを開発している。[17] 総人口に占める外国出身者の割合によって測定した移民率は、その都市が世界の才能に対して、どのくらい開放的かを示す尺度になりえる。[18]

前章で説明したように、都市や地域における外国出身者の比率と、その地域の技術革新や経済成長との間に密接な関係があることは、多くの研究によって認められている。移民を代理変数に取ることでそのような説明ができる理由の一部は、それが必然的に熟練労働者も未熟練労働者も含むからだ。すべての人間はクリエイティブな仕事をする能力があり、熟練労働者は、高い技能を持った同様な人々に囲まれていたいのではなく、むしろさまざまな技能レベルや収入レベルの移民と一緒であることを好む。

移民率で一位に来るのはドバイで、八二パーセントと他を圧倒する水準である。たしかに、移民人口の比率は重要だが、それで十分なわけではない。一くくりに外国出身というようにまとめてしまうと、都市を形成する移民の多様性を十分に把握することはできなくなる。八二パーセントという数字だけでは誤解を招きやすいのである。なぜならデータを細かく見ていくと、ドバイの場合、外国出身者の六一パーセントは南アジア（インドとパキスタン）から来ているからだ。移民率で言えば二番目のマイアミも、人口の半数以上が外国出身者である。しかしここでも、移民の多くはキューバやラテン・アメリカという特定の地域の出身者である。

次に移民率の高い都市は、アムステルダム（四七パーセント）、トロント（四五パーセント）、バンクーバー（三九パーセント）、オークランド（三九パーセント）、ジュネーブ（三八パーセント）である。これらの都市はアメリカの都市に対する恐るべき挑戦者である。その理由は、これらの都市、特にカナダの都市は移民率が高いだけでなく、多様性があるためである。特定のグループの移民が多いわけではなく、世界中から来た移民が人種的、民族的にモザイク状になっているのである。

移民率が三〇パーセント以上の都市として、ロサンゼルス、ニューヨーク、サンフランシスコがすぐその後に続き、さらにオーストラリアではパース（三二パーセント）、シドニー（三一パーセント）、メルボルン（二九パーセント）、ブリスベン（二一パーセント）、ヨーロッパの主要都市ではフランクフルト（二八パーセント）、ロンドン（二七パーセント）、ブリュッセル（二七パーセント）、ミュンヘン（二三パーセント）、チューリッヒ（二三パーセント）、イスラエルではテルアビブ（三六パーセント）、エルサレム（三一パーセント）といった都市が続く。これらの都市の移民率は二〇パーセント以上であり、サンディエゴ、ワシントンDC、シアトル、ボストンといった都市よりも上位に来る。

移民率が一五パーセント以上を占める世界的な都市としては、ほかにシンガポール、パリ、ストックホルム、ウィーン、ハンブルク、デュッセルドルフ、ケルンなどもある。移民率一五パーセント以上の都市は世界全体で四六あるが、そのうちアメリカの都市は一〇であり、三〇パーセント以上を占める二〇都市のうちでは、アメリカは四都市（マイアミ、ニューヨーク、ロサンゼルス、サンフランシスコ）になる。

図表6-1※移民人口の比率

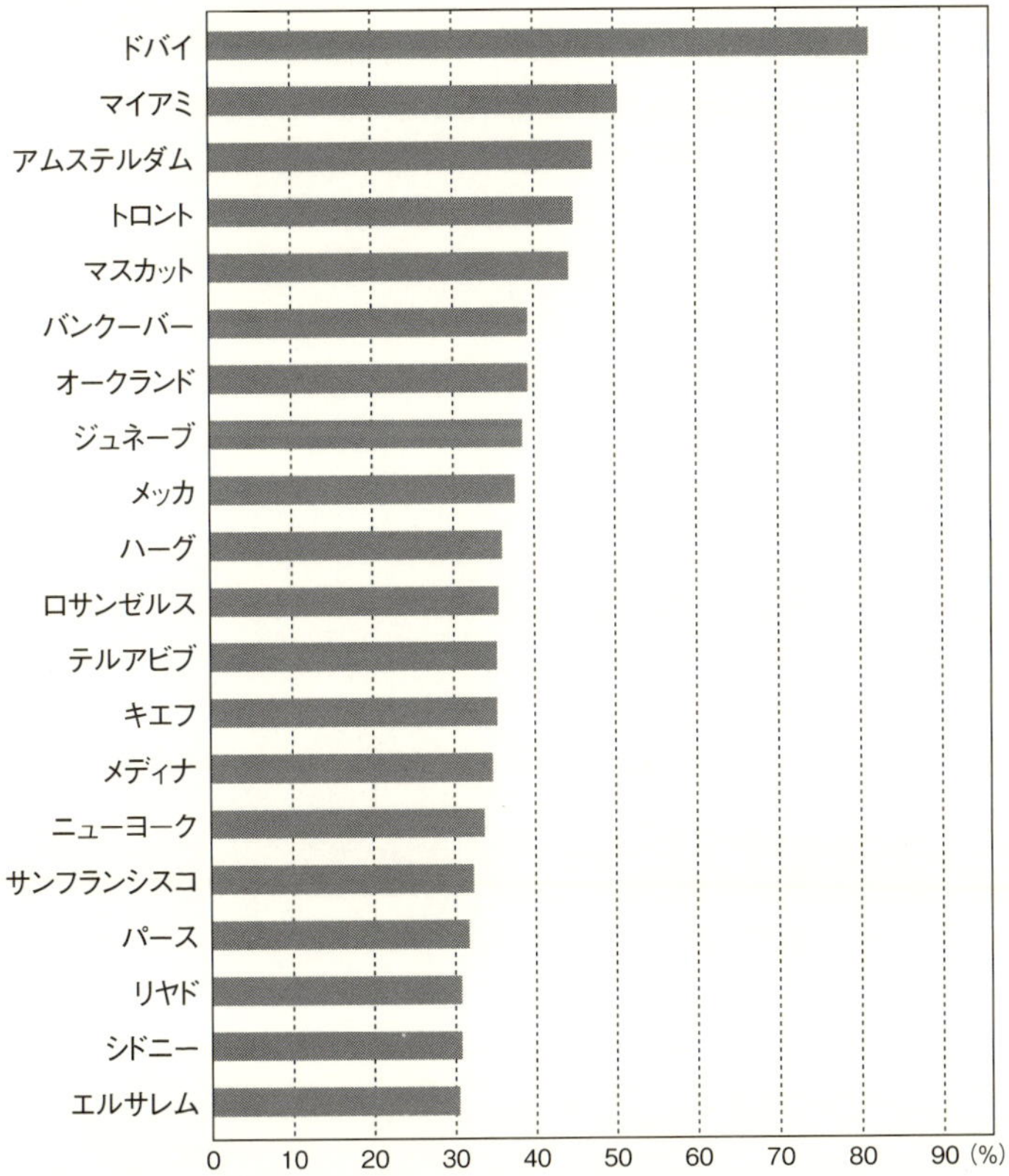

都市人口に占める移民の比率は、特にクリエイティブな都市を中心に、世界的に高まっている。世界のトップ20の移民人口比の高い都市のなかで、アメリカは、ニューヨーク、ロサンゼルス、マイアミ、サンフランシスコの4都市を数える。

【出典】Lisa Benton-Short, Marie Price, and Samantha Friedman, "A Global Perspective on the Connections Between Immigrants and World Cities," The George Washington Center for the Study of Globalization, 2004.

図表6-2◈モザイク指数

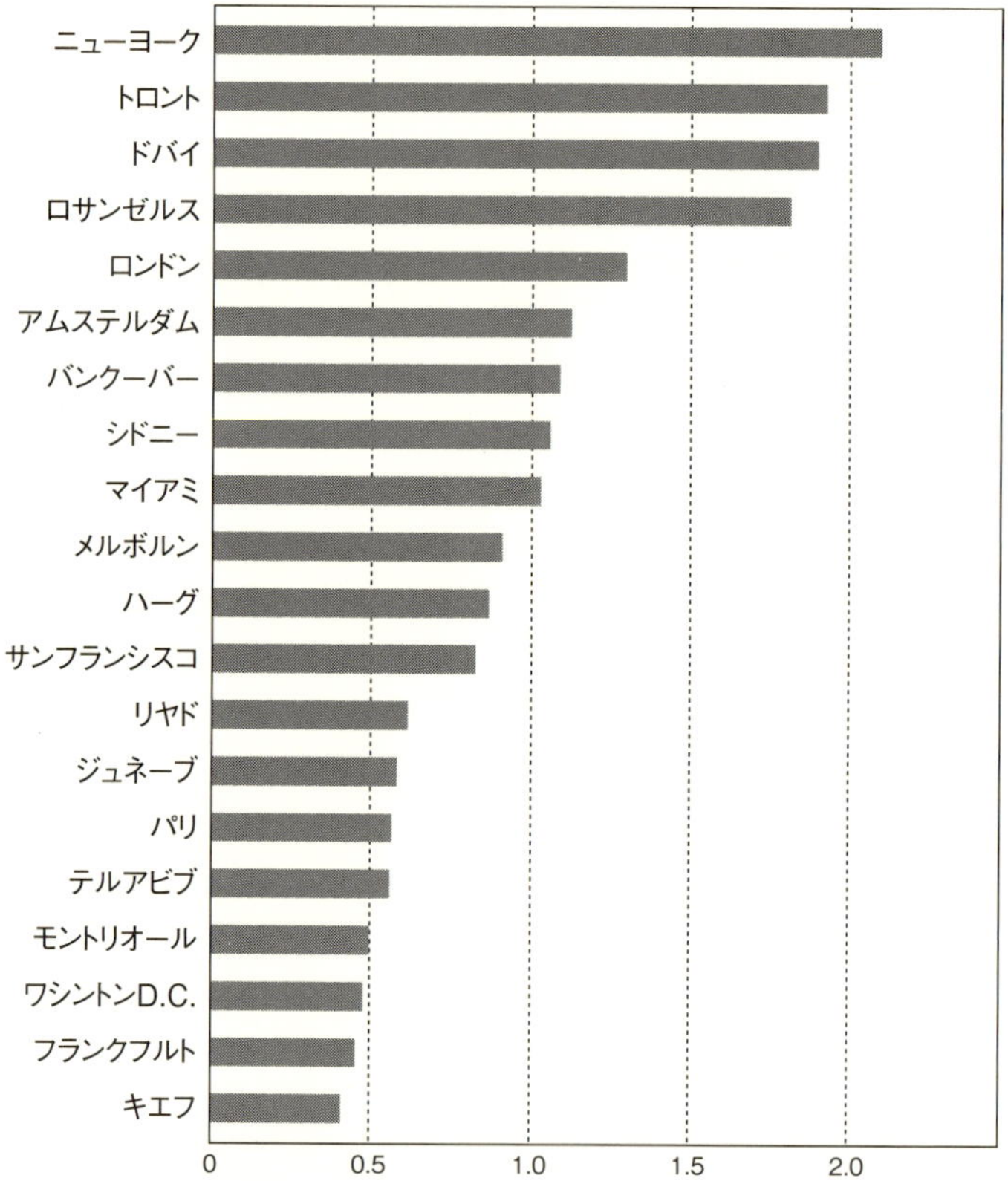

都市人口に占める移民率よりも、移民の出身国の多様性のほうが経済的な繁栄にとってより重要である。ニューヨークとトロントが世界中から移民を引き寄せ、モザイク指数で最上位にランクされる。

【出典】Lisa Benton-Short, Marie Price, and Samantha Friedman, "A Global Perspective on the Connections Between Immigrants and World Cities," The George Washington Center for the Study of Globalization, 2004.

都市における移民人口の多様性を捕捉するうえで、ベントン＝ショートらが開発した「モザイク指数」は、都市における移民問題の一側面をとらえており、その点では精巧な測定指標である。彼女らは、政府の公式文書やウェブ・サイトを注意深く調べ、外国出身者のデータを集め、その総人口と比率、特に隣国ではない外国から来た者の比率、さらには出身国の多様性を加重して作成した指標を用いて分析している（測定の対象は、外国出身者のうち特定のグループが二五パーセント以上を占めていない都市）。

このモザイク指数でトップに来るのは、ニューヨークである。その次に、トロント、ドバイ、ロサンゼルス、ロンドンが続く。アムステルダム、バンクーバー、シドニー、マイアミ、メルボルンなどもこの測定によると上位に入っている。第二グループには、アメリカからはサンフランシスコとワシントンDCの二都市が入り、パリ、モントリオール、ジュネーブ、フランクフルト、テルアビブ、キエフ、リヤドなど世界中のさまざまな都市と競い合っている。第三グループには、アメリカからはボストン、シカゴ、シアトルが入り、世界からはブリュッセル、ミュンヘン、デュッセルドルフ、ロッテルダム、オタワ、パースなどが入ってくる。

すべての都市が世界的な才能獲得競争で優位に立てるわけではない。移民人口がきわめて低いか、特定のグループに偏っているため、モザイク指数がマイナスに評価されている都市も多い。このグループの都市には、アジアの大都市、東京、大阪、ソウル、バンコク、台北、さらにシンガポールが含まれている。ヨーロッパの都市ではアテネ、ナポリ、リスボン、バルセロナなど、あるいはヘルシンキ、オスロなど北欧の主要都市もが含まれる。これらの都市は、外の才能に対するアピールが不足しており、グローバル競争の最先端で競い合おうとするなら、多様性や寛容性を改善する必要がある。

カナダとオーストラリアの総合力

移民は、社会や経済の開放性を測る代理変数としては有効であるが、私たちが本当に知りたいのは、経済成長の三つのTを総合した比較である。このような包括的なデータは、ほとんどのグローバル都市について入手できないが、世界で最も移民が集中するオーストラリアとカナダの二カ国については、こうしたデータが入手できる。そしてこれらのデータによれば、クリエイティブ経済における地域間競争が、アメリカの多くの都市にとって想像以上に厳しいものであることがわかる。カナダとオーストラリアの各都市は、アメリカの最先端のクリエイティブ都市に優るとも劣らない水準で三つのTを築いている。

私がカナダの都市の競争力に最初に気づいたのは、二〇〇〇年代初頭にカナダを訪れた際である。その時私は、各都市が芸術、音楽、映画、技術といった面でクリエイティブな人材に積極的に投資していたのを目撃した。トロントはすでに映画産業の一大中心地になっており、一方ウォータールーには注目すべき技術系大学があり、技術開発が活発に行われていた。個人向け携帯端末の〈ブラックベリー〉を開発したリサーチ・イン・モーションは、ウォータールー大学から生まれた企業である。

これらの都市のクリエイティブな活力に非常に興味を持った私は、二〇〇三年、トロント大学のメリック・ガートラーとタラ・ビノドレイ、さらにゲーリー・ゲイツと共にカナダの都市・地域の研究に乗り出した。九六年の国勢調査データに基づいた分析から、多くのカナダの都市、特にトロントとバンクーバーは、アメリカのトップのクリエイティブ都市と競う準備ができていることに気づいた。

二〇〇四年の春には、二〇〇一年の国勢調査から新しく得た情報によって、ケビン・ストラリックが最新状況を分析している。ストラリックはカナダの労働力に関するデータから、地域ごとのクリエイティブ・クラスを推計し、ゲイ指数、ボヘミアン指数などの指数を更新した。(19) 彼の分析結果は次のようになっている。

カナダの三大都市圏には、アメリカの最先端地域と同等に、クリエイティブ・クラスが集中している（トロント三六パーセント、モントリオール三五パーセント、バンクーバー三五パーセント）。アメリカで人口の多い一〇都市のうちカナダの三都市よりクリエイティブ・クラス率が高いのは、ワシントンＤＣ（四〇パーセント）、ボストン（三七パーセント）、サンフランシスコ（三六パーセント）の三都市のみである。

さらに、どちらかと言えば、より小規模な都市のほうがクリエイティブ・クラス率は高い。カナダの首都であるオタワはハイテク拠点として急成長中であり、労働力の約四五パーセントはクリエイティブ・クラスである。カルガリーやケベックシティでは三〇パーセント台後半である。

カナダの都市は寛容性でもスコアが高い。トロントとバンクーバーの二都市の移民率や移民の多様性のスコアが高いのはこれまでに見たとおりだが、ゲイ指数も同様に高い。北米でゲイ指数が最も高いのはサンフランシスコだが、バンクーバー、モントリオール、オタワ、ケベックはそれに続く。

製造業型経済からクリエイティブ経済へと構造転換をいち早く進めたことによって、カナダの都市は技術競争力のスコアも高い。データの比較可能性の問題はあるが、ストラリックが細心の注意を払って比較したところ、トロント、モントリオール、バンクーバー、オタワ、カルガリーの五大都市におけるハイテク集中度は、アメリカの競合都市のそれに匹敵している。

オーストラリアもまた総合力で競争する準備ができている。すでに説明したように、シドニー、メルボルン、ブリスベン、パースの四大都市は移民に対する開放性のスコアが非常に高い。オーストラリアの国立経済産業研究所が集めた詳細な比較データによれば、オーストラリアは気候やレジャー、世界的に有名な映画スターを誇るのみならず、グローバルな都市間競争においてもアメリカの手強い好敵手であることがわかる。[20] シドニーとメルボルンはアメリカの都市におけるクリエイティブ・クラス・ランキングでは四位に相当し、ボヘミアン指数では五位、ゲイ指数では一位に相当している。総合的なクリエイティビティ・インデックスではボストン、シアトルに並んで四位に相当する。

オーストラリアに関する研究は、他の地域のものよりも一歩進んでおり、特定の都市中心部のデータに基づいている。その結果、シドニーとメルボルンの中心部はファッション性、革新性、多様性、経済的な発展性にあふれ、きわめて高いクリエイティブな可能性を示している。クリエイティブな仕事に従事している人は、シドニーの中心部で五一パーセント、メルボルンの中心部で五〇パーセントと、何と就業人口の半数を占め、アメリカのほとんどの地域よりもはるかに先行している。両都市はまた、ボヘミアン指数でもアメリカの地域と比較して高い水準にあり、芸術、ファッション、音楽、ストリート・カルチャーの発信源としても注目されている。

これらの指数とランキングは本質的に、オーストラリアとカナダがアメリカのライバルであることを示している。シドニーやトロントのような都市には多様性や寛容性があり、すでにクリエイティブな人々や職業が集まっている。両都市とも娯楽があり、刺激があり、素晴らしい建築物があり、基本的な生活水準も高く、テロリズムへの懸念からアメリカの大都市ならば対処しなければならない煩雑さもない。ごく簡単に言えば、両都市は世界中の才能にとって自然と落ち着ける場所であり、またクリエイティブ時代に向けて猛然と前進している存在なのだ。

グローバル・オースチン

世界の都市についてのもう一つの重要なグループは、「グローバル・オースチン」である。退屈な学生街だったオースチンを一躍、技術と才能の一大拠点に変えたのと同様な変化のサイクルが生じている都市である。これらの地域は、シリコンバレーのようなイノベーションの総合的な拠点というよりは、むしろ特定の技術分野の重要な担い手であることが多く、これもまたオースチンと同様に、他地域から既存のハイテク企業や才能を引き寄せることから発展していく戦略を立てている。その後、地域内の才能の育成に多くの投資をし、地元の才能を留まらせ、よりよいチャンスを求めて外部に転出した多くの人々を呼び戻し、歴史的に流出してきた頭脳を時間をかけて還流させようとしている。

最終的にはこれらのグローバル・オースチンもオースチン同様、芸術・文化への投資を行うようになり、寛容性や多様性に対する伝統的な態度を変え、より活気にあふれたグローバル志向の場所に変わっていくようになる。こうしたハイテク産業の育成による地域開発の戦略について扱った研究は数多くある。たしかに、グローバル・オースチン戦略には多くの論点があるが、ここでは最も興味深い、いくつかの都市について概要を簡単に触れることにする。

- アイルランドのダブリンは、外国の才能と外国資本のハイテク企業の誘致から始め、自国の人的資本に投資し、外国にいる自国の才能を呼び戻すという「オースチン・サイクル」をほぼ完了した。現在は特定の分野におけるソフトウエア開発の世界的な拠点として、独自のハイテク企業を輩出するなど、より総合的な技術力を有する拠点となっている。

ダブリンがライフスタイルの発信源になっていることも、同様に重要である。外国と自国のハイテク企業を成長させ、技術系の優れた大学、そして芸術や文化面での活況など、アイルランドはアメリカに次ぐ世界第二位のソフトウエア輸出国ともなっている。ダブリンはイノベーションや起業の基盤を整備し、ヨーロッパや世界の才能を惹きつける磁石となっている。

- シンガポールは、世界の一流企業を誘致し、自国の才能を強化し、技術インフラを向上させる戦略によって、ディスク・ドライブの生産で世界でも圧倒的なシェアを持つ。また、『スター・ウォーズ』シリーズの監督ジョージ・ルーカスが設立したルーカスフィルムのデジタル・アニメーションのスタジオがあり、ジョージ・ルーカスはその目的を「世界中から才能が集まるハブにする」ことだと述べている。

シンガポール政府は、中核的なクリエイティブ集団への投資、高等教育への資金投入、INSEAD（欧州経営大学院）の分校など外国の一流大学の誘致といったターゲットを絞った施策によって、それをテコにクリエイティブ経済をより広範囲に波及させる戦略を取っている。その戦略には芸術・文化活動への多額の投資も含まれ、ストリート・カルチャーの支援など、ボヘミアン指数を高める施策もある。また、より開かれた社会を志向し、公的サービス部門でゲイがゲイであることを隠さずに働けるようにするほか、閉鎖的な検閲制度も緩和させようとしている。

- 韓国のソウルも、多くの優秀な人材を呼び戻すことに成功している。アメリカで教育を受けた韓国人は、いまや自国に戻り職を得る者が多い。ソウルは携帯電話、パソコン、テレビ、現代的なオフィス、会議場やコンベンション会場にあるビデオ・パネルなど、あらゆる用途に使用されている薄型ディスプレーの世界的生産拠点になっている。ソウルはまた、モバイル無線技術やビデオ・ゲームの開発製造の主要な担い手でもある。

- 台湾の台北には、世界の主要な半導体製造企業の工場が進出している。台湾には受託生産の大手企業もあり、それらの製造拠点の多くでは、台湾系企業の在シリコンバレー子会社で設計された半導体を製造している。台北は論理ＩＣに戦略的に特化した半導体製造に注力している。

そのために台湾は技術に投資し、サイエンス・パークをつくり、海外、特にアメリカで活躍する地元出身の起業家を、シリコンバレーに築いた台湾出身技術者のネットワークを通じて呼び戻すことに力を入れている。このような手段によって、シリコンバレーにある最先端の半導体設計拠点と台北を中心とする台湾全土の先進的な製造拠点とが、国境を越えて結びつけられている。この結びつきによって、台湾人の起業家は、アメリカのベンチャー・キャピタリストの戦略的支援を、台湾のベンチャー資金と抱き合わせで導入することが可能となっている。

- テルアビブでも同様なことが起きている。イスラエルの起業家は、イスラエルのトップ大学の科学技術力と、アメリカの経験豊富な才能や仕組みとを結びつけている。一時期、イスラエルのソフトウエア企業は、テルアビブからナスダックに直接上場するとささやかれていた。
- インドのバンガロールは、定型的なソフトウエアの開発や、ビジネス・プロセスのアウトソーシング先となっている。アウトソーシング適用範囲は拡大し、コール・センターの運営やデータ処理から、情報システム全体の運用へと、より付加価値の高いビジネス・プロセスに移行している。二〇〇三年のインド企業によるソフトウエア輸出は、二五〇億ドル以上に達している。

インドにはインド工科大学（IIT）という才能の製造機関があり、バンガロールは当初、アメリカのソフト・IT産業に対する才能輸出拠点であった。常に五万人以上のインド人留学生がアメリカで勉強し、九〇年代においては短期ビザ所有者のかなりの比率をインド人労働者が占め、アメリカ国内のハイテク産業の人材不足を埋めていた。しかし、インドの新進起業家たちは、バンガロールを才能の輸出拠点から、アウトソーシングによって拡大しつつあった特定用途ソフトウエアの開発拠点に変えた。

医療教育の巨大なインフラや、ソフトウエア技術と医療イノベーションの強い関連性もあって、インドの都市部は、医療画像の解析とバイオテクノロジーの拠点としても急成長している。アメリカの大手会計事務所アーンスト・アンド・ヤングによると、二〇〇四年から二〇〇九年の間に、インドはバイオテクノロジーの分野で一〇〇万人の雇用を生むという。

インドの新進起業家やハイテク企業によって、インドの伝統的な環境にもシリコンバレー流のビジネスやライフスタイルが持ち込まれ、文明の現代化を促進している。(21)

● 中国の都市（一〇〇万人以上の都市が一〇〇以上ある）もまた、主要な技術分野、特にモバイル技術と家電製品の分野で、競争力を伸ばしている。北京にはマイクロソフト・アジア・リサーチがあり、そこは一七〇人の科学者がいる最先端のソフトウエア研究所である。そして松下電器の先端移動通信研究所は、世界最小のGSM電話を含む、最先端技術を開発している。

北京の海淀区《ハイディアン》は、中国中の才能が集まってくる地区で、北京大学と精華大学という中国のトップ二大学（一〇〇〇メートルほどしか離れていない）を含む約四〇の大学、一三八の研究所があり、多くのハイテク・ベンチャーと何万もの科学技術者がいる。

カーネギー・メロン大学で以前私の同僚だった、マイクロソフト・リサーチの副社長、リック・ラシードは、「中国は最初から第一のターゲットでした」とニューヨーク・タイムズ紙に語っている。「北京には、とてつもなく大きな才能の備蓄があると感じています」

北京はもはや、文化的にも平板な都市ではない。それどころか、この街は音楽、前衛映画、ビデオ・ゲーム、アニメでも活気にあふれた文化的に最先端の場所になっている。

上海は、モバイル・インターネットでは世界水準の技術力があり、テクノロジーとクリエイティブの拠点に急成長している。

中国はすでに八〇万人以上の理工系研究者を輩出し、一年間に世界中の二〇〇以上の研究機関がここに拠点を設立している。(22) さらに中国政府も、科学、技術、研究のみならず、ついに文化面に対してもクリエイティビティへの投資を増大させている。

問題の重要性

世界の都市間の才能獲得競争は激しさを増している。グローバルな見方からすれば、これはよいことである。都市や国は技術、クリエイティビティへの志向を強化し、より開放的、寛容的になりつつある。政治的、文化的に最も抑圧されているような場所でさえも、そのうちのいくつかは国際的な才能流動の重圧によって壁が崩れつつある。

都市はもはや、経済機会や高給を与えることで才能獲得を競うわけではない。人々の期待は、職場環境やライフスタイルにも向けられるようになってきている。結果として、こういった場所の多くが、移民や技術者だけでなく、女性、ゲイ、芸術家など、従来差別されていた人々に対しても初めて開放的になってきている。

起業家と技術を結ぶ国境を越えたネットワークの爆発的な成長を通じて世界は統一され、世界的規模で人的資源が移動し、クリエイティビティが利用されるようになった。こうした展開は、アナリー・サクセニアンによって指摘された頭脳循環という新たなパラダイムとして、理解することができる。頭脳流出というかつての関心は頭脳循環に取って代わり、才能と技術は、より多くの地域で経済成長を刺激しながら、より自由に世界中を流れていく。こうしたすべては進歩と考えていいだろう。

しかし、影の面も同様にある。クリエイティブ経済の台頭は、これまで以上に社会に階層を生みつつあり、階層と地域が直結し、そこに境界線が生まれていく。「グローバルな才能の磁石」と「グローバル・オースチン」の隣には、クリエイティブ経済の取り込みに失敗した都市群がある。セントルイス、バッファローのような都市は世界中に存在し、そこでは才能が流出し続け、最前線のはるか後方に取り残されてしまっている。このような都市は、グローバル競争の猛攻撃のなかを、どうしたら生き残ることができるのであろうか。

答えは、私たちが考えるよりも身近にある。生き残り、繁栄を望むならば、あらゆる都市が採用しなければならない戦略がある。それは、現在クリエイティブ経済から取り残されている三分の二以上の労働力に蓄えられた、膨大なクリエイティブなエネルギーを活用することである。

この課題の重要性は、単に都市の命運を握るというだけに留まらず、広範に影響がある。クリエイティブな時代のエネルギーと生産性を活用できるかどうかは、その国はおろか、世界全体を、よりあまねく成功に導くか、失敗に至るかの鍵を握っているのである。

第3部

THE AGENDA FOR THE CREATIVE AGE

クリエイティブ時代の課題

第7章

新たな格差社会

Creative Class War

多様な価値観に富む豊かな文化を生み出すためには、人間の持つありとあらゆる潜在能力を認め、それぞれの才能がそれぞれにふさわしい居場所を見出せるような、より自由な社会をつくり上げていかねばならない。

——マーガレット・ミード（一九〇一－一九七八年）文化人類学者

二〇〇二年、心地よい春の夕暮れ。私はカリフォルニア北部の高級住宅地パロアルトの日本庭園にいた。ここは高い塀に囲まれ、箒目の付いた砂敷きの中ほどに、草花や石灯籠が巧みに配されている。隣はベンチャー・キャピタリストの住まいだ。そこでの私の講演を聞きに来ていたのは、技術者、起業家、芸術家、音楽家、ビジネスマン、ベンチャー・キャピタリストなど、まさにクリエイティブ・クラスの典型のような人たちであった。黒やネオ・ヒッピーふうの小洒落たファッションの人が多い。着ればだれでも若く見えるカリフォルニア的なスタイルだ。

そんな彼らから、鋭く手厳しい質問を浴びせられたのだが、その内容は、彼ら自身の恵まれた境遇とはほとんど関係のないものばかりであった。すなわち、技術力によってもたらされる経済成長、あるいは住宅価格の高騰といった猛攻撃を受けて、次第にはるか後方へと取り残されてゆく人々にとって、この時代は一体どのような意味を持ちうるのか、というのが彼らの質問だった。

その数時間前、私はそのような人々の姿を直接目にしていた。タクシーの運転手が空港からの道を間違えたせいで、私はパロアルトではなく、その隣のイーストパロアルトに着いてしまった。町の通りには、「小切手換金します」、あるいはスペイン語で「冷たいビール」と書かれた看板を掲げた、みすぼらしい店が軒を連ねていた。

この町には、いつまでも若く見える人たちの代わりに、早々に老け込んでいる若者たちの姿があった。事実、イーストパロアルトは、すでに格差社会の代名詞になっている。実に気の滅入る光景だ。このシリコンバレー一帯は、巨万の富を生み出すだけでなく、世界で最も革新的でクリエイティブな地域の一つでもある。もし繁栄の波がだれにでも行き渡るのならば、この町も豊かになってしかるべきだ。しかし現実はそうではない。むしろ正反対のことが起きている。

国全体として見た場合、今日のアメリカは、一九二〇年代以降初めてと言ってもよい深刻な所得格差に直面している。この格差は、過去数十年間、一貫して悪化し続けており、七七年と九九年とを比較すると、上位二〇パーセントの高所得世帯の所得が約二五パーセント上昇した反面、下位二〇パーセントの低所得世帯の所得は五パーセント以上も下落した。三〇年前、民間企業のトップ一〇〇人の年間報酬は実額で平均一三〇万ドルだった。これは平均的な労働者の給与の三九倍であったが、二〇〇一年、その数字は三七五〇万ドルと、一〇〇〇倍以上に跳ね上がった。上位一パーセントの世帯が総所得の二〇パーセントを稼ぎ出し、純資産の三三パーセントを握っているのである。

アメリカがこれほどの所得格差に直面したのは、いわゆる成金資本家がその子弟を全寮制の私立学校に送り込み、連邦議会上院が「億万長者」たちに牛耳られた、南北戦争直後の「金ぴか時代」以来のことだ。現在、アメリカは、先進国のなかで所得格差が最も大きく、その割合は日本やスウェーデンの二倍近くだ。全米主要企業トップの加盟する競争力評議会が、こうした傾向を、アメリカ経済にとって深刻な「長期的不安材料」と指摘するほどである。(1)

この所得格差は、成金貴族と化した大企業トップと一般民衆との間の問題、つまり、上位一パーセントの超高所得層とその他大勢との間の問題、という単純なものではない。それはむしろ、より広範囲に、クリエイティブ経済の構造そのものに深く関わっている。すなわち、クリエイティブ経済は、高収入のクリエイティブな職業と、低収入の不安定なサービス業との、二種類の仕事を生み出している。もっと皮肉な言い方をするなら、クリエイティブな職業に就く人々は、高度な仕事に集中するため、大勢のサービス労働者たちに依存し、自分では手が回らないことを代わりにやらせているのである。全労働者の四五パーセント近くがサービス・クラスに分類され、アメリカ最大の経済部門を形成している。

このサービス・クラスには、たとえば、ビル管理人、清掃作業員、飲食サービス従事者、下位レベルの医療サービス従事者、事務職員などが含まれる。その平均的な収入(年間約二万二〇〇〇ドル)は、クリエイティブ・クラス(同五万ドル以上)の半分以下であり、クリエイティブ・クラスに比べ、仕事から得られるやりがいに乏しいことが普通である。クリエイティブ・クラスの仕事に対する需要が世界的に増大するのに伴って、時間に追われるIT技術者、あるいはケイ・ハイモビッツの言う「我を忘れて働く投資家」のこなしきれない仕事を代行する、サービス労働者に対する需要も増大する。シリコンバレーの事情通がニューヨーク・タイムズ紙で語っているように、「ソフトウエア技術者は皆、陰で家政婦や飲食サービス業者に支えられている」のである。

有名な料理人であり、作家でもあるアンソニー・ブルダンは、ニューヨークでの上流階級のグルメたちの会合で、論争を巻き起こしたことがある。彼は、「メキシコや中米から何の技能も持たずにやってきた労働者がいなければ、この国のレストラン産業は崩壊しているでしょう」と、辛辣ではあるが的を射た発言をして物議を醸した。さらに彼は、当惑する聴衆に向かって語り続けた。「本日（料理界のアカデミー賞と言われるジェームズ・ベアード賞の授賞式に）ご来場の面々をご覧ください。白人がこれほど多く一堂に会するのは、（六〇年代、反公民権運動家の）ジョージ・ウォレスが大統領選に出馬した時以来のことですね」。アメリカの抱える深刻な所得格差や社会格差は、労働力がクリエイティブと非クリエイティブに大きく分裂している状況が生み出したものなのである。

このような、砂時計のような形の二極化は、アメリカ社会全体で見られるが、クリエイティブ経済の先進地域では、その傾向が最も顕著である。このことは、まったく偶然ではない。格差拡大は、クリエイティブ経済がもたらした、予期せぬが、明らかな副産物なのである。これは経済学で言うところの外部不経済のようなものであるが、それは所得格差に留まらず、非常に数多く存在する。クリエイティブ経済の時代になり、住宅価格の高騰、交通渋滞の悪化、さらにはストレスや不安の増大といった、ありとあらゆる種類のマイナス面が生じているのである。

あの高い塀に囲まれた日本庭園にいた人たちが、このような社会の階層構造に不安を抱いたとしても無理はない。このような状況に至った原因についてはさまざまな意見があるだろうが、だれもが直感的に理解しているのは、膨大な数の同じアメリカ人をこのような方法で雇っていることは、一九世紀のイギリスの使用人制度とほとんど変わらない、ある種の人的資源の浪費であるということだ。

単に社会的正義や公平な所得再分配の問題なのではない。それはクリエイティビティの膨大な源泉を無駄にしているばかりか、私たち全員の日々の生活に関わる問題でもある。全労働力の七割をも占める非クリエイティブ・クラスの労働者は、やりがいのあるクリエイティブな仕事をする機会を与えられたことがない。私たちは、結局のところ、巨大なクリエイティブ資本の蓄積機会を活用しないまま、封印しているのである。

――新たな階級層の出現

アメリカの経済格差は新たな階層構造に反映されており、地域間の経済発展にこれほどの不均衡が見られるのは、南北戦争以降、初めてのことである。これは、従来の南部と北部の対立、あるいは内陸部と沿岸部の対立ではなく、むしろアメリカ全体で、クリエイティブ経済がさらに成長している地域（たとえばオースチン、ボストン、ミネアポリス＝セントポール、デンバー、ポートランドなど）、低成長に悩む地域（ニューオリンズ、グランドラピッズ、バッファローなど）、下位サービス経済が成長している地域（ラスベガス）、そして経済成長と無縁の地域が混在しているのである。最初のグループに入っている地域は、新しいクリエイティブ経済において圧倒的な勝ち組となりつつあり、みずからの寛容な社会環境と技術基盤を活用しながら、その活気あふれる社会に、年齢を問わず人材を引き寄せている。

こうした対立を助長しているのが、才能やクリエイティブな人的資本の大規模な移動である。テキサス大学のロバート・カッシングは、人材の地域間移動の範囲とその政治的効果について実証研究を行ってきた。彼は、毎年度の税申告書の居住地欄を比較することにより、テキサス州の都市部とそれ以外の地域との間の移住パターンを突き止めた。

たとえば、九二年から二〇〇〇年の間に、ピッツバーグからオースチンに移住した人は、反対方向に移住した人の二倍以上だった。さらに、ピッツバーグからオースチンに移住した人の平均年収（五万八〇〇〇ドル以上）は、逆方向に移住した人の平均年収（約四万四〇〇〇ドル）をはるかに上回っていた。このことから、オースチンは価値の高い労働者を引き寄せ、代わりに価値の低い労働者を掃き出していることがわかる。

全体として、クリエイティブな地域は、低所得の労働者を失う代わりに、高所得の労働者を集めている。彼の研究によれば、九〇年代に、ハイテク都市であるオースチンから経済が伸び悩むカンザスシティへと移住した世帯の平均年収は、二万五九一二ドルであったのに対し、逆方向、つまりカンザスシティからオースチンへと移住した世帯の平均年収は、六万五〇〇〇ドル以上であった。同様のパターンは、サンフランシスコ、ロサンゼルス、シアトル、ボストンなど、ほかのクリエイティブ都市でも生じている。

その結果、全国規模で、経済の先行きがまったく異なる二種類の地域へと分裂し始めている。住宅はますます取得困難となり、所得格差も広がり、社会の階層化が進むなかで、かつての膨大な中産階級は、資産があり経済的に安定した人たちと、そうではない人たちという二つの階層に新たに分裂しつつある。

図表7-1◈クリエイティブ都市に潜む格差

所得格差が大きい10都市	所得格差ランキング	クリエイティビティランキング
サンノゼ(カリフォルニア州)	1	2
ニューヨーク(ニューヨーク州)	2	12
ダラス(テキサス州)	3	15
ワシントンDC	4	9
オレンジ郡(カリフォルニア州)	5	19
ローリー＝ダーラム(ノースカロライナ州)	6	6
オースティン(テキサス州)	7	4
ミドルセックス(ニュージャージー州)	8	18
サンフランシスコ(カリフォルニア州)	9	1
ヒューストン(テキサス州)	10	29

所得格差が小さい10都市	所得格差ランキング	クリエイティビティランキング
ラスベガス(ネバダ州)	61	47
フォートワース(テキサス州)	60	28
グランドラピッズ(ミシガン州)	59	53
バッファロー(ニューヨーク州)	58	61
インディアナポリス(インディアナ州)	57	33
リバーサイド(カリフォルニア州)	56	54
ルイビル(ケンタッキー州)	55	55
グリーンズボロ(ノースカロライナ州)	54	60
オクラホマシティ(オクラホマ州)	53	50
セントルイス(ミズーリ州)	52	46

注：表は人口100万人以上の都市に限定。

【出典】アメリカ労働統計局のデータに基づきケビン・ストラリックが作成。

こうした状況は、将来、政治面で大きな禍根を残す可能性がある。かつての北部と南部の対立は、南北戦争を引き起こしただけでなく、二〇世紀に入ってもなお長きにわたって、私たちの社会、経済に暗い影を落とし続けた。だとすると、この新たな対立状況は、いまから一〇年後、二〇年後、そして五〇年後、いかなる影響をもたらすことになるのだろうか。

階級対立は、都市や地域の内部でも見え始めている。これまで紹介してきたように、所得格差が最も著しいのは、クリエイティブ・クラスの「憧れの地」においてであった。ケビン・ストラリックは、クリエイティブ・クラスと他の階層との所得格差を測る新たな指数を開発し、全米三〇〇以上の都市圏について、所得格差と地域経済の繁栄との関係性を調べた。それによると、シリコンバレーは所得格差が一位、クリエイティブ・インデックスでは二位。オースチンは所得格差が七位、クリエイティブ・インデックスでは四位。ニューヨーク、ワシントンDC、カリフォルニア州オレンジ郡、ノースカロライナのリサーチトライアングルなどクリエイティブ経済の中心地は、所得格差が最も著しい地域に分類されている。地域の規模にかかわらず、基本的な構図は同じである。

二〇〇四年のブルッキングス研究所による調査では、前述の研究成果を裏づけただけでなく、現代アメリカ社会の階層構造に関して、新たな観点を提示している。(2) この調査では、全米の一〇〇大都市(分析単位としては「広域都市圏」ではなく「市域」を使用)における階級格差のパターンが検証された。

それによると、七九年から九九年までの間に、中西部と北東部において、高所得者層が他の所得者層よりも速いスピードで流出している都市の増加が観察されている。また、階層構造の「バランス」が取れている都市は、わずか一三都市だけであった。カリフォルニア州サンノゼ、ノースカロライナ州ローリーなど八都市は、高所得者層にきわめて偏った階層構造をしており、ワシントンＤＣやサンフランシスコなど七都市は、富裕層と貧困層に極端に偏った階層構造であった。

また、低所得者層が大勢を占めた残りの四三都市は、二つのグループに分けられる。まず、デトロイト、ボルチモア、ニューオリンズ、マイアミ、クリーブランド、ニューアークなど一四都市は、人口の大半を下層階級が占め、最低所得層が最高所得層の二倍以上存在する。これらの都市は、製造業の衰退、人種間の分断、高所得者層のほかの都市・地域への逃避といった深刻な構造問題に苦しんでいると結論づけている。

残る二九都市には、ニューヨーク、シカゴ、ヒューストン、ピッツバーグなどが含まれ、低・中間所得層が大多数を占める階層構造となっている。これらの都市には多様な所得分布が見られ、高所得層もかなりの数が存在するが、低・中間層も相当多い。経済格差の大きな都市にはありがちだが、これらの都市では、白人とその他の間の格差が著しいと結論づけている。

機会の浪費

なぜ、格差の拡大が問題なのか。その答えは単純である。格差はクリエイティブ経済にとって機会の浪費を意味するからだ。著しい格差は、実は経済成長を促進するどころか、むしろ抑制するものであることは、多くの研究によって示されている。いつの日か、ただハンバーガーを焼いたり、箱を積んだり、部品を組み立てたりする程度のことをさせるために何百万人もの人間を雇うシステムが、奴隷に綿花を摘ませるのと同じくらい、経済的にも倫理的にも時代遅れなことだと思われるようになるだろう。

ポール・クルーグマンらによれば、第二次世界大戦後の黄金時代を開く鍵となったのは、しばしば「偉大なる圧縮」と呼ばれる、賃金・給与の平準化であった。これが購買力ある中産階級の台頭を促し、郊外住宅、乗用車、組み立てラインで続々とつくられる家電製品などの耐久消費財を、彼らが次々に購入し、大量生産型の工業化経済の推進力となっていったのだ。アメリカ人が三〇年代の大恐慌を乗り越えられたのは、単に工業化経済のエンジンをふかしたからだけではなく、むしろ、大勢の人々を工業化経済に参画させ、そこから彼らが利益を得られるようにしたからである。

私が子どもの頃は、まさにこの高度成長期まっただなかであったので、そうした状況をつぶさに見てきた。私の家はブルーカラーの家庭だったが、工業化経済から多大な恩恵を受けていた。父の給与は快適な生活を送れるほどに増加し、実際、両親は慎ましいながらもマイホームを手に入れ、私たち兄弟をカトリックの私立学校に入れることができたのだ。父は中学を中退していたが、私はラトガーズ大学の奨学生となり、その後コロンビア大学に進んで博士号を取得することができた。

もう少し時代をさかのぼってみよう。真珠湾攻撃の後、父は工場勤めを辞めて、近所にいた多くの青年たちと同様、ニューアークの入隊事務所へ行き、陸軍に入った。ノルマンディー上陸作戦の後、父は衛生兵となった。それは恐ろしい仕事だった。負傷兵であふれかえる修羅場と化した戦場で、父は軍医の助手として怪我の手当てから手足の切断、盲腸の手術まで行った。なかなか腕がよく、時には父一人に処置を任されるほどで、何人もの兵士の盲腸手術を成功させた。ある日、父は上官から兵営に呼び出され、こう言われた。「ルイス、ちょっと考えてほしいんだが、きみを飛び級で医学部にやろうと思うんだ。それで医者になってみないか」と。父は間を置いて、残念そうにこう答えた。

「医学部は無理だと思います。私は高校にも行っておりませんので」

大恐慌の際、家族を支えるために中学を二年で中退した父だったが、それでもよくやっていた。戦後、父はレンズ工場の現場で働き始めた。退職する時には、父は工場全体の生産責任者となっていた。高校に足を踏み入れたことすらないのに、父は一生のうちに医師とＭＢＡ取得者がやるべき仕事を成し遂げたことになる。もし仮に、今日あらゆる人々が教育やクリエイティブな職業経験、あるいはもっと別の斬新な方法でみずからの才能を磨き上げ、うまく適した環境を見つけることができたとしたら、素晴らしく多くのことを成し遂げられるであろう。

しかし今日、アメリカ人にとって、社会的、経済的地位の向上は次第に難しくなってきている。本人あるいはその子どもたちが、経済的に成功する機会が十分に確保されている社会であれば、アメリカ人はある程度の経済格差を受け入れることができる。しかし、所得格差が拡大するのに伴って、社会の流動性も低下しているというのが新たな現実なのである。

七八年に行われた有名な調査によると、下位二〇パーセントの低所得層出身の成人男性のうち二三パーセントは、最終的に上位二〇パーセントの高所得層まで上り詰めた。なかなか悪くない結果だ。しかし近年、インディアナ州立大学の社会学者たちが行った追跡調査では、このような流動性は今日ではほとんど見られなくなっている。その調査によると、二七四九組の父子のペアを七九年から九八年までの間について比較したところ、父親の世代が経験したような高所得層への上昇は、息子の世代ではほとんど見られなくなった。実際、七〇パーセント近くの息子は父親と同じ所得層に留まっているか、より低い所得層へと移動していた。

今回の調査では、下位二五パーセントの低所得層出身者のうち、上位二五パーセントの高所得層に入ったのはわずか一〇パーセントであった。流動性がいちばん高まったのは最も高い所得層においてであり、裕福な家庭に生まれた息子は父親よりも所得が増加している。国際比較研究によると、アメリカにおける父子間の所得の相関関係は、ドイツ、スウェーデン、フィンランド、カナダよりも強い。つまり、アメリカは過去数十年にわたり、流動性の高い社会として世界的なシンボルだと考えられてきたものの、今日では、伝統的な社会民主主義の国々よりも社会が硬直化しているのだ。

大学進学は長い間、立身出世に最も有効な手段だと考えられてきた。しかし現在のアメリカの大学は、拡大する階級格差を抑制するどころか、むしろ強化している。裕福なアメリカ人は、すでに幼少の頃から有利な環境にあると考えられても驚きではない。彼らには一流校に入り、家庭教師をつけてもらい、習いごとをすることが約束されており、そこで所得増加につながる分野で競争し卓越するための術を学ぶのだ。

つまり現在では、大学はもはや、かつてのように社会的地位の上昇を促すうえで重要な役割を果たしてはいないのである。二〇〇五年一月のエコノミスト誌の記事に、「全米トップ・クラスの一四六大学では、七五パーセントの生徒が上位二五パーセントの高所得層出身で、下位二五パーセントの低所得層出身者はわずか三パーセント」という残念なデータが引用されている。この一四六大学には、公立トップ校もほとんど含まれている。このことから、同誌は、アメリカはもはや、かつてのような実力主義の社会ではなく、反対に、恐ろしいほど産業革命初期の階級社会に似てきている、と結論づけている。階級間の対立の拡大は、最も重要な資源である「人間」を十分に活用していないことを示すものである。[3]

問題を解決するためには、もはや広範な経済波及効果にも、既存の社会福祉プログラムにも期待することはできない。クリエイティブ経済でもたらされた格差が、自然に是正される見込みもない。むしろクリエイティブ経済によって、状況は悪化しているようである。アメリカの労働力人口の三〇パーセントという、かつてない人数がクリエイティブ・クラスの仕事に就いている一方で、残りの七〇パーセントの労働者は、付加価値の高いクリエイティブな仕事に携わるチャンスすら与えられていない。

出現しつつあるクリエイティブ時代においても先頭に立ち続けたい超大国アメリカにとって、大勢の非クリエイティブ労働者の存在は、必要経費として抱えるにはあまりにも膨大な負担だ。アメリカはかなり多くの人材を浪費しており、また格差拡大はアメリカの経済競争力にとって致命的な障害となる。

労働者を二つに分けて、少数の人間には革新的な仕事を、残りの大多数には単純作業をさせるのでは、最大限に人材を活用することにはならない。七〇年代に日本から学んだように、再び日本に学ぶべきだ。日本の製造業は「カイゼン」方式を活用し、アメリカのはるか先を行っている。これは、生産現場にいるすべての労働者の知恵を活用しながら、生産工程での小さな改善を継続していくものだ。

アメリカの製造業は、技術者と管理者がすべてを考え、多くの労働者はただ肉体を動かすためだけに雇われているような、時代遅れのフォード型生産システムに囚われていたため、ほとんどが破綻してしまった。多くの企業はすでに新たな方法を導入しているが、アメリカ経済全体としては、いまだに時代遅れで非効率なフォード型システムを繰り返している。さらに多くの人々のクリエイティブな才能を開拓しなければ、アメリカ経済は空前絶後の規模で破綻するかもしれない。

基本となる図式は単純だ。クリエイティブ資本主義に活気を与えているダーウィン的な生存競争のなかで、才能の浪費を抑制し生産性の高い人材を効率的に活用する企業、地域、国家は、圧倒的に有利な立場に立つことができる。おそらく、ロンドンのクリエイティブ委員会の会長であるマイケル・フライのケースが、いちばんよい例だろう。

フライは、生産工場で働きながら育ち、最終的に生産工学の学位を取った人物である。さまざまな業種での下積み期間を経たあと、照明器具に興味を持つようになり、やがて技術と資本を手にした彼は、自分で照明ビジネスを営むようになった。さらに、質の高い製造技術やマネジメントによって利益が増加することに興味を持ったフライは、エドワード・デミングやジョセフ・ジュランなどの専門家、あるいはトヨタなどの日本企業から広まった最新の経営戦略を実行に移し、現場スタッフの知識や発想を取り入れて、経営品質や生産性を向上させた。

フライの事業はたしかに利益を上げた。ただし、それだけで劇的に儲かったわけではなかった。その後、彼は気づいた。この基本的な手法を照明デザイナーにも応用したらよいのではないかと。そこでデザイナーのチームを編成し、新たに最先端のデザインを開発して、すでに高品質であった照明器具に組み合わせたところ、売上げが急激に伸びたのである。

クリエイティブ委員会のロンドン事務所で私と会ったフライは、みずからの製造業での経験を、都市や国が繁栄と住民利益のために行うべきことに当てはめていた。彼はこう尋ねた。「もし都市や国が、無限の資源である『人間』の持つ力を自由に引き出せたとしたら、途方もない富、そして高い生活水準がもたらされるのではないだろうか」。これはまさに、クリエイティブ時代を確立するために、私たちが取り組まなければならない課題なのである。

クリエイティブ時代における外部不経済

クリエイティブ時代を迎えるに当たり、ほかにも取り組むべき課題がある。そこには、ありとあらゆる問題、すなわち外部不経済が想定されるが、クリエイティブな社会を構築するために、私たちはそれを乗り越えなければならない。ここですべてを取り上げて説明することはできないが、とりあえず、いくつかの問題について考察しておきたい。

●住宅価格の高騰

住宅市場は、アメリカ社会で進む階級対立を映し出す鏡であると同時に、これを助長するものである。ニューヨーク、サンフランシスコ、ボストン、ワシントンＤＣといった都市でマイホームを構える人たちは、過去一〇年間でその資産価値が二～三倍になったが、その他の大多数の都市では、せいぜい微々たる含み益しか生じていない。

こうした地域間に、あるいは主要なクリエイティブ都市間にも存在する住宅市場の格差の拡大は、新しい階層構造のもう一つの重要な特徴である。住宅問題はアメリカの階級対立における主要な争点の一つとなっており、すでに住宅を所有している層と、住宅を手に入れるべく懸命に努力している層との対立を招いている。

たとえば九〇年代後半、サンフランシスコは住宅取得の可能性をめぐる論争で分裂状況に陥った。私が住んでいるワシントンＤＣでも、同じような階級間の対立が起きている。ここでは、低所得層のコミュニティが完全な高級住宅地へと、わずか数カ月で変貌する例が見られる。二〇〇四年九月のワシントン・ポスト紙は、ワシントンDCが、住宅取得が危機的なレベルまで困難になった結果、階級間の対立が表面化し始めているると警鐘を鳴らしている。

すべての市民に住宅を確保するのは、単なる道義的責任以上の意味を持つ。アメリカ経済の未来は、主要なクリエイティブ都市に手頃な住宅を新築し、改築し、維持し続けることができるかどうかにかかっている。

このまま住宅価格が高止まりを続けると、アメリカのクリエイティブ経済の原動力は失速するか、あるいは完全に停滞するおそれがある。かつてはシリコンバレーやサンディエゴ、マサチューセッツ州ケンブリッジ、あるいはニューヨークでさえ、若きクリエイターや新規移民の家族、社会的、経済的に見捨てられた人々、野心に燃えた起業家などが、新たにスタートを切ることができる場所であった。しかし今日では、アメリカで最も住宅取得の困難な地域になってしまった。

クリエイティブな地域ほど住宅取得が困難になる傾向は、ケビン・ストラリックによる全米各地の住宅取得可能性に関する分析によっても浮かび上がっている。ストラリックは住宅価格と所得とを比較し、なおかつ持ち家と賃貸との比率を加味して、住宅取得の可能性を計測した。それによると、住宅取得が最も困難なのは、ニューヨーク、サンフランシスコ、サンディエゴ、ロサンゼルスなど主要なクリエイティブ都市に加え、有名大学を擁する都市が並んだ。いまやこれらの都市は、歴史あるリゾート地や、企業トップが集まるフロリダ州ネープルズなどと肩を並べているのである。

この問題は、アメリカ特有のものではない。住宅費（特に住宅ローン）は、先進国の家計支出やGNPにおいてますます大きな比率を占めるようになり、ITバブルの興奮が醒めてからも、さらに資

図表7-2◈住宅取得が危機的なまでに困難となった都市圏

住宅取得がしにくい10都市	住宅取得「困難度」ランキング
マイアミ（フロリダ州）	1
フォートローダーデール（フロリダ州）	2
ロサンゼルス（カリフォルニア州）	3
サンディエゴ（カリフォルニア州）	4
リバーサイド（カリフォルニア州）	5
オレンジ郡（カリフォルニア州）	6
ニューヨーク（ニューヨーク州）	7
サンフランシスコ（カリフォルニア州）	8
オークランド（カリフォルニア州）	9
バーゲン郡（ニュージャージー州）	10

住宅取得がしやすい10都市	住宅取得「困難度」ランキング
グランドラピッズ（ミシガン州）	61
セントルイス（ミズーリ州）	60
ルイビル（ケンタッキー州）	59
カンザスシティ（ミズーリ州）	58
デトロイト（ミシガン州）	57
オクラホマシティ（オクラホマ州）	56
インディアナポリス（インディアナ州）	55
ミネアポリス（ミネソタ州）	54
ピッツバーグ（ペンシルバニア州）	53
グリーンズボロ（ノースカロライナ州）	52

人口100万人以上のクリエイティブ都市は、住宅取得がしにくい部類に入っている。

【出典】アメリカ労働統計局のデータに基づき、ケビン・ストラリックが作成。

本を吸い込んでいる。ＩＭＦ（国際通貨基金）によれば、九七年から二〇〇四年までの間に、オーストラリア、アイルランド、スペイン、イギリスでは、住宅価格が五〇パーセント以上も上昇している。日本では、ＧＤＰに対する住宅ローンの比率は、七〇年に五・六パーセントだったものが、二〇〇三年には三六・五パーセントにまで上昇した。

またＩＭＦは、住宅価格の急騰が先進国の間で同時発生するようになっていることに言及し、「住宅価格の上昇がグローバルな現象となっているように、もし仮に住宅価格が下がれば、世界的に同時に下落する可能性が高く、グローバルな経済活動に影響を及ぼしかねない」と予測している。

その帰結は、アメリカ経済および世界経済にとって恐るべきものであり、九〇年代後半から二〇〇〇年代にかけてのＩＴバブルの比ではないだろう。生産的な経済活動から資本が流出し、流動性の低い不動産に投資が集中するのは、まだ始まったばかりのクリエイティブ時代が抱える根本的な不安要因である。取得可能な住宅をより多く供給し、貴重な資本を投資効果の高いほかの分野に誘導することが、あらゆる先進工業国の取り組むべき重要な課題となっている。(4)

高止まりする住宅価格のせいで、新技術への投資や人命に関わる病気を治すために使えるはずの資本が、住宅の購入に回されてしまうだけでなく、先進工業国が才能を誘致し、イノベーションを重ね、経済を発展させる能力も制限されてしまっている。

三〇年前、サンディエゴの経済成長の中核であるカリフォルニア大学サンディエゴ校では、手頃な価格で海辺の住宅を提供すれば、第一線で活躍する科学者や教授陣を招聘できた。しかし今日、若い大学教授や科学者がサンディエゴの海岸沿いに家を構えられるとは、とうてい考えられない。

製造業やサービス業の従業員、若手の起業家はさておき、働き盛りの四〇代で妻子持ちの大学教授が自宅を購入できないのである。その結果、彼らは毎年のように、あるいはもっと頻繁に、マンションからマンションへと引越しを余儀なくされる。アメリカは六割という高い住宅所有率を誇っており、これは誇るべき事実である。しかし、住宅所有率が二五～三五パーセントの間を推移しているサンフランシスコやサンディエゴのような都市では、低所得層はもとより、高所得層にとっても夢のまた夢となってしまっている。

マサチューセッツ州ケンブリッジに住む国際的な不動産投資家が、あるジレンマについて私に語ってくれた。過去三〇年間、ケンブリッジを含むボストン一帯は、概してクリエイティブ経済の中心地となっており、質の高いクリエイティブな人材が、不動産、調査研究その他のさまざまなチャンスを求めて、この地域に引き寄せられるように次々と集まってきた。ほかの多くの業種についても同様であるが、彼の営む不動産投資業では、特にＭＩＴやハーバードの卒業生をすぐにコンサルタントとして採用するのが伝統となっている。優れた教育環境が地域の経済発展に結びつき、それがまた優れた教育環境を整えるという、万人に利益をもたらす好循環が存在していたのである。

しかし、不動産価格が高騰している昨今、彼の投資会社では、若い人材をこの一帯に呼び込むどころか、つなぎとめておくことさえできない。ケンブリッジでは、もはや彼らがマイホームを購入することなど絶対にできないからである。若い不動産投資家やコンサルタントが販売している住宅を、彼ら自身では取得することができないという皮肉は、その投資家にもわかってはいるが、どうにもならないようだ。

そして、この皮肉は、クリエイティブ経済において、より広範に住宅取得が困難になっている傾向を見事に象徴している。パロアルトにしろ、バークレーにしろ、サンディエゴにしろ、オースチンにしろ、主要な大学を抱える都市やイノベーションの中心地の多くが、住宅問題で同じようにみずからの首を絞めているため、クリエイティブ経済をさらに発展させることができないでいる。

ハイテク産業も、インディーズ・バンドも、街角の小さな商店も、等しくこの問題を抱えている。彼らのビジネスは小さなガレージやぼろ家から始まり、やがてそれが周囲の経済的、文化的な活力をおおいに高めることになる。しかし、そうした場所は、すでに財を成しているか、あるいは大半の経済活動を街の外で行っている裕福な部類の人々（まさか自分たちが経済発展を阻害しているなどとは知らない善意の人々）によって占領されてしまっている。

ケンブリッジの不動産投資家が言うには、会社のなかで個々人の才能にばらつきが出てきているだけでなく、職場の内部管理部門を次第に年寄りや古臭い人間（彼は自分自身をその種類の人間だと考えている）が占めるようになり、会社そのものの性格も変わってきてしまったそうだ。彼のような一財産をすでに築いたベテランにとってさえ、この社会循環は有害である。ジェーン・ジェイコブズがかつて述べたように、「退屈になった土地からは金持ちでさえいなくなる」のだ。みずからを刷新する能力がなければ、アメリカのクリエイティブ経済は失速し始めるであろう。

また、アメリカ以外で世界的なライバルが現れていることが、状況をさらに変化させている。クリエイティブ経済が生み出した住宅取得をめぐる問題があろうとも、ＭＩＴやハーバードを卒業した若者が、クリエイティブ拠点にある住まいを諦め、ロチェスターやセントルイスに移るとは、いまのところ考えにくい。むしろ、マイホームの夢を諦めれば、引き続きクリエイティブ経済の中心地に身を置くことができるのであれば、彼らのほとんどはそうするだろう。

しかし、世界的なクリエイティブ都市のライバルが出現すれば、経済的な成功のほかにマイホームまで手に入るのだ。ロンドンや東京のほうがニューヨークやロサンゼルスよりも物価が低いと言っているわけではない（実際は逆である）。しかし、シドニー、トロント、ダブリンなどが、アメリカのクリエイティブ都市と競合すべく名乗りを上げている。アメリカのクリエイティブな人材は、ますます国外へ出て行こうとしている。一方、他国のクリエイティブな人材は、チャンスを求めてアメリカに来るより、ますます本国に留まるようになっている。自分の周囲でチャンスが増えているならば、そこにそのままいるのは当然のことである。

したがって、住宅取得の困難さは、もはや単なる住宅供給上の問題ではない。それはすでに、アメリカがクリエイティブ経済において、みずからの優位性を維持・強化していくことが困難であることを示すものなのだ。

●交通渋滞の深刻化

道路の渋滞は（排気ガスでやがて肺の機能も停滞することになるが）、通常、美観や道徳の問題として考えられる傾向がある。しかしこれは、アメリカ経済の優位性の核心に突き刺さる問題なのであって、もはや単なる迷惑問題ではない。自動車混雑は、アメリカ社会に蔓延する病理の原因であり症状である。それは、自動車を始め何でも私有財産化してフルタイムで利用することができた社会経済が、持続不可能であることを反映するものであり、クリエイティブなイノベーションに必要な集積をも損ねるものである。

テキサスA&M大学テキサス交通研究所が二〇〇四年に実施した調査によると、都市部のドライバーが渋滞で動けなくなっている時間は、二〇〇二年の一年間で、平均してほぼ丸二日間（四六時間）

であり、九二年の一六時間から三倍近くになっている。また、交通渋滞に伴う財政負担は、八二年の年間一四〇億ドルから現在は六三〇億ドルへと膨れ上がっている。

クリエイティブ経済の主要都市では、その都市に住むことに対して非常に大きな需要があるため、通勤ドライバーは最悪の状態のなかで暮らしている。なかでもロサンゼルスが最もひどく、年間平均九三時間（およそ丸四日）の遅延が発生し、次いでサンフランシスコ（七三時間）、ワシントンDC（六七時間）となっている。ボストンでは五四時間だ。ロサンゼルスやサンフランシスコ、ワシントンDCの自動車通勤時間は一日平均九〇分以上であり、片道だけで二時間以上の通勤を耐え抜いている人たちも多い。裕福な部類に入る人たちは、脱・都会型のライフスタイルを好むがゆえに、また、そうでない人たちも、都市の外環部にしか住めないがゆえに、こうした問題に強く頭を痛めている。

交通渋滞をもたらし、また逆に交通渋滞によってもたらされている都市のスプロール現象は、アメリカ経済の競争力を破滅に導くものである。縦横に拡大した都市では、大学教授はもはや大学の近くに住めなくなり、研究室とハイテク企業はもはや同じ地域に立地できず、起業家や新参者は経済的な外縁へと追いやられる。

このため、人と人とが顔を向き合わせながら、中身の濃いコミュニケーションをのびのびと行うことで得られる利点が失われる。交通渋滞によって毎日、毎週の何時間も奪われる通勤時間、出席できなかった会議、人が集まって知恵を出し合えなかったために思いつかなかった打開策などを合わせて考えれば、渋滞による問題は道路上にあるだけではなく、またそれによって悪化しているのは環境だけではないのだ。

世界の主要なクリエイティブ都市に共通している特徴は、地下鉄や路面電車などの公共交通網

図表7-3◈交通渋滞による遅延時間の年間平均

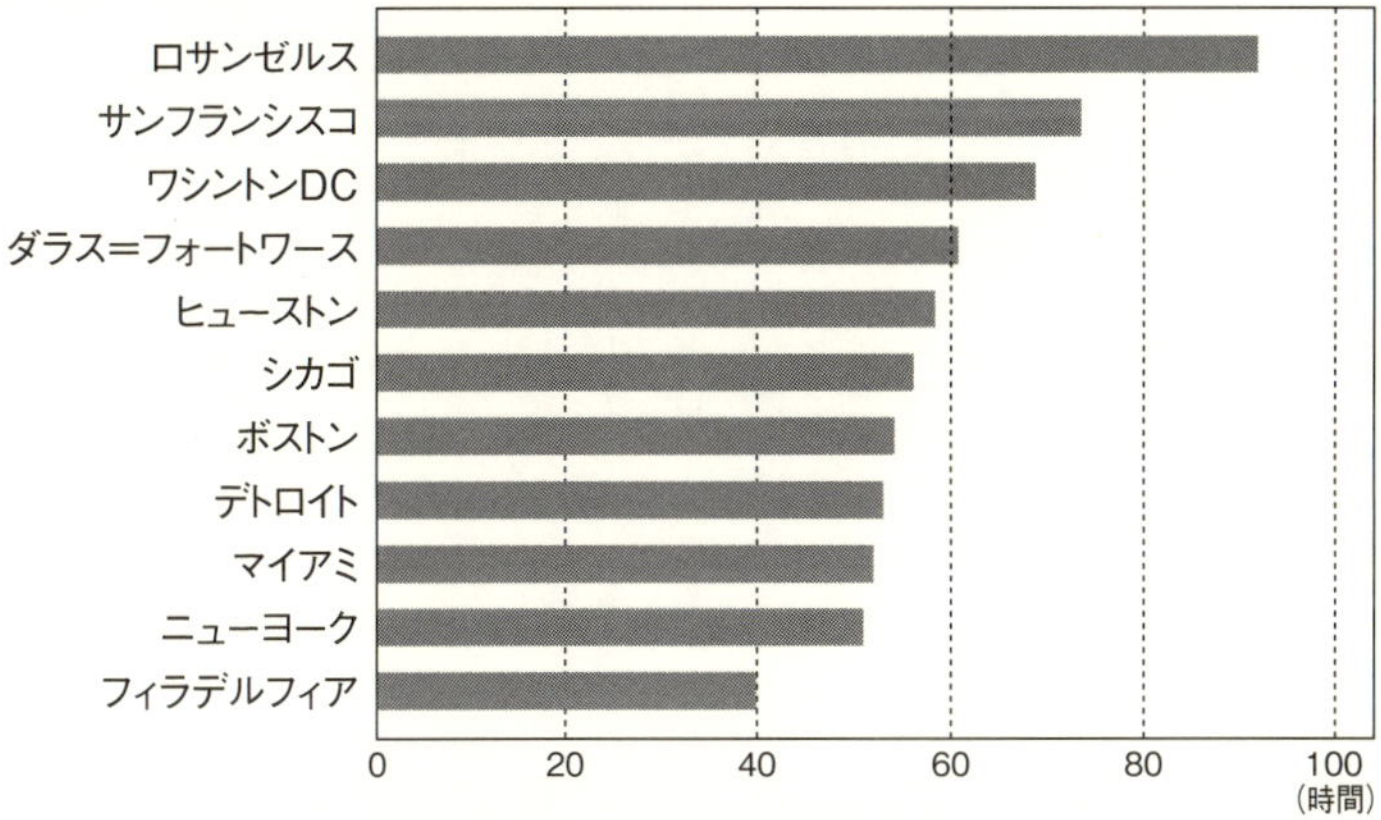

クリエイティブ都市の通勤時間は全米で最も長い。図が示しているのは、年間の通勤所要時間のうち、道路がスムーズに流れている場合の通勤時間を超過して、余分に掛かった時間数。

【出典】Texas Transportation Institute, *2004 Urban Mobility Report*, Texas A&M University, September 2004.

が効率よく張りめぐらされ、市民の利便な足となっている点である。*The Rise of the Creative Class*の執筆に際して、クリエイティブ・クラスの人たちを対象に行ったインタビューやフォーカス・グループにおいても、地下鉄や鉄道網を利用できることは、自転車専用道路やカフェ、コンサート会場といった施設の存在以上に重要なことである、との意見が聞かれた。

アメリカの最も大きなクリエイティブ都市のいくつかには、このような公共交通網がたしかに存在しており、クリエイティブな人材を惹きつけるうえで強みとなっている。しかし、その他の大多数の都市ではまったく不十分だ。クリエイティブな才能の争奪戦が世界的に広がるなかで、外国の大都市・地域は、公共交通網という決定的に重要な要因において一歩抜きん出ている。

●ストレス社会の出現

クリエイティブ経済では、制度的、社会的な救済構造が取り除かれ、ストレスや不安感が個人を直撃する。二〇〇四年にハーバード大学医学部とWHOの研究者が一四カ国で行った調査によると、不安障害やうつ病といった精神疾患を持つ人の割合が最も大きかったのはアメリカであった。同調査は、ベルギー、フランス、ドイツ、イタリア、オランダ、スペイン、その他の国々で六〇〇〇人以上の成人を対象とした対面インタビューに基づくもので、精神疾患を持つ人の比率の最大がアメリカの二六パーセント、最小がイタリアの八パーセントだった。

さらに、全米各地域における、ストレスや不安障害を抱える人の比率についての調査がある。これは精神医学研究者のケネス・トンプソンとロベルト・フィゲロアが収集した精神疾患のデータに、私の地域別データを融合させたものであるが、その結果によると、いかなる所得階層や階級集団を見ても、ストレスや不安障害の発生率が際立って高いのは、クリエイティビティ・インデックスの高い地域であった[5]。

オーストラリアに行った時、私は、物理学者にして世界的な電子機器メーカーを所有する某起業家と面会した。彼の会社は世界各地でレーザー装置を生産しているが、アメリカにあるいくつかの拠点は、主要なクリエイティブ都市の近くにあった。従業員が全力を出して生産的な仕事をするために、何がモチベーションとなるのかを尋ねたところ、彼の答えは「まずは仕事に集中できる環境です」というものだった。さらに彼は、ストレスや不安感があるとクリエイティブな仕事はできない、とも付け加えた。

このことは、私もそうであるが、ものを書く人間であれば、仕事を通じてよくわかっている。ソフ

図表7-4◈何らかの精神疾患であると臨床的に診断された人の割合

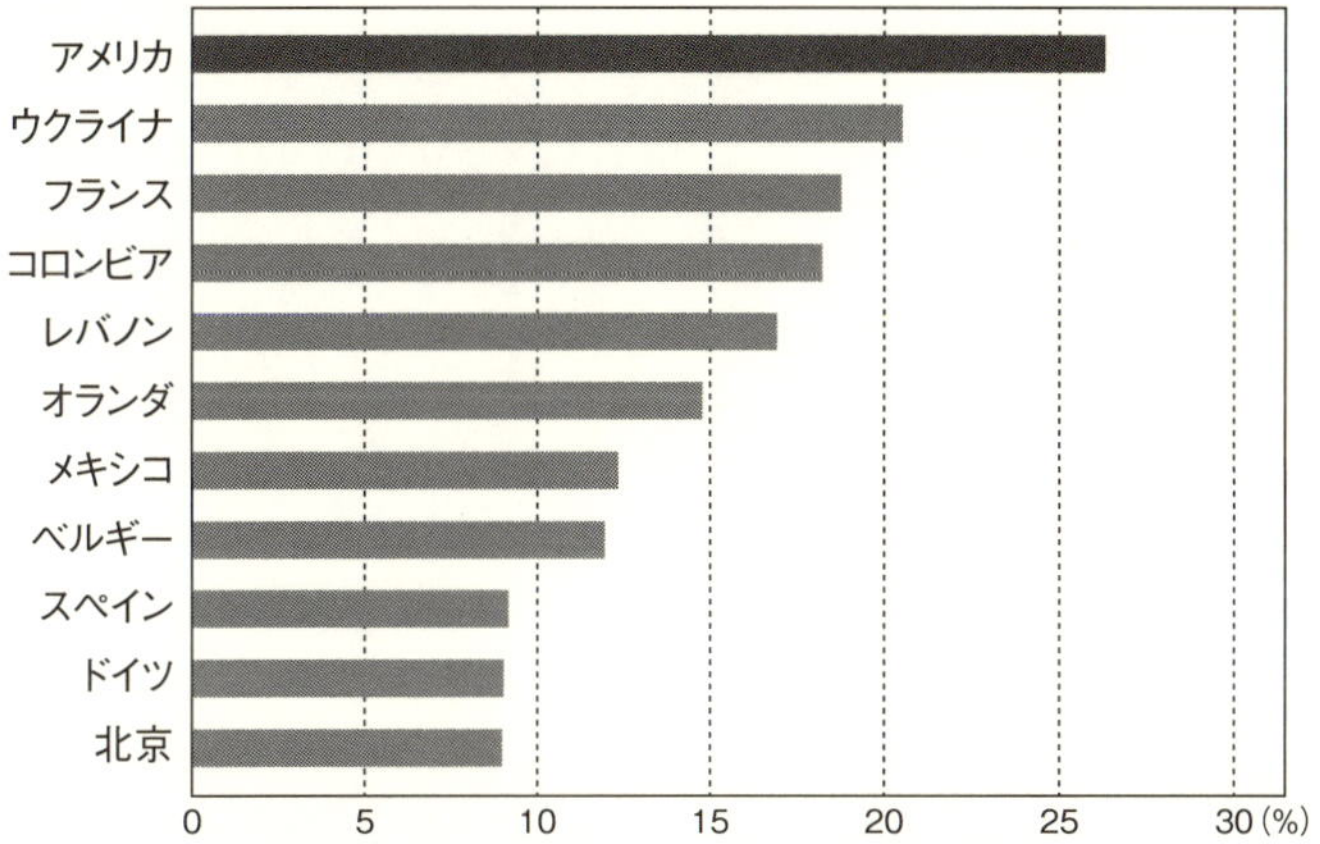

アメリカは世界で群を抜いて、ストレスの発生率が高い。

【出典】Ronald Kessler *et al.*, "Prevalence, Severity, and Unmet Need for Treatment of Mental Disorders in the World Health Organization World Mental Health Surveys," *Journal of the American Medical Association*, June 2004.

トウエア開発者も同様だ。また、数々の研究によっても証明されている。なめらかに思考が流れるようになるまでには時間がかかるし、一度流れが途切れてしまうと、不思議なことに、それを元に戻すことは非常に困難なのである。

ピーター・ジャクソンは、「僕はウェリントンのほうが好きだ。ロサンゼルスのように、毎日なにかと気が散ることもないから」と言っていたが、それはまさにこのことを指している。多くの人々が集住し、自由に交流することは、クリエイティブ経済の発展にとって重要な要素ではあるが、あまりにも多くの煩わしさや不安、特に夜道を歩けないとか犯罪といった安全の基本に関わる問題で身動きが取れなくなると、そうはいかなくなってくる。

全米の、そして全世界の企業で、従業員のストレスや不安感を軽減しようとする動きが加速している。SASインスティチュートのような企業が、健康管理センター、託児所、さらには小学校やカウンセリング施設を社内に設置しつつあるのはそのためだ。このような企業では、従業員のストレスがなくなれば、彼らはよりクリエイティブかつ生産的に働いてくれることがわかっているのである。

職場のQOL（生活の質）を高めることが新たなトレンドとなりつつあるが、それは、単にそうすることが正しいからなのではない。ストレスや不安感を和らげることで、企業は社内のクリエイティブな人的資本をより活用でき、高い生産性を得られるからなのである。同じことは、都市や地域、国についても当てはまる。個人や家族の生活の質が高まり、ストレスや不安感が小さくなったところでは、ライフスタイルが改善するだけでなく、クリエイティブな人的資産をさらに有効に活用することができるのである。

不可能への挑戦

クリエイティブ経済が革新的で、富を生み出すものであり、また高い生産性を約束するものであったとしても、ただ傍観しているだけでは、現在私たちが直面している無数の社会問題の解決は困難であり、また可能性を現実にすることもできない。

最も高いレベルのクリエイティビティ、イノベーション、起業家精神を生み出せるだけでなく、同時に所得格差、高すぎる住宅価格、開発の不均衡、活用されていない人間の潜在能力といった問題にも新しく革新的なやりかたで対処し改善できる国や地域だけが、現在の競争優位性を持続できるのである。この意味で、雇用や経済成長の数値だけに注目するのではなく、あらゆる人々のクリエイティブな潜在能力を引き出し高めることで、長期的な繁栄を確実にするような、成功の公式を描くようにしなければならない。

共和党とか民主党は、このことをまったく理解できていないようである。共和党の場合、経済格差を優勝劣敗のダーウィン型システムの当然の副産物と見なす傾向がある。それは一理あるが、しかし、それが行きすぎてしまうのは、当然のことでも、望ましいことでもない。歴史的に見れば、三〇年代のような格差の大きい時代は経済成長が低く、第二次世界大戦後のように格差が小さい時代は経済成長が高かった。先進工業国における経済成長の変遷を国際比較によって体系的に分析したところ、格差が成長を遅らせることが問題なく示された。

民主党の場合は、格差が国の団結を阻害し、消費需要を停滞させると見なして、それゆえに政府による援助や賃金助成で対処すべきであると主張する傾向がある。そのような社会福祉型政策は、アメリカ人の労働倫理を蝕み、支援が必要な階層を固定化するものとして、共和党にとっては格好の批判対象となろう。

ウィリアム・Ｊ・ウィルソンからポール・クルーグマンに至るリベラル論者が、格差拡大の根本原因として指摘するものも、製造業における高賃金雇用の喪失から、労働組合など貧しい人々を政治団結させる組織に対する富裕層や保守主義者による締めつけまで、広く分かれている。(6)

しかし、クリエイティブ・クラスとそれ以外のクラスとの経済格差の拡大は、減税や社会福祉の削減、あるいはその他保守的な政策の帰結でもなければ、移民政策の緩和やリベラルなバラまき政策の結果でもない。それはグローバル経済で富を生み出すことと裏腹のもので、クリエイティブ経済の台頭と完全に切り離せないものなのである。市場経済に任せているだけで状況が解決できるわけでもなく、また社会福祉制度のみによって困難を取り除けるわけでもない。クリエイティビティの絶対的な経済力は、富の蓄積を不均衡にし、取り残される人々の状況をいっそう悪化させ、この新しい社会経済システムへの適応をも難しくさせる。

第九章ではクリエイティブ時代の外部不経済を解消するための原則に触れるが、その前の第八章において、政治の舞台で、これらの課題がどのように取り組まれているかを解説しておこう。もちろん、多くの人々が悪化していると考える、アメリカ社会の二極化に言及することにもなる。この傾向自体も、工業化経済からクリエイティブ経済への転換の副産物なのである。仮に、それがこの先も続いていくならば、私たちが国家として直面し、かつ最も緊急を要するグローバル経済への対応は、ほぼ不可能になってしまうであろう。

第8章

アメリカ政治の内部対立

Divided We Fall

三人寄れば文殊の知恵——日本のことわざ

有識者、ジャーナリスト、政治家らは、論争を巻き起こした二〇〇〇年の大統領選挙以来、アメリカがおそろしく二極化された国になっていると語ってきた。たしかに各州は共和党支持か民主党支持かに塗り分けられ、ほとんどの課題について見解が一致せず、また社会にとって何が問題であり、それにどう対応するかの方法についても、完全に意見を異にしている。

この二極化は、激しく戦われた二〇〇四年の選挙において、さらに深刻さを増し、その後も議論が続き、以前よりもこの国を対立させている。ロサンゼルス・タイムズ紙のロン・ブラウンスタインは、次のように書いている。「政界は、もはや文明人の振る舞う場所ではない」。有識者は、クリントンの放蕩、チェイニーの傲慢、ケリーのリベラルな経歴、あるいはブッシュの祈禱朝食会における保守主義ぶりを非難し、煽り立てている。

ブラウンスタインの意見に同意できないとしても、この国が内部にひどい対立を抱えていることは、いたるところで感じ取れる。物事がうまく運ばなくなったばかりでなく、かつてはリーダーシップを発揮していた機関が、いまは対立の材料を提供している。

こうした雰囲気が強調されるなかで、この国が和解不能なほどに対立しているとの一般通念ができあがっているとしても、けっして不思議ではない。代表的な事例として、エコノミスト誌は、なぜこの国の政治が赤（共和党）と青（民主党）に塗り分けられているのか、チェック・リスト方式でわかりやすく検証している。記事では、サンフランシスコから選出された民主党のナンシー・ペローシ（現下院議長）と、中西部イリノイ州郊外から選出された共和党のデニス・ハスタート（前下院議長）という、二人の下院議員の選挙区を比較している。[1]

ペローシの選挙区は、「天を突く高層建築や高密度な生活など垂直的なアメリカ」を象徴し、「国内で最も民主党寄り、かつリベラル」で、また「貴族、ゲイ、ドット・コム長者、年を取ったヒッピーが混じったような」場所である。その圧倒的なリベラルさから、同性愛者の権利擁護に熱心であり、宗教的というより現世的な、家族持ちよりも独身者の多い地域といった雰囲気である。「性転換の権利」や「医療用マリファナ使用の合法化」に賛成するマーク・レノ（カリフォルニア州議会議員）ですら、「保守的」とされてしまうような土地柄なのである。

一方、ハスタートの選挙区は「水平的なアメリカ」だ。イリノイ州シカゴの郊外にあり、アイオワとの州境から四〇マイル南までとうもろこし畑が続く、「深紅色」の地区である。「その地形同様に文化的にも平板、退屈」であり、「新しい教会を建築する一方、古い教会も増築する」といった土地柄といえる。

同誌の記事は、これら二つの地区の間の「深い溝」が、「アメリカの政治システムの競争を国政レベルにおいて、より先鋭的にしている」と説明する。「五〇年前はイデオロギー的にも大差なく、二大政党の違いは小さなものに見えていた。いま、その違いは大きく広がっている」

こうした政治的風刺画を受け入れるのは簡単だ。しかし、何人かの著名なアメリカの政治評論家は、メディアが喧伝するほど、この国の二極化は進んでいないと結論づけている。二〇〇四年に、*Culture War?: The Myth of a Polarized America*（これが文化衝突か？――二極化するアメリカという神話）を出版した、政治学者でスタンフォード大学教授のモーリス・フィオリーナは、豊富なデータによって、赤い（共和党側の）州と青い（民主党側の）州の人々の間には、意味のある違いがほとんどないことを示した。「アメリカのイデオロギーや政策が、三〇年前に比べて、より二極分化しているという証拠はほとんどない(2)」

フィオリーナは、議会における党派性の高まりが対立を生んでいるとする多くの政治学者の見解に賛同し、次のように述べている。「アメリカ人の評価する政治家像が二極化していることが、その説明である。政治家像の二極化が、市民を二極化しているように見せている。つまり、見せかけの対立なのだ」

二極化の神話を広めているのは、刺激が強くドラマティックな話題性を追い求めるメディアである。「つまり、文化衝突というコンセプトが、アメリカの政治を報道するジャーナリストのニュース感覚に、うまく合っていたということだ」

しかし、全国メディアも広範な世論調査も、総選挙というレンズを通していると、アメリカの政治に対立を引き起こしているものの本質を見落としてしまう。投票傾向を州単位で分析することが誤解を招くのだ。州単位では、経済的、政治的、文化的にも、その多くの差異が包み隠されてしまう。常に闘争的なジェームズ・カービル（ハリス・ウォフォードの上院選挙運動をふりだしに経験を積んできた人物）は、以前、ペンシルバニア州は実際には二つの異なる州である、と言ったことがある。「一方はフィラデルフィアとピッツバーグ。他方、その間には深南部のような土地柄がある」

アメリカの政治において現実に進行している変化は、私が政治の「分子構造」と呼ぶ、より小規模な構図のなかで生じている。それは、経済と人口動態上の特徴、および地方と都市における政治的・文化的選好の違いによって構成されている。私は、この国の対立は共和党と民主党との間にあるのだとも、同性愛者の結婚に関する見解の違いにあるのだとも考えていない。

私たちの未来に対する脅威は、見えない裂け目が、人々の経済生活上のチャンスを分け隔てていることにある。比較的少数の地域グループは、開放性と寛容性によってイノベーションやクリエイティビティ、経済成長を高度に進めている。一方、残された地域グループは、内外の競争から後退するなかで、不安感を増し、開放的でもなく、変化に抵抗を示す人々を抱え込んでいく。こうした時代の失敗は、大多数のアメリカ人に対して、クリエイティブ経済にどのように参加し、そこからどのように恩恵を得るのかについて、適切な対応が取れなかったことである。

ここで背後に働く経済の論理は、単に強力なだけでなく、アメリカのまとまりに重大な危険をもたらし、この国が長期的な競争力を保持していくうえで必要な、広範な経済問題に対処する能力を衰えさせている。前章までに示したように、アメリカは厳しいグローバル競争に直面している。ほかの国がクリエイティブ経済への対応を始めるなかで、どうしたらこの国の政治状況を、クリエイティブ時代における才能を惹きつけ繁栄するための能力に、プラスに作用させることができるのであろうか。このことは重要だ。なぜなら、このままアメリカがリードし続けられるのか、それとも競争から遅れてしまうのかは、グローバルなクリエイティブ経済へ適応していく速度が決めるからだ。アメリカは、経済の大きな変化であった産業革命において、非常に優位な立場に立つことができた。それは、私たちの開放性と新しい人々とアイデアの三者を、素早く結びつけることができたからだ。

私たちがいま抱えているジレンマも同じことだ。グローバルな才能を惹きつける能力を回復し、クリエイティブ経済への変化をアメリカの優位性に効果的に生かすために、私たちには、お互いの違いを埋め、合意を素早く形成することが求められている。

二極化を煽る人々

新聞や夜のニュース番組を見ればわかるように、アメリカの政治において、二極化はおなじみの話題である。ニューヨーク・タイムズ紙のコラムニスト、デイビッド・ブルックスは、現代を特徴づけるテーマの、最も率直な提案者の一人である。彼はコラムの多くを、この二極化問題に費やしている。(3)最近、ブルックスは、「教育水準の高い」（クリエイティブと読み替えてもよい）階層の二極化について、こきおろしている。彼の新しい論点は、「知識労働者」と「マネジャー」とを区分し、前者には民主党支持者が多く、後者には共和党支持者が多いというものである。これらについて、まずは「教育水準の高い階層が増え、そして対立した」としたうえで、彼は次のように続ける。

経済は、多様な知識労働者――教師、弁護士、建築家、学者、ジャーナリスト、セラピスト、インテリア・デザイナーなどによる巨大な階層を生み出した。こうした人々は、同様に高水準の教育を受けているが、ビジネス志向の人々に比べて生活スタイルも投票行動も異なる。たしかに、エリート同士の対立でもって、私たちの政治のすべてについて説明できるとは限らない。しかし、彼らの圧倒的な文化的影響力や経済力によって、これらのエリート・グループは、それ以外の人々も向き合わざるをえなくなるような、選択肢の枠組みをもたらしている。教育水準の高い階層の内戦がなければ、この国がこれほど二極化することもなかったであろう。

自称「コミック社会学者」ブルックスの観察は、読むには楽しい。しかし、それらは多くの研究や経験の蓄積から出てきたものではない。かつては労働者階級についても、その関心領域の違いから、溶接工や配管工などいくつかの集団に分けられていたが、それと同じことだ。違いは時間が経てば減少するものであり、その傾向は強まっている。

ブルックスへの辛らつな批判として、コラムニストのミッキー・カウスは、二つのエリート階級間の文化的対立は「拡大せずに、縮小している」と書いている。「マネジャーも都会的で最先端であろうとしている。ブルックスのつくった流行語で言えば『ボボス』(ブルジョア・ボヘミアンの略)になろうとしているではないか」(4)

カウスは、精神的貴族階級(知識労働者)は経済的貴族階級(マネジャー)と対立するものではなく、「両階級は一つになっている」とし、そこに存在する違いは、おそらくフロイトの「些細な違いへのナルシシズム」のようなものだと言う。カウスによれば、二一世紀経済の本当の対立は、「金持ちで教育水準の高いエリート層と、所得と教育水準の両方が劣る非エリート層との間に」存在することになる。

二極化は神話

二極化に関する最も重要な知見は、プリンストン大学教授のポール・ディマジオらによる詳細な研究から得ることができる。(5) ディマジオらは、二極化が近年わずかに増加していることには同意するが、歴史的に見れば、ほとんどの重要な問題において、アメリカの大衆が対立したことはないとの発見をした。ディマジオ、ジョン・エバンズ、ベサニ・ブライソンらのこの件についての解説を、以下に引用しておこう。

私たちの研究では、人種や性の違いに対する態度、リベラル主義か保守主義かについての感情、これらに対する態度において、いずれも二極化が軽減傾向にあることを明らかにした。しかし、さらに対象年度を広げると、犯罪と正義に関しては状況が逆転し、意見の対立が増している。同様に、以前のデータでも確認された、妊娠中絶に対する一般大衆の態度に二極化が認められ、さらに性的傾向に対する態度においても二極化が観察された。

以前の研究報告では、南部の住民とそれ以外の地域の住民との間に明確な意見の違いがあり、二極化のプロセスもそれを反映するであろう、と仮定していた。テレビやその他のメディアによって文化が全国的に形成されていけば、二極化は弱まるはずであるが、一方で、共和党が社会問題の重視をテコに南部で伸長していることは、二極化が進展する暗示とも思われたからである。

しかし、実際には、二極化が進んでいるとの証拠を見つけることができなかった。南部とそれ以外の地域との違いの大きさは、期間を通じて一定か、あるいは縮小していた。より最近のデータでは、収束する方向にあった変数が、現在も引き続き収束していることが確認されている。

二〇〇四年六月、ディマジオはニューヨーク・タイムズ紙に、次のように語っている。「私たちの研究の二つの大きな驚きは、妊娠中絶に関してさえ、教会に通う福音主義者とプロテスタントとの間の意見の一致は増加しているし、またアフリカ系アメリカ人と白人との間で、意見の対立が増加していないという点だ。

福音主義者は、性的役割のような問題に関して教条主義をかざすというよりも、よりリベラルになっている。またアフリカ系アメリカ人は、マイノリティを援助する政府プログラムのような問題に関して、リベラル派の主張にこだわらず、より多様性を示すようになっている」

ディマジオが、年齢、人種、性別、教育水準など多くのサブグループを対象に分析したところ、一つの例外を除いて、八七年よりも二〇〇二年に二極化の傾向が強まったことを示すものはなかった。その例外とは、熱心な「共和党員または民主党員」と自称する、成人の三〇パーセントを占めるサブグループである。

二〇〇四年の選挙でブッシュ大統領が再選された理由を説明するために、多くの識者らが使ったのは「道徳的な価値観」というものだ。民主党の選挙対策者らは、彼らの党が宗教性を失い、それゆえにアメリカ国民から罰せられたと嘆いた。アメリカの主流にある道徳的な価値観を理解することに失敗したことで、大統領の椅子も議席もフイにしたと考えたのだ。そして、それらを取り戻すには、アメリカ国民の精神面をより理解し、取り入れなければならないとした。経済は重要だが、道徳はより重要であると結論づけたのである。

それにしても、共和党へ傾いた選挙になった決定的な理由を見つけようと、急ぎすぎている。道徳的な価値観については、国民を代弁していると自認するジャーナリストが勝手に売り込んでいるものであって、国民自身が抱えている理由かどうかはわからない。

たしかに有権者の五人に一人は、この何とも定義しにくい理由を決め手にして、票を投じた。しかしそれは、五人のうちに四人は、そうではないという意味でもある。人気テレビ番組ミート・ザ・プレスでティム・ラサートから質問された、ブッシュの右腕であるカール・ローブでさえ、宗教は安全保障と経済の次であり、選挙戦では三番目に大事な問題だったと答えている。宗教性を投票に反映させようというのは、仕組まれたことだったのではないだろうか。

ロナルド・イングルハートやその他の人々による調査からわかることだが、アメリカ人は疑いなく先進工業国のなかで最も信心深く宗教的である。さらにアメリカの大きな層が、明らかにそうしたポスト物質主義的な方向に向かっていることも、イングルハートは指摘している。

アメリカン大学准教授で、コミュニケーションの専門家であるレナード・スタインホーンは、「現代社会に関する調査からは、二〇年代の禁酒主義者が主流でなかったと同様に、社会保守主義者は主流でもなければ、将来もそうならないことが証明されている」と述べている。さらに彼は、「六〇年代に芽生えたベビーブーマーの感性が、今日のアメリカの主流になっている」と付け加えた。大まかに言ってしまえば、異人種間の結婚から男女平等といった続々と持ち上がる社会的な関心事に対して、アメリカの社会はよりオープンになっているということだ。
ロナルド・イングルハートが、政治的成熟の最後のフロンティアと呼んでいる同性愛者の権利についてさえ、アメリカ人の意識はかなりのところまで進んでいる。シカゴ大学世論調査センターによる総合社会動向調査によれば、同性愛の関係が「常に悪である」と信じるアメリカ人の比率は、およそ四分の三（八七年に七四パーセント）から、わずかに半数を越える程度（五三パーセント）に落ちている。一方、そのような関係が「まったく問題ない」と答える比率は、同時期に一二パーセントから三二パーセントへと三倍になった。

アメリカの若者ほど、それを明白に証明するものはない。「この国の歴史上、彼らほど包容力に富み、寛容で、社会的にリベラルな世代はいないだろう」とスタインホーンは言う。二〇〇四年、七〇代のほぼ九〇パーセントが同性婚を認めることに反対したが、二〇代から三〇代のアメリカ人のざっと四〇パーセントは、支持すると語っている。アラン・ウルフは「ゲイの権利は、文化衝突の最後のテーマではないか」と言う。それ以外に、「重大な対立点は残されていない」。

さらに私が*The Rise of the Creative Class*で論じたように、彼らの親が彼らに同意するので、こうした若者たちは実際にも多数派になっている。世代間の断絶とは、ある世代がその前の世代に反対するという、一般的なものではない。アメリカではベビーブーマーとその子どもたちの間に世代間の断絶はない。ベビーブーマーより前の世代と、その後に続く世代との間に断絶があるのだ。

センター・フォー・インフォメーション・アンド・リサーチ・オン・シビック・ラーニング・アンド・エンゲージメント（ＣＩＲＣＬＥ）による二〇〇二年の世論調査によれば、ベビーブーマーより前の、俗に言う「最も偉大な世代」は、人口統計上唯一、同性愛者を社会的に許容しない世代である。

事実、二〇〇以上の都市と郡には現在、同性愛者を差別から保護する法律があり、寛容性の理想はゆっくりと、しかし着実に社会の主流になっている。アメリカのトップ五〇〇社のうち、二二七社が内縁の関係者にも福利厚生を提供し、さらに二〇〇四年選挙の出口調査では、五人の有権者のうち三人までが、ゲイ同士の結婚またはシビル・ユニオン（結婚と同等の権利を法的に認められた関係）を支持していることがわかった。

スタインホーンは、「『道徳的な価値観』が大量得票したということは、最も伝統的で社会保守主義的なベビーブーマー以前のアメリカ人が長生きで、投票に行く人も多かったということだ」と書いている。このことは出口調査や私たちが主流だと考えるものを歪めている、と彼は説明する。より若い有権者がベビーブーマー以前の世代に取って代われば、「社会保守主義的な投票は、アメリカにおける生活者層の一部を代弁するにすぎないものとなる」と言うのだ。

有識者は、「道徳的な価値観」とは「伝統的な家族の価値観」と同義であり、同性婚や妊娠中絶に反対し、従来の家族構造と伝統的なユダヤ・キリスト教だけを支持することだと思っているようだ。ところが、実際にアメリカで最も増えているのは、特定の宗教にはまったくアイデンティティを求めない人々なのだ。

アメリカ人の宗教観を調べた二〇〇一年の調査によると、その数は、バプティスト派とされる人々の数にほぼ等しい。そして、彼らは圧倒的に社会的にリベラルな傾向がある。そして、宗教的な権威への敬意よりも個人の信仰を優先し、時代遅れの宗教上のしきたりよりも、現代的な価値を受け入れている。スタインホーンによると、今日の声なき多数派は、より寛容なベビーブーマーと彼らの子どもたちであり、彼らには「多様性が、言葉だけでなく道徳的な価値観ともなっている」のだ。事実、彼らは道徳自体の再定義を考えている。

社会の主流にある道徳観は、最近の世代によって変化してきた……大部分のアメリカ人は、もはや彼らの個人的な道徳観を他人に押しつけるようなことを、いさぎよく感じていない。しかしこのことは、この新しい多数派が道徳的ではないということではない……ベビーブーマーとより若い人々にとって、善悪ははっきりしている。これらのアメリカ人は、偏狭さ、不寛容、差別といったものを認めない。個人の自由への制限を拒否し、女性が同等に扱われないことを好まない。環境汚染を悪だと思い、宗教的な信条を他人に押しつけることは道徳的ではないと考える。子どもに対して、自分自身で考えること、他人のルールにただ従わないことを教えることが、しつけだと信じている。彼らは人種の共存、プライバシー、選択の自由、多様性、異質な伝統の尊重を受け入れる。おそらく、ここにただ一つ抜け落ちているものがあるとすれば、それは、こういった価値観を明瞭に表現することができる政治家である。

では、同性婚に反対する抗議や家族主義的価値観の復活は、どのように説明すればよいのだろうか。スタインホーンらは、声の大きな少数派が組織化されていると説明する。二〇世紀初期のアメリカの禁酒主義者や、イギリスのラダイト（機械化を生活権の侵害と考えて破壊行動で抵抗した、社会的にはごく一部であった技術排斥主義者の組織）のように、自分たちの主張を声高に唱えるばかりか、国政へも反映させているごく一部の集団がいるのだ。

民主党には、新たな声なきリベラル多数派を明確に代表する政治家が存在せず、一方、共和党は、ベビーブーマー以前の世代の道徳観に単刀直入に訴えかけた。両党とも、クリエイティブな時代におけるポストモダニズムな価値体系を強化することはおろか、位置づけることもできていない。

ここで、少し歴史を振り返ってみるのもよいだろう。経済が大規模に変化すると、必ず政治や文化面に対立状況をもたらす。ほとんどの歴史家は、現在の二極化は、一九世紀末から二〇世紀初頭にかけての工業化経済の台頭期に生じた階級闘争ほど、激しいものにはならないと考えているだろう。変化の時代には、変化によって潤う一部の人々は変化を歓迎し、それ以外の恩恵を受けない人々は変化に反対か、あるいは抵抗する。

ジェーン・ジェイコブズが三〇年以上前に書いているが、「主要な経済対立は、すでに確立した経済活動から利益を得ているものと、新しい経済活動の出現で利益を得るものとの間で生じる」のだ。それゆえに、クリエイティブ経済の台頭が政治と文化における対立を伴うとしても、何ら不思議はないのである。

政治の悲劇を予測する者にとっては残念なことだが、現在の二極化は、過去の同様な経済変化の時期に比較すれば深刻でもないし、国内においてもグローバルな面でも潜在的なダメージは小さい。今日の文化衝突は、社会や政治においてこの先もずっと続く性質のものではなく、むしろ急速な経済変化における厳しい調整局面の一つである、と私は見ている。そしてそれは、より多くの人々が、クリエイティブ経済に参加し、その成果を実感できるようになれば解消される。

クリエイティブ経済における生産性向上のあらゆる見返りを、労働力人口の三〇パーセントだけが得ているようでは、完全にクリエイティブな社会を建設することは、政治的にも経済的にも不可能である。したがって、この調整過程には、十分に注意を払わなければならない。

違いを超えて得るもの

歴史の針は常に時を刻む。私たちが真に憂慮すべきは、これまでよりも深刻な対立になるのか、衝突が起きるのかということではない。クリエイティブなエネルギーを動かし、才能を惹きつけ、長期的な繁栄を確実にするこの国の能力にどのような影響があるのか、ということだ。そして、この点にこそ、私が恐れる懸念の本当の理由がある。

ロナルド・イングルハートは、すべての先進工業国の政治は、経済発展と共に、より開放的でポスト物質主義的な価値体系へと進んでいることを示した。世界中で、伝統的な機関、政党、社会階級、組織化された宗教への人々の関心は低下し、政治の関心は個人の自由、個人の権利、自己表現の権利に払われるようになっている。

政治と文化における対立の原因と結果については、まだ結論は出ていない。ただ確実に言えることは、将来を描くことや計画することができなければ、才能のグローバル獲得競争を他国と競ううえで、構造的に不利だということだ。課題は、アメリカがクリエイティブな社会になるかということではなく、ほかの国よりも速くそうなれるか、ということなのだ。そしてイングルハートによれば、残念ながらアメリカは遅れを取っている。

二極化問題の根本にあるものが、一般大衆なのか、議会なのか、メディアなのかといったことは、どうでもいいことかもしれない。私たちは文化的対立を超え、直面する根本的な経済課題に対処するために、国全体で行動することができなければ、取り残されることになるのだ。

どこか一つの国や地域が私たちを負かすわけではない、ということを思い出してほしい。最も起こりうるシナリオは、複数のライバルたちが集団で私たちのリードを奪い、無数の傷によって私たちが潰される、というものだ。道徳観の混乱を乗り越え、この国とその人々をクリエイティブ時代に備えさせる本当の仕事に、真剣に取りかかるべき時なのだ。

実際、本書で私が目的としたことの一つは、文化衝突による政治の混乱から、経済の中心的な課題を分離することである。道徳観を問う政治は私たちを分断し、重要な経済問題に取り組む時間を奪い、ようやくその問題に取り組める段階になっても、やたら議論を戦わせざるをえない政治状況をつくり出す。

経済的な観点からすれば、多様性、移民政策、ゲイの権利などへのオープンな態度を道徳的なリトマス試験にかけようなどというのは、とんでもない間違いである。そんなことをすれば、多大な犠牲を払うことになる。

アメリカ中の都市や地域で仕事をしてきた私は、この国では健全で正しい経済感覚が勝ち残るであろうことを確信している。その点に関連して、次の第九章では、私たちが今後すべきことを取り上げるが、その前に、私たちが一致して行動する力はどこから生まれてくるのかという可能性について、あるエピソードを紹介しておきたい。

それは、フロリダ州沿岸部のある都市での、暖かい夜の出来事だ。私がスピーチを終えると、ホストは私たちを、高級ではあるが、ファンキーなシーフード・レストランに連れて行った。そこには、地元の経済界や政界、学界、市民団体の指導者が一〇人以上集まっていた。お互いの紹介と歓談の後、ワインがふんだんにふるまわれ始め、テーブルでの会話は次第に、よりオープンで率直なものになっていった。

そんな時、話題が、私がその当時取り組んでいることに向いた。私は、次の本（あなたがいま読んでいる、この本のことである）は才能のグローバル競争とアメリカの対応、あるいは対応の失敗に関するものだと皆に話した。私は、アメリカ政治の中枢で党派性が強まり、政治的な二極化が明確になりつつあることを多くの専門家が指摘していること、そして、そうした議論がますます激しくなっていることを説明した。

私はあえて、このことがこの国最大の経済課題に一致して対応することを難しくしている、と言った。また、国中のさまざまな都市や地域を訪問していると、地域レベルでは私の想像以上の共通認識の広がりが認められること、さらには、人々は喫緊の現実的な懸念に関しては党派を超えて団結して取り組むことができること、私はどちらの党の支持者とも密接に仕事をしてきたが、時には一つのプロジェクトに両党が関わっていることもあり、その場ではだれが民主党支持で、だれが共和党支持なのかもわからないくらいだったこと、などを話した。

そのうえで、私は簡単な実験を提案してみた。同じテーブルを囲むホスト役の三人に対して、彼ら自身に関することを少し話してもらう。それは政治的なことではなく、仕事や、興味を持っていること、家庭生活や学歴のことなど、ごくありふれた内容にしてもらう。そして、この会話に基づいて、私がその三人をそれぞれ民主党支持か共和党支持か言い当てるというものだ。

私のホストは、コンピュータ科学に関する一流の研究所を創設した著名な教授であった。私は、彼は民主党支持だと確信していた。私からテーブルを挟んでちょうど真向かいの女性は不動産ブローカーで、かつてのロック・スターで、いまはスタンダードの歌手として大変成功している人物に、高級コンドミニアムを販売したばかりだと言っていた。彼女は共和党支持に違いない。その隣のピッツバーグへ戻る時は、自分の専用飛行機で一緒に行こうと丁寧に申し出てくれた裕福な弁護士は、きっと共和党支持だろう。

しかし、実はホストの教授は共和党支持で、ブッシュ大統領が国立科学財団の理事長候補としていたことがわかった。不動産ブローカーの女性は民主党の前の州議会議員で、ほかのゲストの意見では、州の歴史上最も進歩的でリベラルな議員の一人だということだった。弁護士は根っからの民主党支持者で、タバコ会社を訴えたことで資産を築いたのだった。私は、三人とも完全に間違えていた。

この晩のゲストたちは、始終クスクス笑っていた。しかし、実験を続けてみようと、私は心のなかで思った。この晩の話を続けてみよう。民主党支持者であれ、共和党支持者であれ、地元のクリエイティブな労働力に投資すること、才能を惹きつける能力を強化すること、生活全般の質を改善すること、研究開発に回す支出を増やすことについては、だれもが望ましいと考えている。たしかに話題がこうしたことである限りは、だれもが同じ理解にある。しかし、話が国内政治や外交問題になると、議論は紛糾するのだ。

ここでよく考えてみると、二つの疑問が浮かび上がってくる。第一に、私に与えられた個人的な情報からすると、一般的にはそれぞれの政党支持者の特徴に一致しているかに思えたにもかかわらず、なぜその三人の支持政党を正しく言い当てることができなかったのか。第二に、国レベルの課題については見解が異なる人々でも、それぞれが住んでいる地域の将来に関しては、なぜ課題を共有し、合意に至ることができるのか。

さらに、この人たちは文化や政治の対立を超え、こうして居住地の将来について関心や知性、エネルギーを注ぎ込むことができるのに、なぜ国民全体が、国の将来についても同じように取り組むことができないのか。この二つの疑問に答えることが、クリエイティブ社会の構築に向けた重要なステップになると思われるのである。

（この章は部分訳）

第9章

クリエイティブ社会の構築

Building a Creative Society

未来に関して言えば、きみの仕事は予想ではなく可能にすることだ。

――アントワーヌ・ド・サン＝テグジュペリ（一九〇〇－一九四四年）作家

アメリカには、変化し、適応するという素晴らしい能力がある。実際、これまで何度も変化してきた。それにより世界を大恐慌から救い出し、第二次世界大戦に勝ち、ヨーロッパと世界をファシズムの手中から救い、ソ連の脅威を克服し、一九八〇年代のヨーロッパとアジアの製造業による猛攻撃から立ち直った。

かなり以前、私の父がアメリカのこの素晴らしい能力について話してくれた。父は、大恐慌時には一〇代で家族を助けるために働きに出て、真珠湾攻撃の翌日に陸軍に入隊し歩兵となり、ノルマンディーに上陸して第二次世界大戦の主要な戦闘に参加した後、製造業界で残りの人生を過ごした。彼は、いつもこう言っていた。

「リチャード、この国の底力はたいしたものだ。私は陸軍に入隊した時、歩兵帽と古着の制服をもらった。ブーツが足に合わないこともあった。訓練中に全員に行き渡る分の銃もなかったから、私たちは木でこしらえた銃を使ったものだ。しかし、必要なものはすぐにつくれた。戦場に行くまでには本当の銃があったのだ」

Dデイ（ノルマンディー上陸作戦の決行日）を経験した退役軍人の誇りを目に浮かべ、父は続けた。「私たちは皆、ドイツ人の技術力については聞いていた。自動拳銃、マシンガン、戦闘機や戦車などは、どれも高い技術と芸術性を感じさせる作品だった。しかし私たちがどうやって団結したかをお前にも見せてやりたかったよ。私たちの銃は特に最新式ではなかったが、きちんと機能したし、数もたくさんあった。銃後の工場を任された者は、老人でも、女性でも、だれであろうと必要なものは何でも量産した。私たちはこの国を急転回させて、素晴らしい生産機械をつくりあげたのだ。だから戦争に勝てたんだ」

そして、こう締めくくった。「切れ目なしに物資が到着し続けるのを見たドイツの兵士や将校は、さぞ士気をくじかれただろうよ」

八〇年代後半、私はしばしば父のこの言葉を思い出した。その時自分は、製造業の競争状況を研究するまだ若手の研究者で、何回も日本を訪れていた。私は日本の製造システムの優れた能力と、アメリカや世界も見習うべきこの素晴らしい能力について研究していたのである。日本の企業によるピカピカの新しい自動車組立工場や鉄鋼圧延工場が、アメリカ中西部を復活させようとしていた。

私に応対してくれた日本人は皆、礼儀正しい人物だったが、話の終わりに必ず次のように言うのであった。「フロリダ教授、あなたの国で起こっていることに悲しくなることはないですか。デトロイトの素晴らしい自動車産業やピッツバーグのそそり立つ鉄鋼所群など、かつてアメリカは製造業にとって羨望の的でした。私たちはアメリカから学ぶために、長い旅を幾度もしてきたのです。しかし、いまアメリカの工場は崩壊しかかっています。技術は低く、生産性も低下し、品質もひどいものです。いまこそ私たちの力を役立てたいと思っています。私たちはいまアメリカで、古い工場に置き換わる新しい工場を建設しています。多くのものを教えてくれた恩返しです」

私は父の誇りを思い出し、私自身の感情を抑えつつ、できるだけ丁寧に反論した。「アメリカがだめになったと見なすのは、見当違いかと思います。たしかにいまは苦しい状況です。日本の製造システムと素晴らしい工場は、世界の羨望の的です。でもアメリカには新しい時代に向けて自分たちを変える不思議な能力が備わっています」

案の定、九〇年代、時代はハイテク・ブームに沸き、アメリカ経済はみごとに復活した。その一方、日本経済は不景気に足をすくわれていた。アメリカは、またしても立ち直ったのである。

もう一度同じことが、私たちにできるだろうか。これは私たち一人ひとりに託された課題である。実情を知る私は憂慮し、不安も感じている。私たちが長く直面したことのないような、厳しい経済と社会の変化である。正直に言えば、これほど確信が持てないのも、人生で初めてのことだ。

現代における最大の経済脅威

まわりくどいことを言っている時間はない。二〇年以上、経済競争力の研究をしてきた私の考えでは、前世紀からアメリカの経済競争力に対する深刻な脅威が続いている。このまま放置していたら、八〇年代、九〇年代にアメリカの製造業にとって日本が脅威だったことなどとは、まったく比較にならないほどの重大な事態に陥ってしまうだろう。この脅威は、産業革命にも匹敵するものである。産業革命は、アメリカ、イギリス、ドイツによって始められ、世界を巻き込む経済競争に発展し、その過程でアメリカは徐々に世界経済の超大国としての頭角を現すようになった。しかし今度はまったく違う。だからこそ理解しにくく、厳しい取り組みになるのだ。

今度の競争相手は一つか二つ、またはいくつかの優れた国に限定されるものではない。正しく言えば、さまざまな場所から一度に襲いかかってくるので、正確に狙いを定めるのが難しいのだ。標的はかなり分散している。アメリカの国際舞台での圧倒的な力をどこかの国が引き継ぐというのではなく、その国際舞台にきわめて多くの重要なプレイヤーが立つようになる、というのが最もありえるシナリオだ。

どこが次の大国としてアメリカを脅かすのかを予想することは、国際政治ではおなじみのテーマだ。ポール・ケネディが『大国の興亡』において、国家や帝国が世界的な大国へと登りつめた後は、常に自国の誤った行動によって衰退していく、と説明したことはよく知られている。ケネディは、アメリカは中核となる経済や技術力をなおざりにして、軍事力を維持し配備することに「力を入れすぎた」と指摘する。事実、世界の歴史上、このようなことは周期的に何度となく繰り返されており、イギリス、オランダ、スペインなど帝国の衰亡との類似に思い至らざるをえないのである。(1)

最近、多くの経済史や国際政治の専門家は、私たちがアメリカからアジアへの巨大なパワー・シフトの渦中にいると指摘している。ニューズ・ウィーク誌の国際版の元編集長、ファリード・ザカリアは次のように書いている。

過去五〇〇年間で世界的なパワー・バランスの移動は二度起きている。最初は西欧の台頭である。一七世紀後半には西欧は世界で最も裕福で、変化に富み、領土拡張に熱心な地域となった。二度目はアメリカの台頭である。南北戦争から第一次世界大戦にかけて、世界で唯一の超大国になった。現在は、これらと同程度の変化の傾向がある。中国に先導されたアジアの台頭は、数十年のうちに国際情勢を様変わりさせるだろう。インドの成長にも目覚ましい復活力への決意が感じられる。そしてその大きさゆえに、インドはアジアの勢力図におけるもう一つの核となるであろう。

ここしばらくは、このような予測はまったく的外れなものとも言えない。過去二〇年間にアジアは大きく成長してきた。最初は日本、次に東アジアの虎たち（台湾、香港、韓国、シンガポール）、そしていまは中国とインドである。まず間違いなく、アジアはそれなりに巨大な市場と先進経済圏になるだろうし、経済成長は北米やヨーロッパよりも大きく速いものだろう。あるいは、T・R・リードとジェレミー・リフキンのように、主要な挑戦者となるのは、大きな市場や優秀な大学があり、民主主義制度が社会に根づき、復興に勢いづく拡大ヨーロッパだと考える向きもある。(2) しかし、ヨーロッパにせよアジアにせよ、近い将来、どちらかが完全にアメリカと入れ替わるようになるとは想像しがたい。

事実、単一の超大国となりうる国は、世界のどこにもない。中国、日本、ドイツ、カナダ、オーストラリア、スカンジナビア諸国とも、それぞれ強みや利点はあるものの、超大国とはなりえない固有の弱点がある。カナダとオーストラリアは比較的開放的な社会だが、世界を支配するほどの強い技術力や市場規模がない。インドと中国は市場のサイズも技術の将来性も、人的資源の基盤もあるが、世界を舞台にする才能を惹きつけるような開放性や寛容性といったものはない。両国とも、グローバル・クリエイティビティ・インデックスやクリエイティブ・クラス率など私たちの国際比較ランキングでスコアが低いだけでなく、経済自由度も低い。具体的にはメキシコ、ブラジル、ポーランド、フィリピンの後塵を拝し、インドが一一八位、中国が一二二位である。スカンジナビア諸国は寛容性と自己表現においては先進国であり、確たる技術の社会資本もあるが、超大国と言うには単純に国が小さすぎる。

ここで、超大国の興亡という点で考えすぎると、実現性の高いシナリオから目を逸らしてしまうことになる。近い将来に、アメリカからどこか一つの新しい国に超大国としての力の移動があると考えるべきではない。それはグローバリゼーションの論理に反する。すなわち、企業はいまや世界のどこにでも進出することができるし、より重要なのは、人間も、機会と自由と自分たちの好む生活が得られる場所に自由に移動できるということだ。

現代の世界経済における最も重要な事実が人の移動だ。それは、新技術の開発や資本の移動といったことよりも重要だろう。このような環境下では、多くの場所が独自の強みを持ち、世界経済がより複雑になり、多元的になっていくことが当然ありえる。グローバル経済というのは、各々の地域が才能を惹きつけ移住させるようなユニークな能力を持つ、モザイク模様のようなものなのだ。

ここでアメリカに求められるのは、新たに出現しつつあるこの多元的な世界で繁栄していくための戦略を練ることだ。そのためには、優秀な大学や理工系の人材を強化し、新しいクリエイティブな産業を育て、将来のために人材を用意し、そして何よりも開放的な社会を維持することが重要だ。

しかし、いまのアメリカがしていることの多くは、この地位を低下させるようなことばかりだ。アメリカはこれまでの数十年間、複数の組織と個人、そして経済的、社会的な権利が布地のように緻密に織り込まれたクリエイティブな生態系を構築し、それによって才能ある人々を惹きつけ育てることに成功してきた。人を惹きつけることは、簡単にできることではない。それは、それなりの生態系を構成する組織や人間を管理し、育てることにかかっている。

生態系は、わずかでも混乱させたり、ダメージを与えたりすると、台無しになってしまうことがある。問題は、この生態系がどのように機能するかについて、私たちがまだ十分に理解していないことだ。どの動物はどの植物を摂食し、そしてどのようなバランスが適当なのかもわからない。私たちの行動が、経済合理性という行動原理だけを前提としているならば、生態系を理解することも簡単だった。しかしいまは、才能ある人の移動が増え、国や人の境界についての概念はバラバラになっている。

この移動する生態系という現実に、アメリカはどのように適応すればよいのだろうか。まず、以前のような一方的な支配はないという厳しい事実と直面することから始めなければならない。ピーター・ドラッカーは、二大政治勢力であるリベラル派も保守派も、アメリカが揺るぎない超大国であるという神話を乗り超えなければならないと指摘したが、私も全面的に同意する。

さまざまなプレイヤーがさまざまなニッチを独占し、世界を舞台に精力的に競争している。予測できる将来のいずれの時点で、アメリカが経済的な支配力を失うかと尋ねられた時、ドラッカーは答えている。「アメリカの経済的支配はすでに終わっている。いま現れているのは、ＮＡＦＴＡ、ＥＵ、ＡＳＥＡＮに象徴される経済ブロックである。この世界経済に中心地はない」(3)

致命的な一撃というよりも、むしろ何千もの小さな切り傷によって、アメリカの支配は切り崩されていく。カナダ、オーストラリア、スカンジナビア諸国は技術力を向上させ、より開放的、寛容になり、クリエイティブな人々の争奪戦をリードする。また才能の磁石となりアメリカを圧迫し続けるだろう。そして巨大な新興経済となっているインドや中国は、低コスト製造で荒稼ぎをし、自国の才能を呼び戻しつつある。

長期にわたる緩やかな減速に苦しむのか、あるいはこの新しい競技を巧みに乗り切り復活するのか。どちらになるかは、クリエイティビティと開放性を存分に活用する能力を、アメリカが取り戻せるか否かにかかっている。

だれが指揮を取るのか

おそらく最もやっかいなのは、この問題に気づき、準備し、指揮できる者が、だれもいないということだ。現在のアメリカには、構造変化の時期に一丸となって取り組んできた、これまで見られた努力が欠けている。ニュー・ディール政策では産業界と政府が一体となって経済復興に取り組み、第二次世界大戦にはみごとな動員を行い、戦後は活気あふれる経済体制を築き上げた。こうした努力が、いまは見られない。つい数十年前、アジアとヨーロッパの製造業の脅威に、産業界は積極的に対応した。政府が研究とイノベーションを本格的に支援すると同時に、産業界は競争力評議会のような組織をつくった。いま、このような推進力がどこにあるだろうか。

産業界は強い影響力を持つが、この問題にはまだ注意を払っていない。現在の企業はいままで以上にグローバルになっている。数年前、ロバート・ライシュが発した「私たちはだれなのか」（Who Is Us?）という問いかけが話題となった。時はあたかも、ビッグ・スリーの自動車メーカーがアメリカの工場を閉鎖し、海外に工場を建設していた頃である。入れ替わるように、ホンダなど日本の自動車メーカーがアメリカに工場をつくり、この国に雇用をもたらした。

現在、産業界はまさにグローバルに展開し、世界中に研究開発拠点、事業所、製造拠点を置いている。多くの企業は、国土防衛やテロリズムに適切な配慮をしつつも、国の政策論調を動かしたり、移民帰化局（ＩＮＳ）、国務省、国土安全保障省などの巨大な政府機関を動かしたりする前に、海外に支社を新たに開設するとか、既存の海外の施設を使ってその国の最高の才能を雇用するほうが容易と判断し、そのとおり実行している。

政治指導者らも、この点に関して指導力を発揮することには気乗りしないようだ。ワシントンは官僚主義的で必要以上に政治的であり、動きも遅く、ものごとを進めるには難しい場所である。地方にはこの問題に関心を持つ市長が多いが、国政レベルの二大政党の政治家で、積極的に取り組んでいる者はほとんどいない。ブッシュ政権に象徴される共和党勢力は、国土防衛問題にとらわれすぎている。ここのところのブッシュ政権は、確実に、国土防衛問題に政治生命を賭けている。一方、民主党は、支持者の雇用問題への関心に火をつけかねない政治課題に関わることを、怖がっている。

実際には、過去の栄光が、私たちを躊躇させている一因にもなっている。アメリカは工業化時代の支配的な担い手だった。かつてマンサー・オルソンは、このような支配力は、その独占力ゆえに、かえって大きな不利益に直面するであろうと警告した(4)。十分な利益を享受していると、みずからを変える気持ちが働かず、一方で、新参者が懸命に努力することにはあらゆるインセンティブが働く。社会、経済のマクロな現実は石のごとく硬直化し、私たちの日々の行動に影響を与える現実も、同様である。

オルソンは、そのような状態において、政治は政治的関心を小さく極端な課題に集中させがちであり、大多数が直面している問題に注意を向けることは構造的にできないと指摘する。理論上、少数派の主張に着目することは、民主主義システムの多様性にとって健全な特性である。中流の大多数の関心だけに注意を払うと、政治体制そのものが硬直しがちになるので、少数意見によって柔軟な制度をつくるのである。

しかし残念なのは、最近、二大政党の隔たりが大きくなっている点である。保守とリベラルの分裂によってますます先が読みにくくなり、物質的価値か倫理的価値かといった誤った二極対立の図式に、ますます収斂していく。一方で、本当に重要な問題は公には言及されず、極端が実際に大勢となる。その結果、政治的プロセスに幻滅し不参加を選ぶ人々が増えることになる。クリエイティブ・クラスが政治的な変化を引き起こすところであるにもかかわらず、彼らは政治的プロセスからこぼれ落ちていく。その代わり、自分たちの足で意思表示をする。すなわち、自分たちの価値観が最も反映される都市、地域、国に移動するのだ。

ここで私たちは、クリエイティブ時代の奥深くで進行する対立に直面することになる。たとえば労働者階級など以前の多数派とは異なり、クリエイティブ・クラスは政治に関与する直接のインセンティブをほとんど持っていない。より幅広い社会問題に関わる時でも、私たちは地域のなかで取り組んだり、何かしら自分たちが選んだ方法によって取り組んだりはするが、政党を介して取り組むことはしない。

クリエイティブな精神の基本は、個々人がクリエイティブな追求をすることにあり、伝統を踏襲することではない。この精神は、組織的で政治的な努力によって新しい時代に正面切って取り組むことに、必ずしもつながっていかない。これら政治的行動のジレンマについて、私はクリエイティブ・クラスに入る、ある成功した若いアフリカ系アメリカ人に尋ねたことがある。彼は事の本質をつかんで簡潔に言った。「私たちのエネルギーは、何か別の分野に向けられたほうがよいのです」

結末は、ぽっかり空いた政治的空白だ。そこを埋めるものは何もない。この三、四〇年における経済競争上の最大の危機であるにもかかわらず、率先して引き受ける存在はいない。ジレンマの中心は、次のようなものだ。クリエイティブ経済は革新的で富を生み、高い生産性を約束するものだが、ただ傍観しているだけでは、私たちが直面している無数の社会問題の解決にはつながらず、またこうした約束が実現するわけもない。

クリエイティブ経済からクリエイティブ社会へ

クリエイティブ経済が定着したとしても、それはひどく不完全なものだ。ターボ・エンジンの出力を生かしきるには強い車体が必要なように、クリエイティブ経済の能力を最大限に解き放つには、社会制度上のバックアップが必要だ。

アメリカはおろか世界中にとって、現代における最重要課題は、解き放たれたクリエイティブな経済力を正しく導く、完全にクリエイティブな社会をつくることにある。可能性は果てしなく大きい。現在、おそらく人類史上初めて、経済開発と人間開発を総合する機会に恵まれている。事実、私たちの将来の繁栄は、個々人の才能とエネルギーを最大限に生かすことにかかっている。

このシステムをつくりあげ、機能させるためには、社会に新しい制度と政策が必要とされる。それがどのようなものなのかを、事前に知ることはできない。理解できるようになるまでにも長い時間がかかる。工業化時代への適応でも、数十年間は多くの相互調整が必要だったし、その過程では数多くの失敗も経験した。しかし次第に私たちは、より広範な工業化社会をつくりあげ、その段階になってようやく、当初から期待されていた工業化による驚くべき生産性を活用できるようになったのだ。これらがシステムとして完成されたことによって、私たちは生産性と生活水準が向上していく黄金時代へと走り出したのだ。

現在、アメリカを含め世界が直面している課題は、かつての工業化経済の勃興期に提示されたものとよく似ている。産業革命は巨大な生産能力を生み出したが、社会的、経済的に深刻な問題も生んだ。この変化は素晴らしいイノベーションや、生産性の向上、富を創出する時代を導いた。鉄道、鉄鋼、自動車、化学などの新しい産業が発展した。

しかし、生産性向上の見返りはきわめて不平等であった。主に「泥棒貴族」と呼ばれた新興成金や、その手の者たちに集中したのだ。製造業の労働者ではほとんど富を残せず、しばしば命に関わるような過酷な状況で長時間労働を強いられ、疲弊していった。都市は汚れ、煤煙が充満し、道路はゴミだらけとなるなど、生活環境や公衆衛生の点から見れば悪夢のような状況だった。

工業化の勃興期に期待された可能性が実現されるためには、大衆が参加できるようなより広範な工業化社会の出現が必要だった。そのような工業化社会は自然と生まれたわけではない。大恐慌からニュー・ディール政策を経て、第二次世界大戦直後までの期間に、段階的に打たれた一連の政策手段が制度化され、それによって形成されたのだ。政治が追いつくには時間がかかったが、フランクリン・

D・ルーズベルト大統領によって、労働者階級とマイノリティの政治的な連合（ニュー・ディール連合）が成し遂げられた。それ以上に重要なのは、これらの人々と産業が手を結び、経済成長のための連合が実現したことだ。ルーズベルトは、それまで対立していた産業界と労働界という支配的な二つの集団の間に、橋をかけたのだ。

彼の解決策が機能したのは、ケインズ主義的な政策であったためだ。賃金を上げれば、需要が押し上げられ、それが主要な産業に波及し、成長と発展に拍車をかける。とりわけ、住宅ローンの利用拡大、州間高速道路システムの建設に対する大規模な投資、高等教育の拡充、研究開発への投資といった政策によって、自動車から家電製品までの大量生産型産業の発展に資することとなった。さらに、これらの政策は、工業化時代初期のいわゆる「金ぴか時代」に発生した外部不経済に対処するにも、効果的だった。

最も驚くべきことは、階級間闘争を刺激しなかったことだ。これらの政策は、大量生産型製造業に産業別の組合の形成を促し、賃金上昇と生産性上昇とを関連づけ、職場の衛生と安全を改良し、また高齢者への社会保障や最貧層への基本的な社会福祉サービスを拡充し、資本家と労働者との距離を縮めた。この社会システムにより、多様な政治的、経済的支持母体に利益を与えつつ工業化経済を発展させる一方、あらゆる外部不経済に対処することで、不可能と思われたものを可能にした。

一世紀以上前のまだ初期段階にあった産業革命のごとく、クリエイティブ経済は、その余りある可能性のまだほんの一部が引き出されたばかりだ。また悪いことに、その利益や見返りは労働力のごく一部にのみ集中し、階級間の対立を煽るかのごとき現象をつくりだしている。クリエイティブ経済は、イノベーションを軸としたシュンペーター的経済成長の現代版であり、クリエイティブ・クラスとサービス・クラスの対立という、ルーズベルト大統領が直面したような階級対立を生み出している。私はニュー・ディール政策の復活を主張したいわけではない。それは工業化時代向けに設計されたものであり、クリエイティブ経済に直接適用しても効果はないであろう。その代わりとして、私たちにはクリエイティブ経済のエンジンを刺激しつつ、同時にその利益を幅広い人々に与えるような、現代版ニュー・ディール政策が必要なのだ。

国や地域が競争優位性を持続するには、クリエイティブで革新的で、起業家精神あふれる成果を生み出すことばかりが必要なのではない。[5] 多様性を広く認め、同時にクリエイティブ経済による外部効果を吸収できるような国や地域が、この新しいエネルギーを最も享受できる場所となるのである。もはや新たなクリエイティブ産業や、より多くのクリエイティブ・クラスを育てるというだけでは不十分だ。最も成功する場所には、新しい分野でイノベーションに先鞭をつけると同時に、所得格差、住宅価格の高騰、無秩序な開発、人的資本の非効率な活用などの問題に対して、効果的に対処しうる社会の適合力が求められる。また、これらの解決法は、何よりも個人の起業家精神を刺激し、クリエイティブ経済の利益をより多くの人々へ広げるものでなければならない。

より大きな効果を上げるには、多くの人々が個人として、クリエイティブな社会の台頭と発展に何かしら役割を負っていることを意識する必要がある。ところが、それらの人々がクリエイティブ経済から取り残され、不安や準備不足を感じているというのが現状である。足下に目を向ければ、経済環境も悪くなる一方だ。

サンフランシスコ、ボストン、オースチン、シアトル、ニューヨーク、ロサンゼルスのような成長や繁栄を続けている場所は、移民や独身世帯、非伝統的な世帯が混在している。そうではない自分たちの町やコミュニティは、成長や繁栄から取り残されているのが実感できる。自分の子どもたちがそうした活力ある場所に魅了され、移住していくのを見るにつけ、憤りは強まるばかりだ。かつての経済秩序は様変わりし、頼っていた価値観は時代遅れになる。自分たちの将来に待ち受けるものを恐れ、過去を懐かしむのも無理からぬことである。

クリエイティブ経済による繁栄と成功を、社会にあまねくもたらすにはどうすればよいのか。こうした面でのビジョンの欠落が、現代の産業界や政治指導力に対する、あるいは一般的なクリエイティブ・クラスに対する大きな失望につながっている。このことが特に重要になってくるのは、クリエイティブ時代には、個々人がきわめて不安定な状態に置かれることを覚悟しなければならないからだ。混乱した現実を整理するうえで、これまでは企業、コミュニティ、家族、国家といった仕組みが役に立ったが、これらは瓦解し、分散し、ストレスやリスクは直接個人に降りかかってくる。

クリエイティブ時代に適応しうる社会、すなわちリスクと個人の努力とのバランスを取り、リスクの幾分かを社会全体で引き受け、個人がより生産的、クリエイティブになれるようにする社会が、この時代をリードしていく。アメリカの弱肉強食型の資本主義とそれと一体にある不安度の高い社会では、実際にクリエイティビティを発揮できるのが、一握りの人々となってしまうのは当然のことだ。

最も適応できるものが生存する経済では、現在の環境条件の下でやっていける人々だけが生き残る。そういった意味で、カナダや、スカンジナビアを含むヨーロッパ北部諸国、オーストラリアなどの国や地域は、現代の経済的ジレンマに対処しつつあり、優位にある。ただし、この優位性は必然的なものではなく、個人や社会が不安定性に対処する能力を徐々に高めてきた結果なのである。この点に関して、たしかにアメリカはかなり遅れている。

クリエイティブ時代に向けた課題

クリエイティブ時代に成功し繁栄するために、世界中のあらゆる国と地域は人間に投資し、クリエイティブ資本を蓄積し、開放的で寛容な社会を保ち、工業化社会からクリエイティブ社会へと移行しなければならない。これは単に各々の国や地域の利益になるだけではない。クリエイティブ時代は、才能を活用し、より多くの人間のエネルギーに対して報いるなど、経済開発を人間開発に結びつけることが史上初めて約束される時代なのである。

では何から始めたらよいだろうか。経済を繁栄させ、クリエイティビティ豊かな社会を構築することとは、まずはこれが、党派を超えた政治信条によらない問題であることを、産業界や政治指導者のみならず、私たち一人ひとりが理解しなければならない。世界が直面している課題について対話を進めることが重要であり、それらを政治の駆け引きや二極化、文化衝突、短期的な経済課題のなかに入れてはならないのである。

クリエイティブ時代の大きな矛盾の一つは、起業家精神に点火するのはあくまでも個人の問題だが、その熱や光を持続させるのは、より広範な社会の問題であるということだ。今日、政治を変える指導力を見つけにくいのは、人々は、自分が関心を寄せる問題を明確にしてくれる人が現れて初めて、政治に関心を示すものだからだ。二大政党は、共に人口の大部分から強い支持を得ることに失敗している。それだけに、私たち皆をより生産的で、より充実し、より大きなクリエイティブ経済に組み入れる方法を打ち出した最初の政治家は、受け取る果実が大きい。

クリエイティブ時代に向けた社会を構築するポイントを、ここですべて示すことは不可能だし、望ましいことでもない。それをトップダウンで進めようとしても、集中管理しようとしてもいけない。未来に関心を持って日々働くさまざまなグループや組織の持つ洞察力や努力、活動といったことから自然と形成されてくる必要がある。しかし、そこには重要な原則がいくつかあるように思う。以下にあげるものが、クリエイティブな社会に向かううえで道標になることを望む。

●あらゆる人々のクリエイティブな能力を完全に引き出すこと

何よりも私たち一人ひとりが、クリエイティブな可能性を十分に発揮する努力を真剣に行わなければならない。クリエイティブ・クラスは、いまでもうまくやっているし、自立している。労働力の三〇パーセントであるこのクラスのニーズに関心を払うことも重要だが、それだけでは不十分だ。社会の不安心理の拡大を防ぎ、多数の人々のクリエイティブな行為から経済的な恩恵を得るには、サービス業や製造業をクリエイティブ時代に完全に参加させる方法を探らなければならない。この点で、私たちの最大の課題は、クリエイティブ時代が生み出している格差の拡大と、浪費されたままで未開拓なクリエイティブ資本の蓄積の両方を何とかすることだ。格差拡大に取り組むことは社会的、道徳的に正しいだけでなく、長期的なイノベーションや繁栄を望む経済面からの要請でもある。

意欲的な目標には意欲的な手段が必要だ。この場合、賃金の上昇や労働環境の改善のほか、いまの経済が生み出しているサービス業や製造業における、膨大な数の職業の社会的地位を引き上げる努力が必要となる。私たちには、クリエイティブ経済の範囲を広げる努力が求められている。そこに参加させ、かつそこから利益を得られる人々の数を増やすのだ。

大恐慌からニュー・ディール政策の間に、アメリカは膨大な数の未熟練で低賃金なブルーカラーの仕事を、家族を養えるような仕事に変えることに成功し、それを足がかりに社会階層を上昇していくこともできるようにした。これには理由があり、工業化時代には、たしかにそういう仕事が経済成長を促進するものであったのだ。しかし現在、失業している人々には痛ましいことだが、これらの産業の重要性は減少しているし、ここ四、五〇年の間、ずっと減少してきた。

一方で、二種類の仕事が急拡大していることもわかっている。クリエイティブ産業における高賃金で高技能を要する仕事と、サービス業における低賃金で低技能な仕事である。前述のように、クリエイティブ産業を支援するだけでは不十分なのだ。私たちが七〇年前に製造業における仕事を改善したように、サービス業における賃金、仕事内容、職場環境の改善にも取り組まなければならない。サービス業は経済で二番目に大きい産業であり、クリエイティブ経済に通じる最初の仕事でもあるのだ。

何よりも、個人を対象とした対面サービスは、物理的距離の近いことが不可欠で、アウトソーシングできるものではない。バンガロールにいるだれかに髪を切ってもらうことはできないのだ。こういった仕事は、個人のクリエイティビティを生かすという点からもやりがいがあり、生来備わっているクリエイティビティを生かしたいと思っている人々に、その機会を与える。

私が人は皆クリエイティブだと言う時、だれしもが素晴らしい交響曲を書けるとか、壮大な建築物を設計できるということを期待しているわけではない。人々が通常「クリエイティブ」だと思っている仕事から考えると、私たちがすることすべてが意義あるものとはならないだろう。私が主張しているのは、クリエイティビティの定義を広げて、「普通」の職業の日々の努力を高め、促すことである。

現代は能力主義社会であるが、家事仕事や外回りの仕事に対する評価は、まだまだ不十分である。

これらの仕事に称賛の声を向ける場合でさえ、そこにはしばしば過去の日々への郷愁が入り交じっていたり、よく働くことに対する尊敬の念であったりする。言うなれば、「感謝」の感覚である。この時、理容師、庭師であれ、工場のライン労働者であれ、美的な感覚や、知的な感覚、あるいは感情的な喜びがやる気につながっているという事実を、私たちは忘れがちである。

私の父は、仕事に対してクリエイティブな感性を注いできた。彼はこつこつと働いた。それはもちろん生計を立てるためでもあったが、彼とその同僚の工場労働者たちは、設備がうまく機能するように改良を加えていった。なぜなら、彼らは製品に愛着を持っていたからである。

再び、フランクリン・ルーズベルトの話に戻ろう。彼は数十年も前に人間のこうした特徴を理解していた一人だ。彼は言っている。「幸せとは、単にお金があることではない。幸せは、達成感やクリエイティブな努力の興奮のなかにある」

後に、同じように物事を観察していたスタッズ・ターケルのことを、ニューヨーク・タイムズ紙の記者であるアダム・コーエンが紹介している。「成功する時もあれば失敗する時もあるが、最底辺にいる労働者も、仕事に日々の糧を求めるように、仕事に日々の意味を求めていることをターケル氏は観察した」。その意味は疑いなく、職業、年齢、経歴によって違っている。しかし、経済活動を超えるような高い意義を求めたいとする強い欲求は、本質的なものであり、それは現代において、これまで以上に真実なのである。

ここで、もし労働者が日々の意味を求めることに満足していれば、賃金を上げ、高い社会的地位を与える必要もないだろうとの見方が出てくるかもしれないが、それは間違っている。仕事における自己実現は重要だが、生活、安全、保護といった基本的事項に配慮がなかったとしたら、私たちが利用し、そこから便益を受ける場所である店舗や施設、工場などに対して彼らが意義ある貢献を傾けるとは期待できない。彼らのエネルギーがあってこそ、クリエイティブ経済は前進できるのである。

真にクリエイティブな社会では、人々に機会を与えることよりも、人々が生み出す機会やアイデアのほうに価値を置くことになる。私はここで、オクラホマシティで会った子どものことを考えずにはいられない。九歳になるその男の子は、街の繁華街の将来について遠大なプランを持っており、コミュニティ・センターのような大規模な複合施設を想像していた。近隣の子どもや大人たちが、〈レゴ〉で遊ぶためにそこへやってくるのだ。小さな子どもが想像力を膨らませて遊ぶ、小さなプラスチックのブロックの、あの〈レゴ〉だ。しかし、彼の想像力はそんなスケールではない。彼はその施設を、地域のホームレスの人々が快適に過ごせ、市民と触れ合える場所にしたいと思っていた。子どもも老人も対等に地域について語り、手元にあるさまざまな色にあふれたブロックを使って、将来のプランを形にしていく。大きなものから、非常に小さなものまでアートな作品をつくり、お互いの交流を楽しむのだ。

子どもが夢見たこのようなプラン（彼はまだ九歳で、建築科の課程を終えてもいない）を取り上げる政治家が見つかる可能性はあるだろうか。もちろん、その可能性はほとんどない。しかし、それでもこれは革新的なアイデアだ。芸術、工学、市民、社会福祉事業からエンタテインメントまでが、一つの場所に集まっている。これらはまさに、クリエイティブな時代の組み合わせである。

私は、どこにでもいる九歳の子どもの夢想に市議会は予算を投じよ、と言っているのではない（やってみるには大変なお金がかかるであろう）。コミュニティは、子どもや老人、その他一般的には社会からは軽視されている人々のクリエイティブなアイデアに、もっと真剣に注意を傾ける必要がある、ということだ。小学生でこのような多目的施設の計画を立てたこの子に対して、彼に合った教育や実践機会や市からの援助があったら、一五年後に彼は何をしているだろうか。想像するだけでも楽しくなってくる。

●クリエイティブな社会資本に投資すること

にもかかわらず、私たちは、イノベーションを探求する活動に投資しようとは、ほとんど考えていない。むしろ、アメリカ政府は主要分野における研究開発費を削減し、民間企業も二〇〇二年には研究開発への支出を八〇億ドルも減らした。これは、五〇年代以来、最大の削減額になる。(6) 州政府レベルでは、高等教育、芸術、文化への支出を大幅に減らし、スタジアムやコンベンション・センターなど、箱モノの計画にはふんだんに資金を投じている。そのようなプロジェクトは、最後の作業者が建設現場を去った瞬間から、地元への経済効果はマイナスになるのだが、そのようなことなどまるで気にしていない。こうした選択をしてしまうのは、イノベーションに必要なものへの理解が著しく欠けているからだ。

イノベーションやクリエイティブ経済の社会資本に投資することは、アメリカはおろか世界にとっても重要なことだ。ポール・ローマーらイノベーションに関する一流の研究者は、イノベーションやアイデアへの投資の利益はきわめて高く、社会的には信じられないような配当が約束されると指摘している。それは社会資本には公共財的側面があり、したがって、その恩恵は広範囲に及び、経済全体に刺激を与えるからだ。

事実、世界の先進的な国では、研究開発や高等教育への投資を増加させ、世界中の優秀な人材を受け入れるために大学を新設している。産業の成長を促進するため、かつて運河や鉄道、高速道路などのインフラの建設に励んだごとく、将来の成功と繁栄を望むなら、クリエイティブな社会資本に投資しなければならない。投資は、前世代の公教育システムや大学への土地供与、復員兵援護法などが小さく見えるほどの金額にしなければ、効果は出ない。人的資本への投資は、私たちにとって最も重要である。私たちには、小中学校から最高レベルの高等教育までの教育制度の機能と可能性を、飛躍的に高めることが求められているのである。

教育制度への投資を最大限に生かすには、同時に研究開発、イノベーション、高等教育、芸術、文化で水準の高いクリエイティブな仕事を生み出すための環境づくりをしなければならない。起業への垣根を低くし、新しい会社の創設を増やす必要がある。クリエイティブな才能をくみ上げるだけでなく、その才能を生かす経済を構築するための広範な努力が求められている。

クリエイティブな社会資本への投資とは、研究開発費を増やすことだけではない。芸術、文化など、イノベーションとクリエイティビティに関連するあらゆるものへの支出を、民間部門も公共部門も格段に増やすようでなければならない。芸術と文化が経済にとって重要であることは、大西洋の向こう側で証明されている。

二〇〇三年の春、私はイギリスのトニー・ブレア内閣の経済閣僚らに会う機会を得た。テーマはハイテクに特化した地域クラスターについてであり、彼らは、その分野でアメリカを追い越す能力があるかどうかに関心があると語っていた。話は、イギリスにはほかにどのような可能性があるかに及び、私は話題を引き出すために、イギリスで最もお金持ちの人々の名前をあげるよう彼らに頼んだ。彼らは即答したが、その名前には、共通の特徴があった。ポール・マッカートニー、ミック・ジャガー、エルトン・ジョン、デヴィッド・ボウイなどだった。だれかがこのミュージシャンたちは非常に裕福であるだけでなく、ほとんどがナイトの称号を受けているというジョークを言った。明確に意識されていなくとも、イギリスには、すでに決定的に競争力のある産業クラスターが形づくられていたのだ。

正直に言うと、文化のクラスターがあることに考えが及んだのは、その時が初めてだった。しかし私たちは即座に、ポピュラー音楽やロック音楽を、今後注目する価値のある産業の一つであると結論づけた。この分野を意識的に支援し、育てる方法を考えてみるべきだろう。アメリカも、いや少なくともアメリカ国内の都市も、地元の大スターや伸びている才能を宣伝するために、同じことをするとよい。アメリカの国民的、文化的象徴を反アメリカの象徴にしたりせず、また飛行機を引き返させ、対立する国にビザ発給を取りやめるといったことをする代わりに、アメリカの音楽にも世界の音楽にも含まれる多様性や表現の自由と、それに付随する経済的機会を重視すべき時が来ている。

科学、経済であれ、芸術、文化であれ、これらに対する投資はすべてクリエイティブな能力に対するものであり、相互に影響し合っている。このように見ることで初めて、人間の潜在的な可能性の一部でも、うまく生かすことができるようになる。残念なことに、そのクリエイティブなエネルギーの融合を最も教えてくれる場所であるはずの大学が、いま攻撃にさらされているのである。

●大学を才能と寛容の磁石にすること

大学はクリエイティブ経済の知の中心である。科学、社会、クリエイティブ面における最高のリーダーシップのほとんどは、アメリカの活気ある大学システムを源流としている。にもかかわらず、クリエイティブ時代に大学ができること、大学がすべきことについて、従来の理解のままでは限界がある。大学を新しい科学技術を生み出す研究室であると見る向きは、過去二〇年の間に特に強まった。たしかに大学は科学技術の研究室として社会に貢献している。その点では、驚くほど生産的だ。しかし、大学はそれ以上の存在だ。大学は、経済成長を担うほかの二つのT、すなわち才能と寛容性を育てるという点でも素晴らしい仕事をしている。

大学は疑いなく強力な才能の磁石であり、最も優れた人々をアメリカに引き寄せている。クリエイティブ時代における、いわば移民管理局なのだ。シリコンバレー、オースチン、ノースカロライナ州リサーチ・トライアングルのような場所を活気づけたハイテク起業家たちの大部分は、もともとは大学院に入るためにその場所にやって来た。驚くことではないが、クリエイティブな先進地域のほとんどには、一つ以上のよい大学がある。なぜなら、よい大学は、世界のすみずみからやってくる最高の才能を、内部に取り込む素晴らしい能力を備えているからである。

ところが残念なことに、現在は、外国の優秀な才能をまるで母国に送り返したいかのようだ。大手のベンチャー・キャピタルであるクライナー・パーキンス・コフィールド・バイヤーズのジョン・ドーアは、シリコンバレーのテックネット・イノベーション・サミットで「スタンフォード大学の大学院で科学か工学の学位を取ったら、もう帰国しなさいと言っているようなものだ。学位取得者は帰国させずに、グリーンカードを与えるべきなのに」と語っている。

また高等教育機関には、ほかの何よりも、都市や街を世界に開放する働きがある。この意味で、大学は寛容性の砦であり育成装置でもある。主流ではないアイデアや人、活動に対しても開かれやすい大学は、民族、社会経済、文化といった属性を問わず、自然と多様性を発信している。沿岸部にあるクリエイティブ都市を見学にくる私の本の読者たちは、アイオワ州のアイオワシティ、イリノイ州のシャンペーン、オレゴン州のコーバリスのような内陸都市がクリエイティビティ・インデックスで上位にランクされることを知ると、きまって驚く。いずれの都市も州政府や市政府が、早くから率先して高等教育機関を支援してきたのだ。

大学は、クリエイティブ時代の勝ち組の都市でだけ機能するわけではない。クリーブランド、セントルイス、ピッツバーグのような都市においても、大学は都市の再生に重要な役割を果たしている。ケビン・ストラリックと私たちの研究チームは、「高等教育と知識と学習」が結びついて集積した地域には、クリエイティブ・クラスにおいてもサービス業においても、アメリカで常にトップ・レベルの雇用があることを突き止めた。

以前、デトロイトの経済を救う鍵の一つは何かと尋ねられたことがある。私の答えは単純だった。アナーバーである（アナーバーはデトロイト近郊の都市で、ミシガン大学を中心に大学が多い）。デトロイトの繁華街や近郊が重要でないという意味ではない（もちろん重要である）。デトロイト地域のクリエイティブ時代の未来は、スタジアムや繁華街の改装されたルネッサンス・センターではなく、アナーバーにある技術、才能、寛容性の原動力である大学にかかっている、ということなのだ。

しかし、このような考えで取り組もうとしている政治や産業界の指導者が、これらの地域にどれほどいるだろうか。寛容性の教師や見本としての大学の利用に、都市の将来がかかっているという話を信じられる指導者が、何人いるだろうか。スタジアム、ショッピング・センター、工業団地、ビジネス・インキュベーション施設を建設することが簡単だとしても、大学周辺のコミュニティ、経済、文化を再構築しようとする情熱のほうにこそ意味があり、正しい方法だということがわかるだろうか。たしかに建設型のプロジェクトのほうが、より早期に結果をもたらすだろうからわかりやすい。こうして私たちは、依然として工業化時代の物質主義的な物の見方にとらわれてしまう。それゆえに、クリエイティブ時代の利益を理解することも困難になっている。

結果として、不況時には高等教育に対する投資が削られることになる。どの州も高等教育への公的予算については一貫して削減を進めており、アメリカの大学システムは、それを最も必要とする人たちにとってますますアクセスしにくくなっている。連邦政府は、それほど重要ではない分野で研究投資を増やしているが、一方で幹細胞研究のような最先端の研究テーマへのアクセスを制限し、また政治問題化させている。その間にも、中国とインドは、大学や大学院に資金を注ぎ込んでいるのだ。

昔の栄光だけで、いまの優位性をいつまで保てるのであろうか。それに答えるのは難しい。私たちは世界最高の大学システムをつくりあげ、その点ではまだ圧倒的な地位を保っている。しかし、私たちがクリエイティブな社会資本の最も重要な要素を弱体化させる一方で、他国は牙をとぎ、私たちの踵にかみついている。

アメリカは世界の人々を教育するのがせいぜいで、その後は彼らを母国に帰らせてしまう。へたすると、そもそも学生があえて来ようとまで思わない条件を整えることになる。そしてアメリカ人までが国外で教育を受ける機会を探すようになる。

もちろん、そのこと自体は悪いことではない。私たちは、何よりもいま、グローバル志向の若者たちを育てる必要があるからである。自国に誇りを持って国外に出て、帰国してその見識を分かち合うということならばよい。ただし、そうではなく、アメリカの政治的、経済的な孤立に意気消沈し、有益な技能やアイデアを学ぶためのコストが上昇し、それらに不満を持って国外に出るといったことになっているのだとすれば、明らかに望ましいことではない。

●クリエイティブ時代に合わせた教育をすること

どのように考えても、一八歳までの子どもの教育に問題がないとは言えない。高校三年生までの教育を改革する必要性は、この数十年間指摘され続けてきた。実際、子どもたちにいかに教えるかについて、本格的に考え直すことが必要である。工業化時代から受け継がれてきた教育システムを続けていては、もはや成功することはできない。現状維持がせいぜいだ。なぜなら、すでに組み立てライン作業者を輩出する教育は必要ないからだ。代わりに必要なのは、クリエイティブ時代の価値観、優先課題、必要性に即して、それらを強化する教育システムだ。

教育改革の核心は、学校を人間のクリエイティビティを養い、広げていける場所に変えることだ。アメリカ人は、マイケル・デル（デル・コンピュータの創設者）のような若いクリエイターが、自分の空き時間に寮の一室やガレージで新しいビジネスをつくった、といった類の伝説が大好きだ。ここで問うべきなのは、それがなぜ空き時間に行われたのかということだ。クリエイティブな時代には、それこそが教育の目的なのではないか。

ただのいたずら遊びでしかないことが、明日のクリエイティブな進歩につながるかもしれないのである。学校は、すべての子どもたちのクリエイティブな能力を広げて動かす入れ物でなければならない。

この国の教育機会を拡大することは、基本的人権の問題なだけではなく、経済の要請でもある。すでに書いたように、人的資本への投資は国にとって最も重要なものである。私たちは公教育制度を確立し、大学に土地を供与し、投資した。復員兵に対する大学教育も支援してきた。これからは、これまで成功を収めてきた取り組みの規模を、何段階にも拡張しなければならない。ヘッド・スタート・

プログラム（連邦政府の未就学児支援施策の一つ）から高等教育まで、英会話教室から芸術・文化への全般的な資金供与まで、産業革命の時ならば重要だったが、いまでは嘆かわしいほど古めかしい暗記型の教育システムに、もはや資金提供を続けていく余裕はない。

工業化時代の教育システムを超える代案は、さまざまな場所から発信されている。ロードアイランド州のプロビデンスにあるメトロポリタン地域技術センター（通称「Ｍｅｔ」）は、州立学校において、実践に基づく新しい教育モデルを試行している。子どもたちはただ考えることを教えられるのではなく、実際に体を動かすことを求められる。芸術、音楽、体育の授業が常に後回しにされがちなシステムからすれば、歓迎すべき変化である。

あるいは、ＳＡＳインスティチュートのような企業は施設内に学校を設立し、クリエイティブ時代に向けて、より洗練され、より多くの点で実践的な教育を提供している。ビル・ゲイツの財団は、小規模な学校や実地経験を重視した教育を支援する、民間最大級の組織となっている。

しかし、私たち一般大衆のほうに、子どもたちの、そして私たちの未来への投資を負担しようとする気持ちがないとしたら、それは恥ずべきことだ。また、この問題に対して、標準的で伝統的な教育と、クリエイティブな能力を開発する新しい教育との関係が、ゼロサムであるなどと誤った議論を耳にすることもある。

もちろん基礎教育も、よりクリエイティブな教育も、経済成長のためには必要だ。インドには数学に秀でた若者が多く、その点でアメリカよりもかなり有利である。この能力はコンピュータ科学やソフトウエアのプログラミングだけでなく、市場調査や新しい金融ツールの開発の仕事にも生かせる。だから当然、基礎教育の充実も必要だ。しかし、それだけでは十分ではない。子どもたちをクリエイティブ経済に備えさせるうえで本当に必要なのは、美的感覚を養うことと代数を学ぶことを別物と考えず、包括的に学べる教育だ。国土防衛やミサイル防衛システムで頭がいっぱいという環境では、どちらの一方が選択されるかは容易に想像できてしまうのだが……。

必要なお金がすべて学校に回され、その分、軍隊は爆撃機を買うお金を集めるためにバザーをしなければならない、などといったことになれば愉快だ。現実には、私たちはわずかな金額を、そもそも競合すべきでないことの間で（たとえば数学と音楽で）分配している。それが教育システムへの支援の実態だ。

しかし、教育改革は他人のためではない。私たちベビーブーム世代が、八五歳になってまで仕事を続けたくないのだとすれば、まずは自分の子どもだけでなく、すべての子どもたちを賢くクリエイティブに育てることだ。それを実現するには、だれもが早い段階に九九を覚えることで技術力を、そして読む力をつけることでクリエイティブな発想と独立自営の能力とを発達させるよう、促さなければならない。そうしたシステムによって、すべての人がそれぞれの能力を伸ばすだけでなく、より多くの人々を教育に参加させることができるのである。

社会が多様化、専門化するにつれて、より多様な教育や教授法が提供されなければならない。職業訓練校、実地体験に基づく海外学習プログラム、音楽学校など、すべてはクリエイティブな時代に決定的な役割を持つ。公共政策論や経済学といった分野が行ってきた分析は、科学や技術に集中しすぎで、やや近視眼的だった。私自身も偏っていたので、それに加担してきたとの罪悪感がある。そうなっていたのは、おそらく経済の直接的な効果を一般大衆にはっきり示すうえで、科学や技術がきわめて便利だったからであろう。

科学や技術も従前どおり重要な分野である。しかし、間違えてならないのは、いたるところで開かれているDJ教室や芸術セミナー、起業セミナーが、この国の文化と経済に貴重な貢献をしているということだ。教育を再生する努力の一部は、子どもたちが夢見るガラス工芸やケーキ職人のコースを選ぶことが、社会的にも認められていると思わせるような方向に向けられるべきなのだ。

子どもの親の役割ももっと認められ、報われる必要がある。多くの研究は、子どもが生涯学習を続けるような人間になるもならないも、結局は親次第であることを示している。残念ながら、シンクタンク、新アメリカ財団の研究者であるフィリップ・ロングマンが指摘するように、親たちには、子どもをあえて教育しないという誤った力が働いている。

ロングマンは「アメリカ政治の皮肉な現実は、政治家は『家族の価値』とか、『子どもたちへの投資を』といったことを口にするのが好きなわりに、親たちを実際に支援するような大規模で新しい計画の提案には尻込みしていることだ」と言う。実際に子育て、特によい大学の教育費は大変な経済的負担になっている。育児は親子だけのためであり、育児支援政策は子どものいない人への差別だといった理由で不満を抱く人もいるが、それは自己中心的な考えであり、時代遅れでもある。経済や人口動態上の現実を見れば、結論は明らかである。未来は、賢くクリエイティブな子どもたちに委ねられているのだ。

にもかかわらず、ロングマンの「量においても質においても、すべての人々は人様の子どもへの依存が強まっている」との指摘は、政治でも経済でもほとんど顧みられることがない。ロングマンは「医者がどこから来るのか」という話を使って、この問題を考えるように促している。

人的資本というのは忽然と現れるものでも、高等教育の単純な産物というものでもない。たとえば、医者について考えてみよう。まず、医者は生まれてこなければならない。何年もだれかが布でくるみ、食事を与え、快適に過ごさせなければならない。さらに途方もない人間の努力が必要で、ものが読めるように教えなければならないし、計算ができるように教えなければならない。実際、読み書きを教えることは、大講義室でティーチング・アシスタントや若手教員が生化学を教えることよりも、はるかに多くの大人の努力や教育手腕が必要となる。それにもまして、医者はきわめて高い技術に基づいて生死に関する決定を任せられているので、堅固な道徳心、バランスの取れた人格、日常生活における自制、規律が備わっていたほうがよい。これらのすべては、親や養育する大人に莫大な時間と出費を強いることなのだ。(7)

彼は続けて、「このシステムを支えている子どもたちの親に、増加していく養育費のほとんどを強いているのに、そこから創り出される価値の分け前は小さくなっていくばかりというのは、本当に皮肉なことだ」、「次世代の養育に従事すればするほど、受け取る報酬が少なくなるとの法則が働いている。自分の子どもの養育にみずからを捧げる人に、賃金は出ない。保育所の職員はホテルの清掃係よりも稼ぎが少なく、小学校の先生は、カジノのディーラーになったほうがよっぽど稼げる」と嘆く。これでは、先進国のほとんどで出生率が人口維持に必要な水準より低くなるのも当然だ。

制度的なレベルでも、都市や地方において、教育に重点的に投資するだけのインセンティブが働いていない。クリエイティブ経済の特徴である移動性が、教育を受ける場所と働く場所とを長い間結んできたつながりを断ち切ってしまったのだ。それゆえに、すでに頭脳流出を経験しているアメリカの地域や世界中の国々は、懸念を強めている。

次のことを考えてみよう。その地域で大学教育を受ける人数と、地元の労働力人口のうち大学の学位を持つ人数との比である頭脳流出指数を測定したところによると、アメリカの地域でプラスになったのは一〇パーセントであった。すなわち、アメリカの九〇パーセントの地域は人材の純流出に悩んでいることになる。ピッツバーグではよく「この地域の主要な輸移出品目はもはや鉄鋼ではなく、才能だ」と言われている。

高い移動性というクリエイティブ経済における特徴は、小中学校に投資するインセンティブにならず、すでに手薄になっている公教育システムをさらに滞らせている。スタンフォードやMITのような一流大学があれば、どこからでも最優秀な高校卒業生を引っ張ってこれ、卒業後もかなりの率でその地に留まらせることができる。またオースチンのような地域であれば、どこか別の場所で教育を受けた熟練のクリエイティブ・ワーカーを、連れてくることができる。

いずれにしても、移動性がその地域の教育投資と経済成長との関係を壊している。多くの地域は、地元で才能を育成することに投資しなくても、うまくやることができる。サンフランシスコのベイエリアやサンディエゴなどには才能が流入し繁栄しているが、それらの地域があるカリフォルニア州は「納税者の反乱」の発祥地であり、財源不足から公教育の改善が遅れている。長期的な危険は明らかに迫っている。地元の才能を育てる地域よりも、才能の輸移入に頼る地域が増えすぎたら、すべてはご破算になるだろう。

よりよい教育システムを、と口で言うのは簡単だが、この問題にただお金をかけてスローガンを掲げたところで、前進はしないだろう。子どもや、子どもを育て教育する者も含め、全体のシステムがクリエイティブな人的資本に価値を置いたものになるまで、アメリカの教育制度は、伝統的な意味でもクリエイティブな意味でも後塵を拝し続けるだろう。才能不足の時代が迫りつつあるが、それは満たされることなく、この国の経済競争力を低下させていくだろう。

●都市と競争力との関係を理解すること

都市は、クリエイティブ時代における国際競争力の源である。先導的な研究者は、経済成長の要因として、技術やイノベーションよりも都市化の重要性に同意する。*The Rise of the Creative Class* で書いたように、都市はクリエイティブ時代における主要な経済的、社会的組織単位になっている。それは規模の経済を促進し、新しい技術を育てるほか、人的資本と機会を、アイデアと場所を、イノベーションと投資をそれぞれ引き合わせる。

また、都市に形成される混沌とした生態系の場は、金融、科学、社会、政治やその他、相互の間に思わぬ関係やつながりを生み出す。つまり都市の中心部は、クリエイティビティと競争力を生み出すための社会資本として、必要不可欠なものなのである。しかし、多くの国と同様、アメリカでも、都市や都市政策は、社会政策に付け足す程度の位置づけでしか扱われていない。首長や都市計画者の問題と見なされるのがせいぜいであり、悪くすると、都市は貧困の生存が許される「保留地」かのごとく、過小に評価されてしまうのである。

そこで、都市政策を社会政策の周縁から切り離し、国際競争力を強化するプランの基礎に位置づける必要がある。強力な都市政策は、強力なイノベーション政策と同様、国の将来にとって重要だからである。もちろん、経済成長を法制化できないのと同様に、都市のクリエイティビティを法律で義務づけることはできない。私たちにできることは、クリエイティブな経済機会を根づかせるのに必要な物理的、社会的な空間を提供することだ。私が言わんとしていることの端的な例を示そう。

都市には「ガレージ」的な空間が、ある程度必要だ。倉庫、歴史的建築物、手頃な住宅——こうした場所で夢やイノベーションが実を結ぶ。起業であれ、音楽や映画であれ、自営業であれ、NPOや社会的な事業であれ、都市でチャンスをつかむ刺激や誘因を常に提供してきたのは、賃料は安いが由緒を感じさせてくれる建物だ。このことを、ジェーン・ジェイコブズが簡潔にして的確に表現している。「新しいアイデアには古い建物が必要だ」

今日の都市では、手頃な価格の住宅や商業空間が驚くべき速さで一掃されている。芸術家、音楽家、移民、その他伝統的に差別されてきた集団は、自分たちが復興に貢献した地域から追い出されている。もちろん、不動産開発が悪いとか、安い場所に補助金を付ければ、魔法のごとく都市を復興できるなどと言いたいわけではない。しかし現実に起きているのは反対のことだ。最もクリエイティブな都市では、住宅ブームにだれしもが殺到し、建設ラッシュとなり、これまで住んでいた人々が追い出されている。

クリエイティブ時代の都市のもう一つの問題は、都市の活気の重要性に気づかずに、まさにそのクリエイティブな雰囲気をつくっているストリート（路面）レベルのエネルギーを、抑え込んでしまうおそれだ。私たちは、都市のエネルギーを抑え込むのではなく、むしろ支援するような健全な不動産開発のバランスを見つけなければならない。

このバランスをうまく取るために必要な戦略は、ほかの都市にもっと投資をすることだ。技術の力で事実上どこにいても仕事ができるようになったが、クリエイティブな時代の重要な特徴は、実は地理的な集中が異常に進むことにある。クリエイティブ経済は、おそらく十数カ所のアメリカの先進地域と、世界の数十カ所の地域で立ち上がり、そこに定着している。私たちはこれを分散させ、より多くの地域の人々が十分に参加できるように、この経済による利益を広げなければならない。それによって、先進的なクリエイティブ地域が受けている重圧――スプロール現象、経済格差、住宅価格の高騰など、将来、その地域におけるイノベーションや経済成長を抑え込むおそれがある要素――を緩和することができるのである。

さらに古い都市は、クリエイティブ経済をいっそう発展させるのに完璧な場所である。工業化時代に使用した建物、工場、倉庫が多くあり、経済的なイノベーションの鍵を握るガレージ空間を十分に提供してくれる。新しい郊外や準郊外の場合は、野原や森を新たに切り拓くことから始まるが、それとは対照的に、既存の都市は、私たちがそれを荒廃ではなく、チャンスだと思いさえすれば、想像力を刺激するのに十分な場となる。都市への投資をこのように拡大すれば、だれにとっても利益のある状況にできる。古い都市は再開発され、新しい都市への重圧は緩和され、結果として都市システム全体が強化される。

都市は経済の要素としてだけでなく、社会的変化、政治的変化の実験室としても機能している。アメリカは、連邦主義の政治システムと多様化した経済システムとの一体化によって、イノベーションを切り開く民主主義の実験室としての機能を維持すべきである。今後もこの伝統的な役割に関心を払い、発展させることが賢明だ。

たしかに問題はたくさんあり、その対応に困っているのであるが、私たちには、いかに問題に対処すべきかを解明する自由もたくさんある。国家が集権的にすべてを計画し、その政策を推し進めるようなところでは、アメリカが経済に浸透させることのできた社会的、政治的なクリエイティビティは、議題にも上らないだろう。

このところの中央集権化の進展は懸念されるが、幸運にもこの国にはまだ、ジェイコブズの言う「コミュニティの連合」の拡大版が、さまざまに機能し続けている。連邦政府が私たちを危険な方向に導いたら、その機会をとらえて地方の自治体や州政府が主導権を握るようになる。このような民主主義の実験室は、連邦政府からある程度の自治権を許されている限り、クリエイティブな時代でも最適な解決法をたくさん提供し続けてくれるだろう。しかしそれも、私たちが地方政府によるそのような実験を奨励し、絶え間なく拡大しようとする連邦政府の権限がそれを抑え込まなければの話だ。

アメリカ中や世界中を回っていると、これからすべきことの例やモデルとなるのはどの地域か、という質問をしばしば受ける。最初に私は、いまはまだクリエイティブ時代の初期なので、どの地域がそうだと考えるのは間違いだろう、と答える。それから、その地域にある際立った強みを強調し、伝統的で本物で、その地域に独特なものに注目するようにと続ける。さらに、シリコンバレーのような地域の一面だけを見ないように言う。シリコンバレーには膨大な技術と富があるが、格差、住宅価格の高騰、渋滞、ストレスの増加といった大きな問題も背負っている。シリコンバレー式に、自由な起業家精神と技術を求めるのはよいが、格差や機能不全の拡大、社会の崩壊という法外なコストも支払えるように備えておくことだ。

しばしば私は、アメリカの外にモデルを探してみるのもよいと付け加える。トロント、ストックホルム、ヘルシンキなどだ。こうした地域は技術とクリエイティブ産業とを結びつけ、格差は小さく、よい学校があり、犯罪率も低く安全で、社会の団結が固く、安定性も高い。しかし、アメリカにも少なくとも一つ、参考にすべき地域がある。ミネアポリス＝セントポールだ。

カーネギー・メロン大学での私の二人の学生、サラ・キースとジェニファー・エクストラが詳細に分析したところによれば、ミネアポリス地域は、低い貧困率、手頃な住宅価格、バランスの取れた所得分布などと、強力なクリエイティブ経済とが両立している。私のクリエイティビティ・インデックスでは先進的な地域の一つに入り、頭脳の純流入を誇る三四都市圏の一つであり（三三一都市圏が対象）、ブルッキングス研究所が「バランスの取れた」所得地域と格付けした、アメリカでたった一三パーセントの都市の一つである。

ソマリ族やモン族の移民が多く、市議のうち三人がゲイを公表し、地域内では非常にミクロなレベルで人種融合が進むなど、ミネアポリス＝セントポールは寛容性のメッカとして広く知られるようになっている。加えて手頃な住宅価格、高い賃金、低い失業率に低い貧困率である。大学生も外国人も、この地域の大学、仕事、コミュニティに群がるという理由がよくわかる。

結果として、ミネアポリス＝セントポールは、特に知識と教育の分野でクリエイティブ・クラスの雇用が急成長している。成功の鍵は、この地域が優秀な人たちを集めているだけでなく、すべての市民に対して、そのクリエイティブなエネルギーを引き出そうとしている事実にある。残念なのは、ミネアポリス＝セントポールは、アメリカの地域としては例外的存在であることだ。

多くの大問題に対処する場合、特定の人が特定の提案をしていること自体については、それほど大きな意味はない。異なった地域には、異なった対策が必要であるからだ。いま都心部を改善するために、私たちに本当に必要なのは、アメリカの都市の未来に関する国家総動員的で、包括的な計画なのである。

●真に開放的で経済的に安全な社会を構築すること

アメリカを含め、世界はたしかに安全上の問題に直面している。しかし、先進諸国においては、開放された社会であること以上に優先されることはない。前述のように、人々への開放性、寛容性、多様性は、経済成長の方程式を完成させるために不可欠な要素である。科学的な発見を宗教の視点で吟味したり、不必要にビザ制限を厳しくしたりすると、アメリカはみずからの進歩を遅らせることになる。ヨーロッパの国々でも、移民対応にはコストがかかるとか、自国民の仕事を奪うなどといった国内の政治的圧力に屈し、移民を禁止するようになるならば同じことだ。

開放的で、来るものを歓迎し、多様性や包容力に富む寛容な社会であることの利益が、そのコストを上回るものだということは、データが証明している。

この点について、北の隣国から学べることは多い。カナダは、寛容性と包容力に関する新しい有機的な原則をつくりあげた。それは、アメリカが移民を吸収するために伝統的に培ってきたメルティング・ポット（人種の坩堝）の原則を格段に超える、モザイク社会の原則だ。私が思うに、この原則は才能が担うこれからのクリエイティブ社会における目標基準となるであろう。メルティング・ポットのように、決められた文化的規範に移民を同化させようとするのではなく、モザイクは、さまざまな民族や国籍そのままに、その能力によって社会に貢献するという点でも、あるいは多様性をもたらすという点でも移民を歓迎している。

これは移民のみならず、あらゆる種類のグループが共鳴できる原則である。そして、特に注目すべきは、三つのTすべてで最も進んでいるスウェーデンがこの原則に注目し、そこから学ぼうとしている点である。スウェーデンは移民対策を、アメリカよりもカナダから学ぼうとしている。これは強調すべきことだろう。

個人的に思い当たることも多い。第五章の冒頭で触れたメルボルンでの話もそうだが、私が外国で講演する時には、たいていカナダ出身者が私のところに来て、モザイク社会の利点について話し合おうとする。白人であれ、黒人であれ、インド人であれ、アジア人であれ、ヒスパニックであれ、ミックスであれ、だれしもがモザイク社会の多人種・文化を構成する一員として、けっしてステレオタイプ的にも、不名誉な扱いを受けるわけでもなく、出身背景を認められることが、どれほど重要なことかを主張する。ニュージャージーの芸術施設で働くカナダ人女性が、その違いを次のように説明してくれた。

私は、自分のアイデンティティについていろいろと考えながら、カナダで育ちました。カナダでは、私は私自身でした。アメリカでは、人に対して勝手にはめた枠内に収まることを強要されます。（この国の黒人には悪いけれど）私は自分をアフリカ系アメリカ人だとも思いませんし、またはミックスだとも思いません。私はアメリカに住んでいる、インド、アフリカ、ポルトガル、フランス、ネイティブ・アメリカン、トリニダードの血が流れるモントリオール人です。アメリカでは、まだ自分にふさわしいカテゴリーを見つけられないままでいます。

皮肉なことに、人種・民族の違いを消そうとしたメルティング・ポット社会では、逆にそれらを重視することになってしまったのだ。モザイク型では、市民に対して次のように言う。「自分が望むままの自分を、このパズルのピースにしなさい」。個人として認められるということは、クリエイティブな能力を一人ひとりが発揮するうえで、きわめて重要なことなのである。

九・一一同時多発テロ以後の世界では、たしかに安全の問題は重要で、この懸念はすぐになくなるといった類のものではない。イラクやアフガニスタン、アル・カイーダについて、何をどう考えようとも、世界規模のテロリズムがこれまで長い間、深刻な問題であったのは事実である。そしていま、アメリカや他の先進諸国は、この問題に対する有効な手立てを持たなければならない。しかし、産業界でも政界でも、指導者はこの問題にこだわりすぎることによる経済的なコスト、および安全性と長期的な経済競争力との深刻な二律背反について、考えておくことが重要である。ファリード・ザカリアは書いている。「今日の入国管理官は、次のモハメド・アッタ（九・一一テロの実行犯）を入国させてしまうのではないかという不安のなかで生活している。その結果、彼はおそらく次のビル・ゲイツの入国を認めないことになる」

アメリカと世界が開放的であることの価値を、特にアメリカはしっかりと認識しておく必要がある。安全性が深刻な課題であることはわかっている。そしてもちろん、国防総省、国土安全保障省、FBI、沿岸警備隊、諜報機関といった組織は当然、安全確保を念頭に考えるだろう。それが彼らの仕事であるからだ。安全性が高まれば、世界中の人たちは拍手を贈るだろう。しかし、アメリカが取った身勝手で時にずうずうしいやり方を、世界は望んでいない。

本書の冒頭で述べたことを何度も言うようだが、テロリズムよりも、クリエイティブで才能ある人々がアメリカ国内に住みたくないと思う可能性のほうが、アメリカの社会にとって脅威なのだ。したがって、国はすぐに入国管理方法を改善し、この国の開放的で、多様性に富み、寛容な社会という地位と評判を維持することに集中しなければならない。

人々のグローバルな大移動は、安全上の問題に関わるだけではない。雇用の移動についてのアメリカ人の心配は、かつてないほどである。もちろん、それはアウトソーシングへの懸念だ。ここ数年、ごく平均的なアメリカ人にまで経済のグローバル化の本当の意味が広がっている。政治家も一般市民も感情的に反応し、雇用を奪い取っていく国々を非難する。しかし、才能ある人々が経済機会を求めて移動すること（アメリカに来るにせよ、出て行くにせよ）を妨げるのは、大きな間違いである。それは長期的に見れば、自国の競争優位性を弱体化させるだけであるからだ。

熟練技能を持つ移民のみを歓迎するという傾向の議論が盛り上がっているが、これも許すことはできない。二〇〇四年の連邦議会で二万人の外国人大学院生がＨ－１Ｂビザの発給制限から除外されることが決まった時、ハイテク企業に関わる人々の多くは安堵のため息をついたことだろう。Ｈ－１Ｂビザは、熟練技能のある外国人がこの国で働けるようにするビザである。ここのところあまりにも頻繁に、熟練労働者に限ったビザ規制の緩和を望む声を聞くことが多い。

ノーベル賞経済学者のゲーリー・ベッカーは、熟練技能を持った移民、高等教育を受けた移民には、アメリカの市民権を優先的に与えるという優先順位を決めたシステムを提案した。彼の狙いはよい。この議論の基本は、このような優れた人たちが、いかに私たちの経済にとって意味があるかを考えさせることにあるからだ。私はこの提案をさらに、あらゆる移民がいかに私たちの経済生活にとって意味があるか、というものに広げて考えたい。

これはまた、従前のゼロサム議論に、変化を加える必要性を示す例でもある。「移民を受け入れるための資源には限りがあり、雇用できる人数も限られている。だから、熟練と未熟練で移民を区別する」というようになってはならない。コンピュータ・プログラマーから清掃員まで、だれもがこの国で働けるよう、より多くの資源を配分する方法を見つけなければならない。

未熟練な移民は、国や地方の負担による社会福祉を浪費させているだけだ、と指摘するアメリカやヨーロッパの人々には、簡潔な回答を用意している。社会福祉政策の問題を移民のせいにしてはいけない。移民はアメリカに新たな価値を加え、未熟練な移民もアメリカ経済を前進させる役割を担っていることがわかっている。事実を認識することから始めよう。私たちの未来の経済的な安全は、自分たちがこの事実を直視できるか否かにかかっているのである。

真にグローバルな努力

グローバリゼーションの時代のなかで、クリエイティブな経済と社会をつくるためには、真に国際的な努力が必要とされる。好むと好まざるとにかかわらず、五〇年前に比べれば、より多くの国々に経済力が分散した環境の下で私たちは生活している。少なくとも予測可能な未来では、多元化がいっそう進む世界を生きていかなければならない。そして産業界や政治指導者のみならず、すべてのアメリカ人は、自分たちだけでは何もできないことを認識しなければならない。アメリカを含むどの国も、単独で解決するには大きすぎる課題を抱えているのだ。

まずは、統計数値のような共通言語があれば、非常に便利だ。クリエイティブ時代の課題を概念的にとらえ、特定化することは難しい。経済においても社会においても、統一されたシステムや標準的なシステムは存在せず、そのことが、この課題をいっそう難しくしている。いまこそ、世界的に比較可能な統計を真剣に集めるべき時なのだ。言うなれば、世界の国勢調査が必要である。本書で使用されている国別データを集めるために何カ月もかかり、比較可能な地域データについては入手不能だった。大恐慌時代、アメリカは実業家や投資家の活動をより効率的にするため、経済調査を行った。このグローバル時代にも同様に、明確かつ正確で、役に立つ統計を取るためのグローバル調査が必要である。疑いなく、このようなシステムの導入は非常に難しい。だからこそできるだけ早く始めなければならない。

同様に、グローバルな動向を把握するには、クリエイティビティに関する地球規模のフォーラムを開催するのもよい考えだろう。現在、ダボス会議のような地球規模の有識者会議が開催され、ＣＥＯ（最高経営責任者）らが集まり、税率その他のビジネス環境について話し合いが行われている。そこで、クリエイティブ都市におけるベスト・プラクティス（有効な実践手法）を比較し、競争力のある開放的な社会環境を話し合う、というのはどうだろう。現在、ＩＭＦ（国際通貨基金）や世界銀行など多くの国際機関が投資、貿易、競争力に関心を持つ一方、国連などでは政策、安全性、公平性に取り組んでいる。残されている領域として、新しいクリエイティブな時代に不可欠な要素であり、世界の繁栄にとって重要な動力源である才能（タレント）と寛容性（トレランス）という二つのTがある。いま何より必要なのは、グローバルな才能流動について考えるために、公正・公平・グローバルな枠組みによって、人の移動を世界規模で把握することである。

そのようなフォーラムでは、成長する地域のモデルや、クリエイティブな時代の課題に日々直面し取り組んでいる実践者に参考となる、ミクロ・レベルあるいは都市レベルのアプローチも、詳細に議論されることになるだろう。アメリカでは、このような運動はすでに進行中で、クリエイト・デトロイト、クリエイティブ・タンパベイなどのグループが動き始めている。さらにクリエイティブ・メルボルン、クラブ・オブ・アムステルダム、クリエイティブ・ウェリントンなどの組織と連携し、政治、芸術、ビジネス、科学分野の先進事例を議論する場を拡大させる時期だ。そのためには、頭脳は循環するもの、という意識で取り組むことが重要だ。だれかがゼロサム・ゲームだと見てしまったら、このような開放性は不可能になるのだ。

そのような変化や行動はどこから始まるだろうか。国政レベルでの二大政党の対立がある限り、アメリカの政治指導者が近々にこれを理解するようになるとは考えにくい。二〇〇四年の大統領選挙で、民主党のジョン・ケリー候補は「グローバル・テスト」という表現で、国際テロリズムに対してアメリカは国際協調で取り組むべきであると主張したが、それが、「グローバル」という言葉を政治家が使うことをタブーにしてしまった。

もし政府がある種の安全と別の種類の安全とのバランスを取れない、あるいは取ろうという気がないのなら、産業界や学界がアメリカの開放性を新たに推進する必要がある。八〇年代に、ヒューレット・パッカードの社長だったジョン・ヤングは、産業界の競争力回復に人々の関心を集めるために、競争力評議会の開設を提言した。その当時、アメリカの企業の目はまだ国内を向いていたのだ。ヤングやリー・アイアコッカといったビジネス・リーダーの多くは、自社の利益と国益とを結びつけて見ていた。もちろん、完全に一致してはいないものの、密接に関係していることは疑いなかった。しかし、もう総体として、そのような関係は見られない。今日、企業はまさにグローバルな性格を持ち、必要なものは世界のどこからでも調達するようになっている。つまり、アメリカ一国の努力では通用しないのだ。このような新しい努力は、真にグローバルに進めていかなければならない。

おそらく、グローバル・クリエイティビティ・コミッションを創設すべき時期なのだ。このコミッションが最初に始めることは、クリエイティブ時代における成功に必要な地域レベル、国レベル、国際レベルの政策を考案することになるだろう。急速かつ複雑にヒト、モノ、カネが行き交うグローバル化したクリエイティブ経済には、より強力でグローバルな機関が必要となる。それは、国という単位では、クリエイティブな生産性を完全に活用できず、山積する経済問題、社会問題に対処できないからだ。

先進諸国は、カリフォルニア大学デービス校教授のマーチン・ケニーが言う「グローバル・ニュー・ディール政策」を考えるべき時期だ。それは、戦後にアメリカやほかの国々で築かれた社会契約のように、クリエイティブ時代のイノベーションと生産性向上とを推進することに重点を置く一方で、その利益をより広くより包括的に広げ、同時に社会的、経済的な外部効果の課題にも取り組むものである。しかし、真に有効にその戦略や解決法を実行するためには、真にグローバルなスケールで相互に結びつきを強め、より多元化する世界において最も効果的な方法を考え、実施しなければならない。実行部隊は、芸術、教育、文化といったコミュニティ、すべての所得階層、職業、年齢などあらゆるコミュニティにおいて、グローバルな才能が国境を越えて自由に移動できることを保証するための戦略を考えることになる。

機会を増やし、起業家精神を刺激し、人々への投資を増やし、また自然資産（個々人の持つ生まれながらの能力を含む）への投資も増やす。このような方法によって、アメリカは、真に開かれた社会を取り戻し、より調和の取れた繁栄された世界をリードできるようになろう。より大事なことは、起業家精神と実験を奨励し、人間に配慮し、物理的、社会的、政治的、経済的なセーフティ・ネットを確保することで、社会としてリスクを恐れない姿勢を再び示すことだ。安全が意味するあらゆる概念に配慮することが、まさにこの国と世界の将来の繁栄を約束することになる。

やはり私は永遠に楽観主義者なのかもしれない。アメリカはクリエイティブ・クラスにとって、そして実質的に人類全体にとって、開放性の象徴であり続けると思う。これまでもずっと臨機応変に知恵とクリエイティビティを活用してきたし、大恐慌後の復興や八〇年代のアジアの製造業ブーム後の巻き返しなど、何度も適応してきた。

アメリカのクリエイティビティと才能を生み出す役割は、アメリカの産業界や政治の指導者だけの課題ではなく、すべての国の課題である。アメリカの大学と企業は、長い間、世界の教育者でありイノベーターであった。移民やビザ、科学研究への間違った政策によってこの推進力が停滞したら、その余波は世界全体に及ぶであろう。

クリエイティブ時代は、まさに世界観の変更を要求している。クリエイティビティは天然資源のように蓄積し、奪い合い、売り買いできる有形な資産ではない。自由や安全のような公共財なのである。私たちすべてに帰属する本質的なものであり、常に育成し、改め、維持していかなければならない。さもなければ、私たちの脇をすり抜けていってしまうだろう。

補遺1　クリエイティビティの測定について

テクノロジー（技術）、タレント（才能）、トレランス（寛容性）という三つのTが経済成長を担うという理論に基づいて、世界のクリエイティブ・クラスとクリエイティビティを測定している。この測定方法は、カーネギー・メロン大学の博士課程大学院生アイリーン・ティナグリと共に開発したものである。才能、技術、人的資本を指数化した国際競争力の測定方法は従来からあるが、それらに寛容性、開放性、多様性の指数を加えることで、伝統的な枠組みを拡張している。

ほとんどのヨーロッパ諸国、OECD加盟国（ルクセンブルクを除く）、主要なアジア諸国、経済大国として台頭しつつある中国とインドを含む、四五カ国を調査した。この測定値については、グローバルなクリエイティビティを決定しているというものではなく、より詳細な評価や比較をするための最初の枠組みとして受け止めてほしい。

国際比較には技術的に難しい面がある。国によって異なった標準や基準によってデータが収集されているためだ。この点について私たちは、入手可能なレベルで最も標準化されたデータを使用し、またその結果をほかの広く認められている国際競争力関連の指標（後述する）と比較するなど、最大限に配慮をしたつもりだ。こうした点を念頭に置いても、私たちのランキングは、全体として非常に信頼できるものであり、同様な研究を行うほかの研究者らにとっても有効なものと考えられる。

才能の測定について

クリエイティブ・クラスの測定は、国際労働機関（ＩＬＯ）の統計に基づいている。ＩＬＯは職業に関する詳細なデータを収集しており、労働力を科学者、エンジニア、芸術家、音楽家、建築家、経営者、専門家などに分類している。ＩＬＯの分類は、*The Rise of the Creative Class*で使用しているアメリカ政府の分類と、いくつかの点で違いはあるが、この二つは世界中のクリエイティブな職業のデータとしては、入手しうる最も優れたデータである。ここで使われているＩＬＯのデータはすべて、ヨーロッパ内での国際的な比較可能性を保証するＩＳＣＯ八八という国際標準に従って分類されている。アメリカのデータは労働統計局のものを使用している。

国によって「技能者」の扱いが異なるので、私たちは二種類のクリエイティブ・クラスを推計している。広義では、科学者、エンジニア、芸術家、文化創造者、管理職、専門家、技能者が入っているが、狭義では技能者を外している。

クリエイティブ・クラスをグローバルに測定したところ、人的資本に基づいた従来の測定結果と強い相関関係があった。またＧＤＰ（国内総生産）の規模とも強い相関があった。ＧＤＰ成長率との関係性はあまり強いものではないが、こうした関係があるのは、アイルランドが強いパフォーマンスを示したためでもある。覚えておいてほしいのは、グローバルにクリエイティブ・クラスを測定したのは、それによって経済成長を説明できると考えたわけではなく、クリエイティブな才能の基盤を持つことが、ほかのさまざまな要素との相互作用において、経済成長に影響を与えることを示すためなのである。

才能の測定には、ほかに二つの指数が使用されている。

人的資本指数とは、人口に占める学士あるいは専門職学位以上の学位を持つ人の比率であり、OECDの二〇〇一年のデータを利用している。中等教育以後の制度が国によって違い、また統計の収集方法も異なるため、私は、このデータの国際比較には問題があると痛切に感じている。

理工系人口指数は、人口一〇〇万人当たりの科学研究者と技術者の人数で定義される。これはユネスコのデータをもとにしており、一九九九年から二〇〇一年までをカバーしている。

最終的な「タレント・インデックス」は、以上の三つの才能指数（クリエイティブ・クラス、人的資本、理工系人口）を総合したものである。クリエイティブ・クラスのデータには、中国、インド、日本、フランス、チリ、ブラジルが入っていない。これらの国については、他の二つの指数の平均を利用して充当している。

技術の測定について

技術に対しては二つの指数を利用した。

R&D指数は、GDPに占める研究開発投資の比率だが、これは九九年から二〇〇二年の世界銀行のデータをもとにしている。

イノベーション指数については、一〇〇万人当たりの取得済み特許件数を測定しており、二〇〇一年度のアメリカ特許商標局のデータをもとにしている。

最終的な「テクノロジー・インデックス」はこの二つの指数を総合したものである。

寛容性の測定について

「トレランス・インデックス」は、二つの指数の組み合わせである。二つとも、九五年から九八年に六五カ国を調査したロナルド・イングルハートの「ワールド・バリュー・サーベイ」の最新版をもとにしている。

価値指数は、現代的で非宗教な価値観がその国の文化に影響を与えている程度を示す。これは、神への態度、宗教、愛国心、権威、家族、女性の権利、離婚、中絶についてのアンケート結果に基づいたものである。

自己表現指数は、その国で個人の権利や自己表現にどの程度価値が置かれているのかを示す。自己表現、生活の質、民主主義、科学技術、レジャー、環境、信頼、抗議行動、移民、ゲイなどに対する態度の調査結果をもとにしている。

ワールド・バリュー・サーベイは、一カ国につき平均一四〇〇人の回答者をサンプルとしており、これらのデータについては、ロナルド・イングルハートから直接入手した。一方、ミシガン大学にある政治社会調査に関する大学間コンソーシアム（ICPSR）が保存しているデータも利用することとした。

グローバル・クリエイティビティ・インデックス（GCI）

「グローバル・クリエイティビティ・インデックス」（GCI）は、タレント・インデックス、テクノロジー・インデックス、トレランス・インデックスの各指数を0から1のスケールで標準化し、同じ加重で総合したものである。

ティナグリと私はGCIを、国際競争力に関連したほかの指標や、GDPなど経済成長を表す指標と比較している。GCIは、マイケル・ポーターが関係するグロース・コンペティティブネス・インデックスや、国連の人間開発指数、A・T・カーニーがフォーリン・ポリシー誌に掲載したグローバリゼーション指数などの定評のある類似の指標とも強い相関がある。

また、GDPとも強い相関を示している。GDP成長率については、九五年から二〇〇一年の間にごく弱い相関を示しているのみだが、アイルランドと中国のパフォーマンスの影響が働くことによって、強まる傾向にある。

GCIは短期的な経済成長を予想するためのものではない。イノベーション、起業家精神、産業構造、長期的な繁栄に向けて、クリエイティブな才能を生かし動かしていく国の能力をとらえるためのものである。

グローバル・クリエイティビティ・インデックス(GCI)

GCIによる順位	国名	GCI	才能				技術			寛容性		
			タレント・インデックス	クリエイティブ・クラス人口比率	人的資本指数	理工系人口指数	テクノロジー・インデックス	R&D指数	イノベーション指数	トレランス・インデックス	価値指数	自己表現指数
1	スウェーデン	0.808	0.642	22.93	16.94	5,186	0.819	4.27	195.97	0.964	1.60	2.22
2	日本	0.766	0.702	-	19.20	5,321	0.785	3.09	261.53	0.811	1.84	0.68
3	フィンランド	0.684	0.728	24.66	14.80	7,110	0.626	3.40	141.09	0.698	0.80	1.04
4	アメリカ	0.666	0.601	23.55	28.34	4,099	0.827	2.82	307.06	0.571	-0.53	1.64
5	スイス	0.637	0.541	22.05	15.83	3,592	0.625	2.64	196.38	0.744	0.77	1.45
6	デンマーク	0.613	0.597	21.29	21.50	3,476	0.385	2.09	89.38	0.858	1.11	1.96
7	アイスランド	0.612	0.658	24.12	18.85	-	0.463	3.04	67.38	0.717	0.37	1.72
8	オランダ	0.611	0.643	29.54	20.87	2,572	0.366	2.02	83.05	0.824	0.81	2.05
9	ノルウェー	0.595	0.686	18.77	27.60	4,377	0.279	1.62	58.94	0.819	1.26	1.46
10	ドイツ	0.577	0.468	20.09	13.48	3,153	0.511	2.50	136.77	0.753	1.13	1.08
11	カナダ	0.548	0.603	24.96	20.38	2,978	0.400	1.85	116.02	0.641	-0.18	1.78
12	オーストラリア	0.528	0.672	30.14	19.24	3,439	0.246	1.53	45.13	0.665	-0.20	2.00
13	ベルギー	0.526	0.571	30.41	12.70	2,953	0.338	1.96	69.80	0.670	0.48	1.20
14	イスラエル	0.525	0.371	20.48	-	1,563	0.670	3.62	152.45	0.533	0.25	0.37
15	イギリス	0.517	0.567	25.70	18.00	2,666	0.327	1.90	67.43	0.657	0.26	1.37
16	韓国	0.465	0.371	8.80	17.47	2,880	0.465	2.96	74.73	0.560	1.08	-0.43
17	フランス	0.462	0.378	-	11.87	2,718	0.364	2.20	68.27	0.643	0.49	0.97
18	ニュージーランド	0.459	0.510	27.07	13.92	2,197	0.175	1.11	32.22	0.693	0.09	1.87
19	オーストリア	0.438	0.311	17.20	6.83	2,313	0.339	1.94	72.43	0.665	0.22	1.48

20	アイルランド	0.414	0.586	33.47	13.96	2,190	0.190	1.17	37.25	0.467	-0.92	1.27
21	チェコ	0.382	0.317	16.60	11.13	1,466	0.148	1.30	1.56	0.681	1.19	0.42
22	ギリシャ	0.371	0.403	22.81	12.39	1,400	0.074	0.67	2.45	0.636	0.73	0.62
23	スペイン	0.365	0.449	19.81	16.89	1,948	0.115	0.96	6.54	0.532	0.09	0.56
24	エストニア	0.360	0.500	26.23	-	1,947	0.082	0.76	0.73	0.498	1.24	-1.14
25	ロシア連邦	0.339	0.521	21.10	-	3,494	0.112	1.00	1.62	0.385	1.08	-1.86
26	イタリア	0.335	0.252	13.59	10.05	1,128	0.162	1.04	29.49	0.591	0.18	0.93
27	ウクライナ	0.296	0.404	20.09	-	2,118	0.103	0.95	0.43	0.380	0.90	-1.68
28	スロバキア	0.291	0.304	15.08	10.32	1,774	0.068	0.65	0.19	0.500	0.65	-0.39
29	ハンガリー	0.282	0.374	18.50	14.05	1,440	0.113	0.95	5.89	0.358	0.38	-1.22
30	クロアチア	0.280	0.224	13.74	-	1,187	0.110	0.98	1.83	0.505	0.08	0.35
31	ブルガリア	0.275	0.329	19.76	-	1,167	0.058	0.57	0.38	0.437	1.15	-1.52
32	ラトビア	0.262	0.344	20.94	-	1,078	0.038	0.40	0.42	0.403	0.70	-1.25
33	ウルグアイ	0.240	0.220	15.45	9.00	276	0.021	0.26	0.60	0.478	-0.22	0.50
34	ポーランド	0.239	0.331	17.01	11.89	1,473	0.070	0.67	0.41	0.315	-0.44	-0.56
35	ポルトガル	0.234	0.243	13.91	6.63	1,754	0.085	0.78	1.20	0.373	-0.89	0.47
36	中国	0.230	0.031	-	1.43	584	0.109	1.00	0.15	0.550	1.16	-0.61
37	グルジア	0.219	0.345	15.54	-	2,421	0.030	0.33	0.38	0.282	-0.04	-1.32
38	アルゼンチン	0.199	0.193	11.43	9.12	684	0.045	0.45	1.36	0.357	-0.94	0.40
39	トルコ	0.186	0.212	14.74	8.90	306	0.065	0.63	0.16	0.282	-0.83	-0.35
40	チリ	0.185	0.160	-	9.02	419	0.055	0.54	0.78	0.339	-0.88	0.18
41	インド	0.177	0.085	-	6.00	157	0.137	1.23	0.17	0.309	-0.53	-0.50
42	メキシコ	0.164	0.150	5.28	13.29	225	0.043	0.43	0.81	0.299	-1.47	0.58
43	ブラジル	0.159	0.128	-	7.67	323	0.083	0.77	0.64	0.266	-1.27	0.06
44	ペルー	0.132	0.138	9.67	8.09	229	0.000	0.08	0.15	0.258	-1.33	0.07
45	ルーマニア	0.127	0.131	9.76	-	879	0.035	0.37	0.45	0.214	-0.25	-1.62

Compiled by Irene Tinagli from various sources.

世界のクリエイティブ・クラス

クリエイティブ・クラス人口比率による順位	国名	狭義のクリエイティブ・クラス（技能者を含まない）		広義のクリエイティブ・クラス（技能者を含む）		労働力人口	クリエイティブ・クラスの年平均増加率	測定期間	GCIによる順位
		労働力人口に占める比率	クリエイティブ・クラス人口（1000人）	労働力人口に占める比率	クリエイティブ・クラス人口（1000人）				
1	アイルランド	33.47	586	39.12	685	1,750	7.64	95-02	20
2	ベルギー	30.41	1,238	41.40	1,685	4,070	0.88	95-02	13
3	オーストラリア	30.14	2,806	43.00	4,004	9,311	1.23	97-02	12
4	オランダ	29.54	2,323	46.98	3,695	7,865	1.47	95-01	8
5	ニュージーランド	27.07	508	38.43	721	1,877	1.28	95-02	18
6	エストニア	26.23	154	39.01	228	586	1.59	95-02	24
7	ウクライナ	25.70	7,303	39.27	11,158	28,415	-0.25	96-02	27
8	カナダ	24.96	3,847	38.09	5,870	15,412	-0.67	95-02	11
9	フィンランド	24.66	590	40.99	981	2,393	1.58	00-02	3
10	アイスランド	24.12	38	38.03	60	157	1.84	95-02	7
11	アメリカ	23.55	30,042	27.32	34,846	127,568	-1.47	95-02	4
12	スウェーデン	22.93	973	42.44	1,801	4,244	2.73	97-02	1
13	ギリシャ	22.81	901	29.82	1,178	3,949	0.97	95-02	22
14	スイス	22.05	873	41.98	1,662	3,959	2.32	95-02	5
15	デンマーク	21.29	578	41.81	1,135	2,715	1.80	95-02	6
16	ロシア連邦	21.10	12,745	36.45	22,019	60,408	-2.12	97-99	25
17	ラトビア	20.94	207	34.20	338	989	0.41	96-02	32
18	イスラエル	20.48	468	35.80	818	2,284	3.23	95-02	14
19	ドイツ	20.09	7,339	40.22	14,695	36,536	2.20	95-02	10
20	イギリス	20.09	4,098	33.76	6,888	20,401	-0.34	95-02	15

21	スペイン	19.81	3,221	30.14	4,901	16,258	0.85	95-02	23
22	ブルガリア	19.76	347	34.97	614	1,757	2.99	98-01	31
23	ノルウェー	18.77	429	41.64	952	2,286	2.44	96-02	9
24	ハンガリー	18.50	716	32.58	1,261	3,871	1.60	95-02	29
25	オーストリア	17.20	660	32.00	1,227	3,836	0.88	95-02	19
26	ポーランド	17.01	2,345	29.66	4,088	13,782	1.30	95-02	34
27	チェコ	16.60	791	35.74	1,703	4,765	0.90	95-02	21
28	グルジア	15.54	286	21.92	403	1,839	-5.29	98-02	37
29	ウルグアイ	15.45	166	21.81	235	1,076	-1.21	00-01	33
30	スロバキア	15.08	321	33.77	718	2,127	0.48	95-02	28
31	トルコ	14.74	2,990	19.70	3,997	20,287	3.16	01-02	39
32	ポルトガル	13.91	712	21.18	1,084	5,115	-1.64	95-02	35
33	クロアチア	13.74	210	28.73	439	1,527	1.31	96-02	30
34	イタリア	13.59	2,980	30.62	6,713	21,922	1.41	95-02	26
35	アルゼンチン	11.43	916	27.48	2,203	8,016	-1.92	98-02	38
36	ルーマニア	9.76	901	18.96	1,751	9,234	1.99	95-02	45
37	ペルー	9.67	737	18.72	1,426	7,620	-1.27	96-01	44
38	韓国	8.80	1,854	18.43	3,882	21,061	3.75	95-00	16
39	メキシコ	5.28	2,060	16.49	6,432	39,004	3.23	95-01	42

【注】ブラジル、チリ、中国、フランス、日本、インドは必要なデータが得られなかった。
Compiled by Irene Tinagli from various sources.

補遺2　経済格差の測定について

アメリカにおけるクリエイティブ経済の出現は、イノベーションと生産性の向上に拍車をかけると同時に、経済、社会に格差を広げ悪化させた。考えられる測定法の多くが経済格差の存在を示しているが、本書では特に二つの点に焦点を当てる。経済格差指数と住宅取得可能性指数である。両方ともケビン・ストラリックが開発し、アメリカの主要な三三一都市圏すべてについて調査している。

経済格差指数

経済格差指数は、クリエイティブ・クラスと他のグループの賃金、給料を比較している。労働統計局のデータをもとに、統計学上のタイル指標（T）を用いて、すべての主要都市を対象に分析している。経済格差の大きい地域では、居住者が、所得の比較的高い層か低い層に分かれ、平均値周辺の人が少ない。経済格差指数とクリエイティビティ・インデックスの間には、強い相関関係がある（相関係数は〇・七二）。クリエイティブな地域ほど、所得格差が広がっている。

住宅取得可能性指数

この指数は、所得と住居費用の比によって測定している。住居費用の算出には、住宅価格だけでなく、賃料、住宅ローンの利率、住宅所有に関わるコストなどを、それぞれのタイプの住宅に居住する人数で加重し平均化している。住宅取得可能性指数は、総人口と有意に逆相関の関係がある。つまり、この指数は都市の規模の影響を受けていない。大都市であれば、住宅価格も高いが、所得も高いためである。

クリエイティビティ・インデックス

「クリエイティビティ・インデックス」は、二〇〇四年に出版したペーパーバック版の*The Rise of the Creative Class*と同じものである。技術、才能、寛容性という三つの重要な要素を同じ加重で計算している。ハイテク指数は、ミルケン・インスティテュートが二〇〇〇年に測定したハイテク都市のデータを引用した。イノベーション指数は一九九〇年から九九年の間の取得済み特許件数の年平均増加率である。才能の測定には、労働統計局の二〇〇一年の「職業と雇用調査」をもとに、労働力に占めるクリエイティブ・クラスの比率を測定している。寛容性の測定は、多様性や寛容性を示す以下の四つの指数、ゲイ指数、メルティング・ポット指数（外国出身者の集中度）、ボヘミアン指数（芸術家、音楽家、エンタテイナーの集中度）、人種統合指数によって構成されている。人種統合指数とは、その地域の人種構成比と、国勢調査区域ごとの人種構成比との対比によって測定している。

経済格差によるランキング(アメリカの人口100万人以上の都市圏カテゴリー)

都市	経済格差指数		住宅取得可能性指数		クリエイティビティ・インデックス		
	カテゴリー内順位	全331都市圏内順位	カテゴリー内順位	全331都市圏内順位	カテゴリー内順位	全331都市圏内順位	評点
San Jose, CA	1	2	12	30	2	3	.961
New York, NY	2	8	7	17	12	22	.872
Dallas, TX	3	9	41	139	15	31	.851
Washington DC	4	10	36	126	9	12	.907
Orange County, CA	5	11	6	13	19	43	.775
Raleigh-Durham, NC	6	13	30	95	6	9	.915
Austin, TX	7	14	33	113	4	5	.953
Middlesex, NJ	8	15	29	93	18	41	.782
San Francisco, CA	9	16	8	22	1	2	.962
Houston, TX	10	19	48	179	29	70	.695
Boston, MA	11	21	23	73	5	7	.945
West Palm Beach, FL	12	22	16	39	32	76	.685
Fort Lauderdale, FL	13	26	2	3	41	98	.630
Los Angeles, CA	14	28	3	5	16	37	.802
Monmouth, NJ	15	29	13	31	34	78	.680
San Diego, CA	16	30	4	9	13	27	.858
Baltimore, MD	17	33	45	145	21	46	.765
San Antonio, TX	18	34	51	190	27	61	.725
Miami, FL	19	35	1	1	42	100	.619
Atlanta, GA	20	36	34	120	14	28	.855
Tampa, FL	21	41	22	72	31	73	.692

Bergen, NJ	22	42	10	27	45	111	.600
Newark, NT	23	46	14	34	35	81	.675
New Orleans, LA	24	50	39	132	58	180	.454
Minneapolis, MN	25	51	54	204	10	17	.890
Cincinnati, OH	26	52	49	185	39	91	.648
Orlando, FL	27	53	20	52	44	108	.605
Hartford, CT	28	55	37	128	37	89	.656
Jacksonville, FL	29	56	47	166	48	135	.543
Philadelphia, PA	30	59	28	89	25	58	.728
Nassau, NY	31	64	18	42	36	83	.670
Columbus, OH	32	67	40	138	40	93	.646
Pittsburgh, PA	33	69	53	192	52	162	.493
Denver, CO	34	70	24	79	23	51	.741
Norfolk, VA	35	74	21	63	57	177	.456
Chicago, IL	36	86	26	83	26	59	.726
Seattle, WA	37	88	17	40	2	3	.961
Charlotte, NC	38	91	43	141	43	107	.607
Kansas City, KS-MO	39	92	58	243	30	71	.694
Detroit, MI	40	93	57	240	59	183	.450
Oakland, CA	41	102	9	26	6	9	.915
Phoenix, AZ	42	108	25	80	17	38	.799
Sacramento, CA	43	113	15	37	11	20	.880
Rochester, NY	44	114	32	112	22	47	.760
Cleveland, OH	45	121	38	131	56	174	.464
Providence, RI	46	122	27	87	24	56	.731
Milwaukee, WI	47	128	46	152	51	146	.525
Nashville, TN	48	134	44	144	38	90	.654

都市	経済格差指数		住宅取得可能性指数		クリエイティビティ・インデックス		
	カテゴリー内順位	全331都市圏内順位	カテゴリー内順位	全331都市圏内順位	カテゴリー内順位	全331都市圏内順位	評点
Portland, OR	49	149	19	51	8	11	.908
Memphis, TN	50	151	35	124	49	140	.534
Salt Lake City, UT	51	152	42	140	19	43	.775
St. Louis, MO	52	153	60	267	46	116	.591
Oklahoma City, OK	53	156	56	232	50	143	.527
Greensboro, NC	54	176	52	191	60	193	.432
Louisville, KY	55	197	59	250	55	172	.468
Riverside, CA	56	201	5	10	54	170	.478
Indianapolis, IN	57	205	55	217	33	77	.682
Buffalo, NY	58	210	31	103	61	214	.395
Grand Rapids, MI	59	224	61	278	53	167	.484
Fort Worth, TX	60	236	50	189	28	69	.698
Las Vegas, NV	61	240	11	28	47	120	.577

謝辞

このような本は本当にチームの努力の成果であり、ここに至るには多くの人の助けがあった。ジェシー・エリオット（Jesse Elliott）は、この本の構成、文章、編集、グラフの作成の指示など、事実上あらゆる面を援助してくれ、このプロジェクトをやりとげてくれた。ケビン・ストラリック（Kevin Stolarick）には、この本の統計の大部分、特に第二章のクリエイティブ経済の経済的影響の数字、そして第七章の経済格差と住宅入手可能性の数字を提供してくれた。アイリーン・ティナグリ（Irene Tinagli）は、第五章のグローバル・クリエイティビティ・インデックスを開発した。エリザベス・カリッド（Elizabeth Currid）は、*The Rise of the Creative Class* 以来一緒に仕事をしており、彼女はいまコロンビア大学で都市開発の博士課程の最終段階にいるが、第六章の調査と執筆を手伝ってくれた。ロジャース・フランツ（Rodgers Frantz）とサラ・グロス・ファイフ（Sarah Gross Fife）は、クリエイティビティ・グループのパートナーであり、最近は一般の市民に私の研究を伝える作業を応援してくれている。ロジャースはまた、この本にある私の意見をまとめ、伝える中心的役割をしている。ティモシー・ファイフ（Timothy Fife）はこの本のグラフをデザインし、ブライアン・クヌーセン（Brian Knudsen）は非常に多くの調査を手伝ってくれた。私は多くの親切で、素晴らしく、才能ある人々と一緒に仕事ができて非常に幸運である。彼らの長時間にわたる絶え間ない努力が、このプロジェクトを素晴らしいものにしてくれた。心からの感謝を一人ひとりに贈る。

中核となるチームに加え、ゲーリー・ゲイツ（Gary Gates）、メリック・ガートラー（Meric Gertler）、マーチン・ケニー（Mirtin Kenney）、イ・サムヨル（Sam Youl Lee）、ティモシー・マクナルティー（Timothy McNulty）、ゾルタン・アクス（Zoltan Acs）は私の見識と分析を形にする研究と調査を共同で行った。キャタリティックスの中核チームのルイ・ムサンテ（Louis Musante）、ジョージ・ボロウスキー（George Borowsky）、ロブ・エンシク（Rob Yencik）、あるいは、アメリカ、カナダ、そして世界中の顧客が、私の見識が現実とかけ離れたものとならないように助けてくれた。ロバート・カッシング（Robert Cushing）は第二章の才能移動の分析と第八章の選挙分析（邦訳では割愛）を提供してくれた。ビル・ビショップ（Bill Bishop）と私は、第八章の考えを具体化するために一緒に作業した。サラ・ニース（Sarah Kneece）には、第八章のわが国の政治的、経済的対立の背景の調査を支援してもらった。ワシントン・マンスリー誌のポール・グラストリス（Paul Glastris）は、継続的なアイデアの源だ。彼とベン・ウォレス＝ウェルズ（Ben Wallace-Wells）には、この本の中で前もってマンスリー誌に掲載された二つの記事の中核となる考えに、より明確な定義づけをする手助けをしてもらった。

クリエイティビティと競争力に関する私の考えをより洗練できたのは、ハーバード・ビジネス・レビュー誌のトム・スチュワート（Tom Stewart）とアイリーン・ロシュ（Eileen Roche）のおかげである。ジョージ・メイソン大学の同僚であるジム・フィフナー（Jim Pfiffner）は、アメリカ政治の二極化の背景をよく理解できるよう協力してくれた。バイカル・ユーボグル（Baykal Eyyuboglu）はこのプロジェクトの後半にいろいろ応援してもらった。彼らの考えや努力には本当に感謝している。

スーザン・シュルマン（Susan Schulman）は素晴らしいエージェントだ。このプロジェクトを信じ、大いなる可能性を見出した出版社と出版チームを見つけるために、休みなく働いてくれた。マリオン・マネカー（Marion Maneker）は素晴らしい編集者で、多くの野心的な考えに対する有益なコメントをくれ、このプロジェクトの全体的な軌道づくりに協力してくれた。マイク・バーゴ（Mike Vargo）は、編集補助と、この本へと導いてくれた参考資料のいくつかを提供してくれた。出版社のハーパービジネスのチーム全体と一緒に働くのは大変楽しかった。

そしてもちろん、アルフレッド・P・スローン財団、ソフトウエア産業センター、カーネギー・メロン大学ハインツ記念講座、ジョージ・メイソン大学公共政策大学院のハースト記念講座の大いなる協力がなかったら、このプロジェクトを機能させることはできなかっただろう。

アメリカや世界中の新旧多くの友人や同僚が、さまざまな方法で私のクリエイティブな取り組みを応援してくれた。さらに、これまでに私が出会った、あるいはいまも出会い続けている、職場やコミュニティに変化をもたらそうと懸命取り組んでいる素晴らしい人々にも感謝する。彼らの取り組みは、人間のクリエイティビティの能力について多くのことを私に教えてくれた。また彼らのエネルギーに刺激され、私は精一杯仕事をし、遊び、生き、そして学び続けている。

家族は私にとってかけがえのないものである。兄弟のロバート（Robert）は、私の執筆を手伝ってくれ、また家族の歴史に基づく私の考えが揺るがないよう支えてくれた。私の義理の姉妹、バージニア（Virginia）、姪のソフィア（Sophia）とテッサ（Tessa）、そして甥のルッカ（Lucca）は私に安らぎと幸せを与えてくれた。

クリエイティビティの研究者として、このようなプロジェクトは、苦労した分、喜びで報われるのを知っている。しかしこのプロジェクトは、この点において特別なものになった。私を非常に特別な人間と引き合わせてくれた。ラナ・コゾーズ（Rana Kozouz）。彼女はいつも私の支えであり、感動と素晴らしい幸せの源である。このことについては、言葉では表現しきれないほど感謝をしている。

リチャード・フロリダ

二〇〇五年一月、ワシントンDCにて

訳者あとがき

――東京の都心に押し寄せるクリエイティブ経済の波

青山学院大学教授　井口　典夫

「先生、やはり銀行に就職するのはやめて、クリエイターになろうかと思うんです」

景気や経済に明るさが見えてきたとはいえ、学生にとって就職活動は引き続き大きな試練である。なかでも大手銀行の総合職が高根の花であることに、変わりはない。しかし、そうした企業の内定を得ながらも、しばらく考え込み、冒頭のようなことを相談に来る学生がいる。

ほかの業種の企業に変えたいというならば驚きもしないが、どこかのアトリエやデザイン室に入り、数年間無給でクリエイターの修業をするというのである。私がゼミナールで指導する学生は、大体において三年間は経営学や会計学を学んできたはずなのだが、そうした学生のなかにも、ここ数年、クリエイター志向の者が確実に増えてきている。いままでとは何かが大きく違ってきている、というのが日常的に学生と接している私の実感である。

そうしたなか、同僚との会話において、しばしばクリエイティブとかフロリダといった言葉を耳にするようになった。さらに二〇〇五年の夏頃、シンポジウムの企画の相談相手であった建築家の黒川紀章氏が、最近の特筆すべき書として、ジョン・ホーキンスの*The Creative Economy*と共に、リチャード・フロリダの*The Rise of the Creative Class*を紹介してくれたのである。周知のとおり、ジェーン・ジェイコブズの業績を日本で最も早くに紹介したのは黒川氏であり、同氏は世界の都市論・文化論や経済成長論の動きに詳しい。その後、私が企画した大学のシンポジウムにてフロリダの業績を取り上げたことを知ったダイヤモンド社の魚谷武志氏から、知人を介してフロリダの著作の日本語版を出したいとのご相談を受け、それをお引き受けしたことが、今回の翻訳出版につながった。

フロリダの名を世に知らしめたのは、二〇〇二年にアメリカで発表されてベストセラーとなり、さらに一五カ国語以上に翻訳された上記の *The Rise of the Creative Class*（直訳すれば「クリエイティブ・クラスの台頭」）である。その後、二〇〇四年には *Cities and the Creative Class*（同「都市とクリエイティブ・クラス」）が出されたが、本書は、それに続いて二〇〇五年に出版された *The Flight of the Creative Class*（同「クリエイティブ・クラスの流出」）を翻訳したものである。前二作への批判を踏まえて完成度を高めると同時に、よりグローバルな視点から書かれていることから、日本をはじめとするアメリカ国外の読者にとっては、まず本書からフロリダのクリエイティブ・クラスの世界に入っていただくのが、最も適切と思われる。そこで本書のタイトルも、より内容に忠実に『クリエイティブ・クラスの世紀――新時代の国、都市、人材の条件』とさせていただいた。

目次を見てのとおり、本書は二一世紀の世界経済の姿を描く「啓蒙書」である。第一に想定される読者はビジネスマンであり、国の針路を決める中央省庁の官僚や国会議員、さらには地方経済の再生に取り組む官民のトップ・エグゼクティブなどであろう。あるいは世界を舞台に活躍するクリエイターに対しても、貴重な示唆を与えるに違いない（事実、著名なクリエイターの方々に本書の概要を紹介すると、ほとんどの方が大きく頷き、そうした考え方こそ日本に最も必要なことである、との驚くほどの賛意を示してくれるのである）。

一方で、本書は、数式やモデルこそ明示されていないものの、都市論・経済成長論とその関連領域に関する学説・論文や相互の関係をわかりやすく解説する「学術書」としての側面も強い。よって大学の研究者はもちろんのこと、経済・経営系をはじめ、工学・社会学・芸術系の学部や大学院のテキストにもなりうるものと考える。

実際に翻訳作業を進めていくなかで、さらに驚いたことがある。それは、フロリダと私との間に共通点が多いことである。まず社会科学の観点から都市問題や政府・企業等の役割を研究する大学教授である。若い頃にジェーン・ジェイコブズの業績に啓発され、都市開発の外部効果（外部不経済）に敏感であり、政府や特定の団体・企業等が主導して計画するトップダウン式の都市づくりは、提供価値が非常に低いとの認識も一致している。研究のフィールドは大都市の都心であり、郊外には関心が薄い。景気対策至上主義の官僚・国会議員や土木・建築系の学者・研究者が、安易に箱物やインフラづくりを主張していると見れば、「手段の目的化である」として批判する。そのほかにも、年齢が同じである。ヤッピーとはそりが合わず、ゲイではないことも共通している。違っている点は、フロリダが独身のベストセラー作家であるのに対して、私は家族持ちのさえない学者であることだ（この違いは決定的かもしれないが……）。

本書ができあがるまでには、多くの方々のご協力を得た。それを専門としない私にとって、アメリカ人独特の言い回しや、六〇年代のアメリカ文化に関わる点は、近隣に住むピッツバーグ出身のＦ・ウレマン氏にご教示いただいた（同氏は、いつかピッツバーグがクリエイティブ都市に仲間入りできる日を、楽しみにしていると言う）。また訳出に当たり、柄沢康子氏を筆頭に、橋本健氏、野村和之氏にも教えられた点が少なくない。そして何よりも、ダイヤモンド社の魚谷武志氏の叱咤激励が、この時期に本書を世に出すことができた最大の要因であろう。これらクリエイティブ・クラスの仲間に対して、記して感謝申し上げたい。

なお、本書で頻繁に引用されている*The Rise of the Creative Class*のほうも、近日中の刊行を目指して翻訳作業を進めている。本書と同じく、ダイヤモンド社から出版させていただく予定である。是非、ご期待いただければと思う。

冒頭で紹介した学生は、結局、銀行に行くのをやめて、クリエイターへの道を進むことになった。不定型な肉体労働的作業のほうが、定型的な頭脳労働的作業よりやりがいがあり、かつ未来も明るいと感じたからなのかもしれない。東京の都心にも、クリエイティブ経済の波が押し寄せているようだ。フロリダのクリエイティブ理論の勝利を予感させる出来事である。

二〇〇七年三月、東京の青山にて

Cliff." *Weekly Standard*, 8 (41), June 30, 2003; "Circling the Wagons." *New York Times*, June 5, 2004; "Bitter at the Top." *New York Times*, June 15, 2004などのコラムも参照。

4. Mickey Kaus, "Who Cooks Your Brooks?" *Slate.com*, June 16, 2004. Kaus is but one of a growing chorus of Brooks's critics. See Sasha Issenberg, "Paradise Glossed." *Philadelphia*, April 2004; Michael Kinsley, "'On Paradise Drive': Sociology or Shtick?" *New York Times Book Review*, May 23, 2004; Nicholas Confessore, "Paradise Glossed: The Problem with David Brooks." *Washington Monthly*, June 2004; David Plotz, "David Brooks: Why Liberals Are Turning on their Favorite Conservative." *Slate.com*, June 14, 2004.
5. The original study is Paul DiMaggio, John Evans, and Bethany Bryson, "Have Americans' Social Attitudes Become More Polarized?" *American Journal of Sociology*, 102, 1997, pp, 690-755; John Evansは後に、より最近の研究を踏まえて新たに分析している。詳しくは、John Evans, "Have Americans' Attitudes Become More Polarized?: An Update." Princeton University, Center for Arts and Cultural Policy Studies, Working Paper 24, Spring 2002 を参照。引用はこの文献からのものである。

第9章

1. Paul Kennedy, *The Rise and Fall of the Great Powers: Economic Change and Military Conflict from 1500-2000*. New York: Vintage Books, 1989（邦訳『大国の興亡』決定版、草思社、1993年）; Fareed Zakaria, "America's Big Challenge: Asia." *Washington Post*, October 19, 2004.
2. See Jeremy Rifkin, *The European Dream: How Europe's Vision of the Future Is Quietly Eclipsing the American Dream*. New York: Jeremy P. Tarcher, 2004（邦訳『ヨーロピアン・ドリーム』日本放送出版協会、2006年）; T. R. Reid, *The United States of Europe: The New Superpower and the End of American Supremacy*. New York: Penguin Books, 2004.
3. Brent Schlender, "Peter Drucker Sets Us Straight." *Fortune*, January 12, 2004.
4. Mancur Olson, *The Rise and Decline of Nations*. New Haven: Yale University Press, 1984（邦訳『国家興亡論』PHP研究所、1991年）.
5. 企業の研究開発においては、革新的な能力や、クリエイティブな能力だけが重要なのではなく、外部に存在する知識を吸収し活用する能力も重要である。詳しくは、Wesley Cohen and Daniel Levinthal, "Absorptive Capacity: A New Perspective on Learning and Innovation." *Administrative Science Quarterly*, 35(1), March1990, pp.128-152を参照。
6. 産業界の研究開発について、詳しくは、the National Science Foundation, *InfoBrief* 04-320, May 2004を参照。
7. Phillip Longman, "Raising Hell." *Washington Monthly*, March 2004.

Thousand Ideas Flower: China Is a New Hotbed of Research." *New York Times*, September 13, 2004.

第7章

1. 経済格差に関する数字は、the Council on Competitiveness data series, *Benchmarking Competitiveness* より。www.compete,org/benchmarking にて入手可能。所得分配の不平等性の標準的な指標であるジニ係数では、アメリカはおよそ0.4で、スウェーデンや日本は0.25である。ジニ係数は、皆が同じ所得を得る完全に平等な状態の0から、一人がすべての所得を得る完全に不平等な状態の1の間の値を取る。詳しくは、Jared Bernstein, Lawrence Mishel, and Chauna Brocht, "Any Way You Cut It." Economic Policy Institute briefing paper, based on Congressional Budget Office data, September 2002を参照。
2. Alan Berube and Thacher Tiffany, "The Shape of the Curve: Household Income Distribution in U.S. Cities, 1979-1999." Brookings Institution, Center for Urban and Metropolitan Policy, August 2004.
3. "Ever Higher Society, Ever Harder to Ascend." *The Economist*, January 1, 2005, pp. 22-24.
4. 世界的な住宅価格の傾向について、詳しくは、*World Economic Outlook*, International Monetary Fund, September 2004; and James Woudhuysen, "Metro-miserablists." www.spiked-online.com, October 7, 2004を参照。
5. Ronald Kessler, et al., "Prevalence, Severity, and Unmet Need for Treatment of Mental Disorders in the World Health Organization World Mental Health Surveys." *Journal of the American Medical Association*, 291 (21), June 2, 2004, pp. 2581-2590. Roberto Figueroa and Richard Florida, "The Rise of the Creative Class and Its Impact on Regional Mental Health." Heinz School of Public Policy and Management, Carnegie Mellon University, April 2003.
6. William Julius Wilson, *The Truly Disadvantaged*. Chicago; University of Chicago Press, 1990（邦訳『アメリカのアンダークラス』明石書店、1999年）; Paul Krugman, "For Richer." *New York Times Magazine*, October 20, 2002; Krugman, "The Death of Horatio Alger." *The Nation*, January 5, 2004.

第8章

1. From "A Portrait in Red and Blue." *The Economist*, December 30, 2003.
2. Morris Fiorina, Samuel Abrams, and Jeremy Pope, *Culture War?: The Myth of a Polarized America*. Longman, 2004.
3. Brooksは2004年6月5日の*New York Times*のコラムで、「次の数カ月間は、二極化という私たちの政治における支配的な現実の特徴について書いていきたい」と書いている。"One Nation, Slightly Divisible." *Atlantic Monthly*, December 2001は、彼の代表作である。詳しくは、彼の著作 *On Paradise Drive*. New York: Simon & Schuster, 2004、ほか、"People Like Us." *Atlantic Monthly*, September 2003; "Democrats Go off the

Manuel Castells and Peter Hall, *Technopoles of the World: The Making of 21st Century Industrial Complexes*. London: Routledge, 1994; Peter Hall and Ann Markusen, *Silicon Landscapes*. London: Allen & Unwin, 1985; Allen Scott, *The Cultural Economy of Cities*, London: Sage Publications, 2000; Allen Scott, *Technopolis*. Berkeley: University of California Press, 1993; Michael Storper, *The Regional World: Territorial Development in a Global Economy*. New York: The Guilford Press, 1997.

11. Michael J. Piore and Charles F. Sabel, *The Second Industrial Divide*（邦訳『第二の産業分水嶺』筑摩書房、1993年）.
12. Manuel Castells and Peter Hall, *Technopoles of the World*.
13. Ann Markusen, "The Distinctive City: Evidence from Artists and Occupational Profiles." Project on Regional and Industrial Economies. Humphrey Institute of Public Affairs: University of Minnesota. 2004.
14. J. V. Beaverstock, R. G. Smith, and P. J. Taylor, "A Roster of World Cities." *Cities*, 16 (6), 1999, pp. 445-458.
15. Saskia Sassen, "Cities in a World Economy." in Scott Campbell and Susan Fainstein (eds.), *Readings in Urban Theory*. Cambridge: Blackwell, 2002. Also see Sassen's *The Global City: New York, London and Tokyo*. Princeton: Princeton University Press, 2001.
16. 経済の集中化が進み、このようなグローバル拠点が、指示・統制するようになると、富や知識を創造する一方で、低技能、低賃金な労働を担うよう固定化された移民の大量な労働力が貧しいままに置かれる。ある作家は、このことを「第三世界のサービス労働」と呼んでいる。この件について、詳しくは、Mike Davis, "Fortress L.A." in Richard LeGates and Frederic Scout, (eds.), *The City Reader*; Manuel Castells, *End of Millennium*, 2nd Oxford: Blackwell, 2000; and Castells, *The Rise of the Network Society*, 2nd ed. New York: Blackwell Publishers, 2000; John Kasarda, "The Jobs-Skills Mismatch." in LeGates and Stout (eds.), *The City Reader*, pp. 305-310などを参照。
17. Lisa Benton-Short, "Global Perspective on the Connections Between Immigrants and World Cities." George Washington Center for the Study of Globalization, Occasional Paper Series, 2004.
18. See the discussion in Chapter 2, in particular, Gianmarco Ottaviano and Giovanni Peri, "The Economic Value of Cultural Diversity: Evidence from U.S. Cities." University of California at Davis, February 2004.
19. Kevin Stolarick はカナダ地域の分析を更新している。また、Meric Gertler, Richard Florida, Gary Gates, and Tara Vinodrai, *Competing on Creativity*. Report for the Ontario Ministry of Enterprise, Opportunity and Innovation, November 2002にも詳しい。
20. オーストラリア地域の詳細なベンチマーキング・データは、National Economics, *State of the Regions Report 2002*. National Economics and the Australian Local Government Association, 2002のもの。
21. インドがコンピュータとソフトウエアの分野で、より付加価値の高い仕事を担うようになっていることに関して、詳しくは、"The Latest in Remote Control." *The Economist*, September 9, 2004を参照。
22. For Rashid quote and more on Chinese research centers, see Chris Buckley, "Let a

第6章

1. Peter Hall, *Cities in Civilization: Culture, Innovation and Urban Order.* London: Weidenfeld & Nicolson, 1998.
2. Peter Hall, "Cycles of Creativity." *Urban: The Urban Age Magazine*, Fall 1999, available at www.worldbank.org/html/fpd/urnan/urb-age/fall199/cycles.htm.
3. Wilbur R. Thompson, *A Preface to Urban Economics*, Prepared for Resources for the Future, Inc. Baltimore: Johns Hopkins Press, 1965, pp. 15 and 45.
4. Figures on world urbanization are from United Nations, *World Urbanization Prospects*. Revision, 1999.
5. 交易による都市の進化と発展について、詳しくは、Jane Jacobs, *The Economy of Cities*. New York: Random House, 1969（邦訳『都市の原理』鹿島研究所出版会、1971年）; Peter Hall, *Cities in Civilization;* and Wilbur R. Thompson, *A Preface to Urban Economics*、および、Fernand Braudelの3部立ての名作、*The Structures of Everyday Life: The Limits of the Possible*, vol. 1; *The Wheels of Commerce*, vol. 2; *The Perspective of the World*, vol. 3; all Berkeley: University of California Press, 1992を参照。
6. 産業と都市・地域経済の進化について、詳しくは、Edward Glaeser, "Are Cities Dying?" *Journal of Economic Perspectives*, 12 (2), 1998, pp. 139-160; Jane Jacobs, *The Economy of Cities*（邦訳『都市の原理』鹿島研究所出版会、1971年）; Paul Krugman, "Increasing Returns and Economic Geography." *Journal of Political Economy*, 99 (3), June 1991, pp. 483-499; Douglass North, "Location Theory and Regional Economic Growth." *Journal of Political Economy*, 63 (3), 1955, pp. 243-258; Arthur O'Sullivan and Charles M. Tiebout, "Exports and Regional Economic Growth." *Journal of Political Economy*, 64 (2), 1956, pp. 160-169; Wilbur R. Thompson, *A Preface to Urban Economics*などを参照。
7. Michael J. Piore and Charles F. Sabel, *The Second Industrial Divide: Possibilities for Prosperity*. New York: Basic Books, 1984（邦訳『第二の産業分水嶺』筑摩書房、1993年）.
8. Doreen Massey, *Spatial Divisions of Labor*. New York; Metheun, 1984; Bennett Harrison and Barry Bluestone, *The Deindustrialization of America*. New York, Basic Books, 1982; Folker Fröbel, Jürgen Heinrichs, and Otto Kreye, *The New International Division of Labour*, Cambridge: Cambridge University Press, 1980; Mike Savage and Alan Warde, "Cities and Uneven Economic Development." in Richard LeGates and Frederic Stout (eds.), *The City Reader*. New York: Routledge, 1996, pp. 311-32; John Friedmann, "The World City Hypothesis." in Paul Knox and Peter J. Taylor (eds.), *World Cities in a World System*. Cambridge: Cambridge University Press, 1995（邦訳『世界都市の論理』鹿島出版会、1997年）.
9. さまざまな地域と産業の関係について、詳しくは、Martin Kenney, *Locating Global Advantage: Industry Dynamics in the International Economy*. Palo Alto: Stanford University Press, 2003を参照。
10. For more on these types of flexible industrial communities, see AnnaLee Saxenian, *Regional Advantage: Culture and Competition in Silicon Valley and Route 128*. Cambridge: Harvard University Press, 1994（邦訳『現代の二都物語』講談社、1995年）;

第5章

1. Richard Florida and Martin Kenney, *The Breakthrough Illusion*. New York: Basic Books, 1990.
2. 特許件数と科学論文数のデータについては、the National Science Board, *Science and Engineering Indicators*, 2004、*New York Times* の引用は、William Broad, "U.S. Is Losing Its Dominance in the Sciences." May 3, 2004より。
3. "International Mobility of the Highly Skilled." *OECD Observer*, Policy Brief, 2002.
4. See Andres Solimano, "Globalizing Talent and Human Capital: Implications for Developing Countries." Paper Prepared for the Fourth Annual World Bank Conference on Development Economics, Oslo, Norway, June 24-26, 2002; and Mario Cervantes and Dominique Guellec, The Brain Drain: Old Myths, New Realities. *OECD Observer*, May 7, 2002.
5. Jane Perlez, "Chinese Move to Eclipse U. S. Appeal in South Asia." *New York Times*, November 18, 2004.
6. 留学生の数字は、Todd M. Davis, *Atlas of Student Mobility*. New York: Institute of International Education, 2003より。
7. Burton Bollag, "Australia Sees Strong Gains in the Enrollment of Foreign Students." *Chronicle of Higher Education*, March 9, 2004. 韓国については、Michael Chan, "South Korea Announces Steps to Attract More Foreign Students." *Chronicle of Higher Education*, 2001. Available at www.educationusa.or.kr/english/news/chronicle-foreign-students.html、ドイツについては、Jennifer Carlile, "Germany Woos American Students." *MSNBC online*, March 26, 2004. Available at www.msnbc.msn.com/id/4601000/ が詳しい。
8. "Fewer International Graduate Students Applying to Study in the United States." Report by the American Council of Educators; Association of American Universities; Council of Graduate Schools. NAFSA; and the National Association of State Universities and Land Grant Colleges, 2004.
9. Victor C. Johnson of NAFSA, in the *Chronicle of Higher Education*, March 9, 2004.
10. The World Values Surveyについては、Ronald Inglehart, *Modernization and Post-Modernization*. Princeton: Princeton University Press, 1997; Inglehart, *Culture Shift in Advanced Industrial Society*. Princeton: Princeton University Press, 1989（邦訳『カルチャーシフトと政治変動』東洋経済新報社、1993年）; Ronald Inglehart and Wayne Baker, "Modernization, Cultural Change and the Persistence of Traditional Values." *American Sociological Review*, 65, February 2000, pp. 19-51. Inglehart によるデータは、the University of Michigan の the Inter-University Consortium for Policy and Social Research (ICPSR) survey data archive にある。
11. Quotes are from Inglehart and Baker, "Modernization, Cultural Change and the Persistence of Traditional Values." pp. 31, 49.
12. "Reactions to Immigration in Leading Nations." AP/Ipsos Poll, May 27, 2004.

230の大学院相当課程、130の博士課程提供機関、382の大学教育機関が調査に回答している。詳しくは、"Survey of Applications by Prospective International Students to U.S. Higher Education Institutions." を参照。NAFSAのウェブ・サイト www.nafsa.org/content/PublicPolicy/FortheMedia/appssurveyresults.pdf にて入手できる。この傾向についての解説は、Michael Arnone, "Security at Home Creates Insecurity Abroad." が詳しい。
14. "Council of Graduate Schools Survey Finds Widespread Decline in International Graduate Student Applications to U.S. Graduate Schools for Fall 2004." Council of Graduate Schools, March 2, 2004. Available at the Council of Graduate Schools Web site: www.cgsnet.org/pdf/CGS_PR_IntlSurvey.pdf.
15. Mary Beth Marklein, "Fewer Foreigners Enrolling in Grad School." *USA Today*, September 9, 2004.
16. John Paden and Peter Singer, "America Slams the Door (On Its Foot): Washington's Destructive New Visa Policies." *Foreign Affairs*, May-June 2003, Also see Allison Chamberlain, "Science and National Security in the Post 9/11 Environment." American Association for the Advancement of Science, Issue Brief, July 2004.
17. Geoff Brumfiel, "As One Door Closes"; "Border Security: Improvements Needed to Reduce Time Taken to Adjudicate Visas for Science Students and Scholars." U. S. Government Accountability Office Report 04-371, February 24, 2004.
18. Bernard Wysocki Jr., "Foreign Scientists Are Stranded by Post-9/11 Security Concerns." *Wall Street Journal*, January 20, 2003, p. 1.
19. As quoted in Geoff Brumfiel, "As One Door Closes."
20. 中国人学生について、詳しくは、Doug Payne, "Students Blocked from U.S. Meeting."、物理学者については、*The Scientist*, February 2, 2004、トロント大学の教授については、Christine Szustaczek, "U.S. Border Laws Keep University of Toronto Professor Home." University of Toronto, *News@UofT*; November 22, 2002を参照。
21. カリフォルニア大学バークレー校による、外国出身の大学院生と研究者についての調査は、Burton Bollag, "Wanted: Foreign Students." *Chronicle of Higher Education*, October 8, 2004, pp. A37-A38を参考にした。
22. Santangelo Group, *Do Visa Delays Hurt US Business?* Washington, D.C., June 4, 2002.
23. ワールド・ミュージックのアーティストについては、Tom Moon, "Fear of Music." *Tracks*, 1, 2004、ブルガリアのオペラ歌手については、"Lost Soprano: Homeland Security Stifles an Opera Singer." *Pittsburgh Post-Gazette*, February 27, 2004を参照。
24. Jon Markman, "For American Brands the World Turns Ugly." *MSN Money*, March 31 2004.
25. "The Stem Cell Refugee." *Wired*, 11 (12), December 2003; Elizabeth Rosenthal, "Britain Embraces Embryonic Stem Cell Research." *New York Times*, August 24, 2004.
26. Mancur Olson, *The Rise and Decline of Nations*. New Haven: Yale University Press, 1984（邦訳『国家興亡論』PHP研究所、1991年）.

10, 2004; Charles Schultze, "Offshoring, Import Competition and the Jobless Recovery." Washington, D.C.: Brookings Institution, June 2004を参照。

2. Ralph Gomory and William Baumol, *Global Trade and Conflicting National Interests*. Cambridge: MIT Press, 2001; Paul Samuelson, "Where Ricardo and Mill Rebut and Confirm Arguments of Mainstream Economists Supporting Globalization." *Journal of Economic Perspectives*, 18 (3), Summer 2004. より一般的な議論について、詳しくは、Steven Lohr, "A Dissenter on Outsourcing States His Case." *New York Times*, September 7, 2004. Also John Cassidy, "Winners and Losers: The Truth about Free Trade." *The New Yorker*, August 6, 2004, pp. 26-30を参照。
3. Michael Finn, "Stay Rates of Foreign Doctorate Recipients from U.S. Universities, 1999." Oak Ridge Institution for Science and Education, December 2001.Also see "International Mobility of Scientists and Engineers to the United States: Brain Drain or Brain Circulation?" National Science Foundation, Directorate of Social, Behavioral and Economic Sciences, NSF 98-316, June 22, 1998.
4. Sharon Levin and Paula Stephan, "Are the Foreign-born a Source of Strength for U.S. Science?" *Science's Compass*, 20, August 1998.
5. Jagdish Bhagwati, "Borders Beyond Control." *Foreign Affairs*, 82 (1), 2003, January-February, pp. 98-100.
6. 人口動態と雇用情勢の相互作用に関する簡潔な説明は、Paul Kaihla, "The Coming Job Boom." *Business 2.0*, September 2003を参照。
7. Kenneth Prewitt, "Demography, Diversity and Democracy: The 2000 Census." *Brookings Review*, 20 (1), Winter 2002, pp. 6-9.
8. AnnaLee Saxenian, *Silicon Valley's New Immigrant Entrepreneurs*. San Francisco: Public Policy Institute of California, 1999; Saxenian, "Brain Circulation: How High-Skill Immigration Makes Everyone Better Off." *Brookings Review*, 20(1), Winter 2002, pp. 28-31.
9, Victor C. Johnson, associate executive director of NAFSA, Association of International Educators, quoted in Michael Arnone, "Security at Home Creates Insecurity Abroad." *Chronicle of Higher Education*, March 12, 2004. The *New York Times* quote is from William Broad, "U.S. Is Losing Its Dominance in the Sciences." May 3, 2004; Daniel S. Greenberg, "What Scientist Shortage?" *Washington Post*, May 19, 2004.
10. Thomas Friedman, "Losing Our Edge?" *New York Times*, April 22, 2004.
11. Alan Weber, "Reverse Brain Drain Threatens U.S. Economy." *USA Today*, February 23, 2004.
12. Geoff Brumfiel, "As One Door Closes." *Nature*, 427, January 15, 2004, pp. 190-195. ビザに関するデータは、the National Science Board, *Science and Engineering Indicators 2004*のもの。文化交流ビザについては、Steven Clemons, "Land of the Free?" *New York Times*, March 31, 2004が詳しい。
13. The American Council on Education, the Association of American Universities, the Council of Graduate Schools, the National Association of State Universities and Land Grant Colleges, and NAFSA, the Association of International Educatorsなどによる2004年2月の調査。2004年秋の入学志望者と2003年冬の入学志望者の比較。530機関、

4. 詳しくは、Ronald Inglehart, *Modernization and Post-Modernization*, Princeton: Princeton University Press, 1997; *Culture Shift in Advanced Industrial Society*. Princeton: Princeton University Press, 1989（邦訳『カルチャーシフトと政治変動』東洋経済新報社、1993年）; Ronald Inglehart and Wayne Baker, "Modernization, Cultural Change and the Persistence of Traditional Values." *American Sociological Review*, 65, February 2000, pp. 19-51 を参照。
5. See Gary J. Gates, "Racial Integration, Diversity, and Social Capital: An Analysis of Their Effects on Regional Population and Job Growth." Washington, D.C.: Urban Institute, 2003.
6. アメリカの移民政策の歴史については、Rachel Friedberg and Jennifer Hunt, "The Impact of Immigrants on Host Country Wages, Employment and Growth." *Journal of Economic Perspectives*, 9 (2), Spring 1995, pp. 23-44; and Margaret Usdansky and Thomas Espenshade, "The H-1B Visa Debate in Historical Perspective: The Evolution of U.S. Policy Toward Foreign-born Workers." University of California at San Diego, Center for Comparative Immigration Studies, Working Paper 11, May 2000を参考にした。移民に関するデータは、Nolan Malone, Kaarl Beluja, Joseph Costanzo, and Cynthia Davis, "The Foreign-born Population, 2000." U.S. Bureau of the Census, Census 2000 Brief C2KBR-34, December 2003、ならびに、the Census Bureauの詳細なウェブ・サイトとthe Center for Immigration Studies, www.cis.org によるもの。
7. 最近の移民に関しては、Andrew Sum and the Center for Labor Market Studies at Northeastern Universityによる分析が素晴らしい。詳しくは、Andrew Sum, Ishwar Khatiwada, Paul Harrington, and Sheila Palma, "New Immigrants in the Labor Force and the Number of Employed New Immigrants in the U.S. from 2000-2003: Continued Growth Amidst Declining Employment Among the Native-born Population." Northeastern University, Center for Labor Market Studies, December 2003を参照。
8. William Carrigan and Enrica Detragiache, "How Extensive Is the Brain Drain?" *Finance and Development*, 36 (2), June 1999.
9. "Do Developing Countries Gain or Lose When Their Brightest Talents Go Abroad?" *The Economist*, September 26, 2002.
10. Mihir Desai, Devesh Kapur, and John McHale, "The Fiscal Impact of High-Skilled Emigration: Flows of Indians to the U.S." Harvard Business School, November 2002.
11. アメリカの都市部における人口構造の変化について、詳しくは、David Fasenfest, Jason Booza, and Kurt Metzger, "Living Together: A New Look at Racial and Ethnic Integration in Metropolitan Neighborhoods, 1990-2000." Brookings Institution, Center for Urban and Metropolitan Policy, April 2004を参照。
12. Alain de Botton, "Workers of the World, Relax." *International Herald Tribune*, September 7, 2004.

第4章

1. アウトソーシングについて、詳しくは、"Extended Mass Layoffs Associated with Domestic and Overseas Relocations, First Quarter 2004." Bureau of Labor Statistics, June

School of Public Policy and Management, 2003; Dora Costa and Matthew Hahn, "Power Couples: Changes in the Locational Choice of the College Educated." National Bureau of Economic Research, Working Paper 7109, May 1999.

21. Terry N. Clark, *The City as Entertainment Machine*. New York: JAI Press, 2003.
22. 詳しくは、Glaeserのウェブ・サイトにある"Book Review of Richard Florida's *The Rise of the Creative Class*." を参照。www.creativeclass.org からも入手できる。
23. 経済成長に必須な多様性のありようは、地域の規模によっても異なる。明らかに、さまざまな意味での多様性を支援するクリエイティブな生態系をつくることが、最適な解決手段である。しかし、Gary Gatesと私の研究によれば、人口100万人以上の都市では、ボヘミアンやゲイへの開放性を優先することがより大きな効果がある、という興味深い結果が示された。中小規模の地域では、移民への開放性が経済成長にとってより有効であった。
24. James Surowiecki, *The Wisdom of Crowds: Why the Many Are Smarter Than the Few and How Collective Wisdom Shapes Business, Economies, Societies and Nations*. New York: Doubleday, 2004（邦訳『「みんなの意見」は案外正しい』角川書店、2006年）.
25. Joel Kotkin, *The New Geography: How the Digital Revolution Is Reshaping the American Landscape*. New York: Random House, 2001. Kotkinと彼の頻繁な協力者Fred Siegelによる、"Digital Geography: the Remaking of City and Countryside in the New Economy." Hudson Institute, 2000もまた、ニュー・エコノミー賛歌である。
26. Chris Farrell, "Diverse, Not Divided." BusinessWeek, August 9, 2004.

第3章

1. Max Weber, *The Protestant Ethic and the Spirit of Capitalism*. London: Routledge Classics, 2003（original 1904、邦訳『プロテスタンティズムの倫理と資本主義の精神』改訳版、岩波書店、1989年); Edward Banfield, *The Moral Basis of a Backward Society*. New York: Free Press, 1967; Banfield, *The Unheavenly City Revisited*. Long Grove, IL: Waveland Press, 1990; Daniel Bell, *The Cultural Contradictions of Capitalism*. New York: Basic Books, 1976（邦訳『資本主義の文化的矛盾』講談社、1976年）. これらの研究については、Lawrence Harrison and Samuel Huntington, *Culture Matters*. New York: HarperCollins, 2001にうまくまとめられている。特にHarrisonとDavid Landesによる章を参照。
2. Nathan Glazer and Daniel P. Moynihan, *Beyond the Melting Pot*. Cambridge: MIT Press, 1970（邦訳『人種のるつぼを越えて』南雲堂、1986年）.
3. Samuel P. Huntington, *Who Are We?: The Challenges to America's National Identity*. New York: Simon & Schuster, 2004（邦訳『分断されるアメリカ』集英社、2004年）. または、彼の *Clash of Civilizations and the Remaking of World Order*, New York: Simon & Schuster, 1998（邦訳『文明の衝突』集英社、1998年）や、Daniel Lazare, "Diversity and Its Discontents." *The Nation*, June 14, 2004; and Alan Wolfe, "Native Son: Samuel Huntington Defends the Homeland." *Foreign Affairs*, May-June 2004を参照。"Credal Affairs" *Foreign Affairs*, September-October 2004 には、HuntingtonとWolfeの興味深い議論がある。

Distribution of Knowledge in the United States. Princeton: Princeton University Press, 1962(邦訳『知識産業』産業能率短期大学出版部、1969年); Steven Brint, "Professionals and the Knowledge Economy: Rethinking the Theory of the Post-Industrial Society." *Current Sociology,* 49 (1), July 2001, pp. 101-132; Steven Barley, *The New World of Work*. London: British North American Committee, 1996.

4. W. Michael Cox, Richard Alm, and Nigel Holmes, "Where the Jobs Are." *New York Times*, May 13, 2004.
5. Frank Levy and Richard Murnane, *The New Division of Labor*. Princeton: Princeton University Press, 2004, especially Chapter 3.
6. Serge Coulombe, Jean-François Tremblay, and Sylvie Marchand, *Literacy Scores, Human Capital, and Growth Across 14 OECD Countries*. Ottawa: Statistics Canada, 2004. Also see "Counting Heads: A Breakthrough in Measuring the Knowledge Economy." *The Economist*, August 26,2004.
7. Cultural Initiatives Silicon Valley, *The Creative Community Index*. San Jose: 2004.
8. Robert Lucas, "On the Mechanics of Economic Development." *Journal of Monetary Economics*, 22, 1988, pp. 1-42; Edward Glaeser, "Are Cities Dying?" *Journal of Economic Perspectives*, 12, 1998, pp. 139-169; Glaeser, "The New Economics of Urban and Regional Growth." in Gordon Clark, Meric Gertler, and Maryann Feldman (eds.), *The Oxford Handbook of Economic Geography*. Oxford University Press, 2000, pp. 83-98.
9. Meric Gertler, Richard Florida, Gary Gates, and Tara Vinodrai, *Competing on Creativity*. Report for the Ontario Ministry of Enterprise, Opportunity and Innovation, November 2002.
10. Gianmarco Ottaviano and Giovanni Peri, "The Economic Value of Cultural Diversity: Evidence from U.S. Cities." University of California at Davis, February 2004.
11. Steven Malanga, "The Curse of the Creative Class." *City Journal*, Winter 2004.
12. Joel Kotkin and Fred Siegel, "Too Much Froth." *Blueprint*, January 8, 2004.
13. "Pick a Place to Live, Then Find a Job." *Wall Street Journal*, January 27, 2002. The original study is by Next Generation Consulting, *Talent Capitals: The Emerging Battleground in the War for Talent: A White Paper*, 2002.
14, Sam Youl Lee, Richard Florida, and Zoltan Acs, "Creativity and Entrepreneurship: A Regional Analysis of New Firm Formation." *Regional Studies*, 2005.
15. David Brooks, "Our Sprawling, Supersized Utopia." *New York Times Magazine*, April 4, 2004; and his book, *On Paradise Drive*. New York: Simon & Schuster, 2004.
16. Glaeser as quoted in Christopher Shea, "Road to Riches." *Boston Globe*, March 1, 2004.
17. Jay Greene and Greg Forster, "Sex, Drugs, and Delinquency in Urban and Suburban Public Schools." Manhattan Institute, Education Working Paper 4, January 2004.
18. William Frey, "Melting Pot Suburbs." Brookings Institution, Center for Urban and Metropolitan Policy, 2001.
19. Jane Jacobs, *The Death and Life of Great American Cities*. New York: Random House, 1961 (邦訳『アメリカ大都市の死と生』鹿島研究所出版会、1969年).
20. Brian Knudsen, Richard Florida, Gary Gates, and Kevin Stolarick, "Beyond Spillovers: The Effects of Creative-Density on Innovation." Carnegie Mellon University: Heinz

【原 注】

第1章

1. AnnaLee Saxenian, *Silicon Valley's New Immigrant Entrepreneurs*. San Francisco: Public Policy Institute of California, 1999.
2. Sharon Levin and Paula Stephan, "Are the Foreign-Born a Source of Strength for U. S. Science?" *Science's Compass*, 20, August 1998.
3. この統計については、Susan Martin, "Heavy Traffic: International Migration in an Era of Globalization." *Brookings Review*, September 22, 2001 を参照。
4. ポーターのイノベーション指数については、Michael Porter and Scott Stern, *The New Challenge to American Prosperity: Findings from the Innovation Index*. Washington, D.C.: Council on Competitiveness, 1999を参照。ダボス会議では毎年、*Global Competitiveness Report*として、ポーターの指標にもとづいたランキングを発表している。グローバリゼーション指数については、"The Fourth Annual Globalization Index." *Foreign Policy*, March-April 2004を参照。
5. Kenneth Prewitt, "Demography, Diversity and Democracy: The 2000 Census." *Brookings Review*, Winter 2002,20(1), pp. 6-9.
6. 留学生動向のデータは、the Institute of International Education によるもの。詳しくは、Todd M. Davis, *Atlas of Student Mobility*. New York: Institute of International Education, 2003を参照。
7. Steven Camarota, "Economy Slowed, But Immigration Didn't: The Foreign-born Population, 2000-2004." Washington, D.C.: Center for Immigration Studies, November 2004.
8. John Paden and Peter Singer, "America Slams the Door (on Its Foot): Washington's Destructive Visa Policies." *Foreign Affairs*, May-June 2003.
9. "Opening the Door." *The Economist*, October 31, 2002.
10. "Scattering the Seeds of Innovation: The Globalisation of Research and Development." *The Economist*, Intelligence Unit, September 2004.

第2章

1. 詳しくは、Paul Romer, "Economic Growth." *The Fortune Encyclopedia of Economics*, David R. Henderson (ed.). New York: Time Warner Books, 1993; "Ideas and Things." *The Economist*, September 11, 1993, p. 33; "Beyond the Knowledge Worker." *Worldlink*, January-February 1995; "Endogenous Technical Change." *Journal of Political Economy*, 98 (5), 1990, pp. 71-102を参照。
2. Martin Kenney and Richard Florida, *Beyond Mass Production: The Japanese System and Its Transfer to the United States*. New York: Oxford University Press, 1993.
3. Peter Drucker, *Post-Capitalist Society*. New York: HarperBusiness, 1993（邦訳『ポスト資本主義社会』ダイヤモンド社、1993年）; Fritz Machlup, *The Production and*

［著者］

リチャード・フロリダ (Richard Florida)

ジョージ・メイソン大学公共政策大学院、ハースト記念講座教授。ブルッキングス研究所シニア・フェロー（非常勤)。元カーネギー・メロン大学ハインツ公共政策大学院、H. ジョン・ハインツ３世記念講座教授。専門は地域経済開発論。アメリカでベスト・セラーとなった著書、*The Rise of the Creative Class*（Basic Books, 2002年）はワシントン・マンスリー誌の優秀政治書籍賞を受賞した。ハーバード・ビジネス・レビュー誌の「2004年版：パワー・コンセプト20選」にも選ばれている。

［訳者］

井口典夫 (いぐち・のりお)

青山学院大学 教授
1956年、東京都渋谷区生まれ。80年、東京大学卒業後、国土交通省（旧・運輸省）入省。94年、青山学院大学。近著に『成熟都市のクリエイティブなまちづくり』(宣伝会議、2007年）など。内閣物価安定政策会議委員、国土交通省交通政策審議会委員、港区都市計画マスタープラン検討委員会委員長、渋谷区まちづくり審議会会長職務代行ほか政府・自治体の各種委員会委員等を歴任。東京の都心にて数多くのまちづくりプロジェクトを手掛ける。

クリエイティブ・クラスの世紀
――新時代の国、都市、人材の条件

2007年4月5日　第1刷発行

著　者――リチャード・フロリダ
訳　者――井口典夫
発行所――ダイヤモンド社
〒150-8409　東京都渋谷区神宮前6-12-17
http://www.diamond.co.jp/
電話／03・5778・7228（編集）　03・5778・7240（販売）
装丁――――デザイン・ワークショップ・ジン
本文DTP――桜井　淳
製作進行――ダイヤモンド・グラフィック社
印刷――――信毎書籍印刷（本文）・加藤文明社（カバー）
製本――――ブックアート
編集担当――魚谷武志

ISBN 978-4-478-00076-2